송사무장의 실전경매

송사무장의
실전경매

송희창 지음

계단과 벽의 차이

인간은 누구나 세상을 살면서 종종 벽에 부딪치기 마련이다. 누구나 각자의 배움의 깊이나 경제적 차이를 떠나 삶의 마디마디에서 그 벽을 발견하곤 한다.

현재 성공한 위치에 있는 사람은 별다른 난관 없이 승승장구했을 것 같지만 단언컨대 그들도 과거 수많은 벽을 넘어서 현재의 위치에 올라섰을 것이다. 필자 또한 초등학교 시절부터 대학 졸업과 사회 초년생을 거쳐 현재까지 지나온 길목에는 수많은 벽이 존재했었다. 한 고비만 넘으면 그 다음부터는 순탄하리라 여겼지만 여전히 가는 길마다 벽이 놓여 있었다. 또한 현실에 안주하지 않는 이상 앞으로도 새로운 벽이 계속 등장할 것이라 생각한다.

하지만 처음에는 두렵고 힘들게만 보였던 벽들도 두려워 피했을 때는 넘을 수 없는 인생의 큰 걸림돌로 남았지만 노력하여 극복했을 때는 벽이 아닌 다음 단계로 올라갈 수 있는 계단이 되곤 했다. 결국 인생에 있어서 계단과 벽의 차이는 마음 먹기에 달린 것이다. 더군다나 현재 부자가 아니라면 마주치는 벽을 어떻게 받아들이냐에 따라 매우 큰 차이를 만들 것이다.

누구나 큰 꿈을 안고 경매시장에 뛰어들곤 한다. 그리고 책과 강의를 통해 공부를 마치고 투자를 시작하게 되면 금세 부자가 될 것 같은 생각이 든다. 하지만 현실은 어떠한가?

낙찰 받는 것조차 버겁고 막상 낙찰을 받아도 매매까지 마무리하여 수익을 올리는 것은 더더욱 만만치 않다. 필자가 예전에 밟아온 그 과정에서 느꼈던 것처럼 말이다. 이것이 부동산 투자세계에 입문하여 맞이하게 되는 첫 번째 벽일 것이다.

초보자가 이러한 벽을 넘어설 때 우선적으로 필요한 것은 자신감이며, 그 다음 중요한 것은 어떤 스승을 만나 어떤 경매기술을 터득하느냐이다. 필자는 첫 번째 책 《송사무장의 경매의 기술》을 집필한 후에도 꾸준히 낙찰을 받아 어려운 물건의 문제들을 해결하고 꾸준한 수익도 올리고 있다. 지금까지 그랬듯 이 책을 통해 독자들에게 화려한 말과 포장된 글이 아닌 실제 경험한 사례를 통해 실전에 꼭 필요한 경매의 기술을 알려줄 것이다. 따라서 자신감만 있다면 경매기술은 필자와 이 책을 통해서 충분히 터득하리라 확신한다.

이 한 권의 책으로 경매투자에 대한 모든 해답을 제시할 수는 없지만 어떤 물건을 선택해서 어떻게 문제를 해결하고 수익을 올려야 하는지의 길라잡이 역할은 톡톡히 할 것이라 자신한다. 이해가 되지 않는다면 반복해서 읽고 또 읽어 당신 것으로 만들어라. 학창시절 시험 직전 선생님께서 주신 힌트가 어떤 학생에게는 좋은 점수로 연결 되지만 어떤 학생에게는 무용지물이 되기도 한다. 그 결과의 차이에는 선생님의 능력보다 학생의 노력과 의지가 중요함은 굳이 언급하지 않아도 될 것이다. 마찬가지로 경매도 배울 준비가 된 사람만이 이 책을 성공의 발판으로 삼을 수 있다.

또한 경매투자에서 제대로 된 수익을 올리려면 응용력이 뛰어나야 한다. 그 이유는 법원에서 진행되는 부동산 물건이 모두 다르고, 그 부동산을 점유하고 있는 사람의 성향도 제각각이며, 마지막으로 낙찰물건의 최종소비자인 매수자의 스타일도 개성이 뚜렷하여 한 가지 성공사례로 모든 상황을 적용하기에 한계가 있기 때문이다.

따라서 이 책에서 소개되는 다양한 사례들을 다른 상황에 활용할 수 있는 응용력과 상상력을 키워야 할 것이다.

자신만의 명검을 만들어라

우리가 잘 알고 있는 삼국지의 관우는 세 사람이 들기도 버거웠던 '청룡언월도'를 항상 지니고, 장비는 '장팔사모'를 들고 수많은 전장에서 승리를 거두었다. 두 장수가 지녔던 무기는 그들의 이름 못지않게 유명하다. 관심 있게 살펴보면 어느 시대에나 훌륭한 장수는 자신에게 꼭 맞는 무기를 지니고 다녔음을 알 수 있다. 그런 무기는 장수들의 무공을 더욱 강하고 돋보이게 했다. 하지만 이건 옛날 장수들에게만 국한된 이야기가 아니다.

전쟁이 아니더라도 어느 분야든 자신의 능력을 배가시킬 수 있는 명검이 필요하다. 프로미용사는 자신의 손에 익은 일급 가위를, 최고급 일식주방장은 자신에게 꼭 맞는 회칼을, 프로당구선수는 자신의 큐대를 갖고 있다.

어느 전문가든 그들의 손에 자신의 능력을 보필해 줄 명검을 갖고 있는 것이다. 아무리 훌륭한 장수라도 담금질이 제대로 되지 않은 무딘 칼로 수많은 승전보를 들려줄 수 있었을까?

가끔 경매 책을 읽고 어렵다고 얘기하는 독자들이 있다. 경매를 했던 사람이 그렇다면 게으름을 입증하는 것이고, 경매초보자라면 아직 준비가 덜 되었다는 반증이다. 이 책은 시중의 쉬운 경매 책에서 볼 수 있는 이론 설명은 배제하고 실전위주로 집필했기에 조금 어렵더라도 여러 번 반복해서 읽는다면 당신에게 꼭 맞는 무기로 활용할 수 있을 것이다. 이것이 바로 필자의 집필 의도이기도 하다.

현재 시장에는 걸음마 수준의 얄팍한 지식만을 갖고 수익을 올릴 수 있는 물건은 거의 없다. 진정 세상은 그리 녹록치 않다. 많은 투자자들이 계속해서 진입하는 경매 전쟁터에서 수익을 올리려면 기본적인 이론은 물론이고 그 다음 단계인 실전기술을 터득해야 한다. 그래야만 비싼 수업료를 내지 않고 차별화된 수익을 올릴 수 있는 것이다. 게으르고 준비가 덜 된 사람도 운이 좋아 수익을 챙길 수 있었던 시대는 지났다. 또한 앞으로 절대 오지도 않을 것이다.

경매를 통해 수익을 올리려면 부동산에 대한 이해와 법적지식을 갖추어야 한다. 그 두 가지만 제대로 갖추게 되면 남들과 차별화된 수익을 올리는 것이 가능하다. 필자가 쓴 책을 200% 활용하려면 당신이 필자라는 생각으로 그 현장을 그려가며 읽어야 한다. 그것이 반복되어 실력이 쌓이면 자신도 모르게 필자와 같은 생각을 할 수 있게 되고 실력이 향상되어 있음을 느낄 수 있을 것이다.

유치권! 이젠 선택이 아닌 필수!

'약방에 감초'란 말처럼 최근 경매시장의 감초는 유치권이 되어 버렸다. 필자가 경매에 입문했을 때만 하더라도 유치권 신고가 된 경매물건은 매우 드물게 등장했었고 굳이 이런 물건에 입찰하지 않더라도 충분한 수익을 올릴 수 있었다. 그리고 유치권은 고수들만의 시장이기도 했다. 하지만 이젠 초보자도 유치권을 이해하지 않고선 수익을 올릴 수 없는 상황이 되었다.

왜냐하면 대부분 초보들이 첫 발을 내딛는 빌라, 아파트, 오피스텔에도 유행처럼 유치권 신고가 기본이 되었고, 하자가 없는 깨끗한 물건을 낙찰 받아도 뒤늦게 유치권 신고가 접수되는 경우도 있기 때문이다. 물론 투자자입장에서 상대방과 대립하지 않고 손쉽게 해결이 가능한 물건만 낙찰 받으면 좋을 것이다. 하지만 시장이 복잡하게 변해 간다면 투자자도 안주하지 않고 진화를 해야만 살아남는다.

호신술은 싸우기 위해 배우는 것이 아니다. 급박한 상황에 처했을 때 그 상황을 모면하기 위해 미리 준비하는 것이고 힘을 길러놓는 것이다. 이젠 경매에서 유치권을 익히는 것은 호신술을 익히는 것과 마찬가지 상황이 되어버렸다. 처음부터 아예 복잡한 물건을 피해서 투자해도 되지만 경매시장 곳곳에 유치권의 위험이 도사리고 있어서 유치권에 대한 공부는 선택이 아닌 필수요소가 되었다. 호신술을 익히지 않은 투자자는 골목길에서 기다리는 유치권자에게 굴복하고 쓰라린 결과를 맛보는 상황을 맞이할 수도 있다.

경매로 돈을 버는 방법은 크게 두 가지다. 첫째 부동산의 숨은 가치를 발견해 수익을 올리는 것과, 둘째 하자있는 부동산을 낙찰 받아 그 문제를 해결하고 정상적인 물건으로 만들어 매도하는 것이다. 경매투자자에게 유치권은 빗겨가고 싶어도 그럴 수 없는 필수과목이 된 이상, 이제 제대로 무장하고 전쟁터(경매시장)에 나가야 한다. 이런 이유로 이 책에선 필자가 최근에 해결했던 유치권의 다양한 실전사례와 낙찰자에게 꼭 필요한 이론을 집중적으로 다루었다.

이 책이 많은 독자들에게 기회가 되고 낙찰 후 어려운 문제를 해결하는데 도움이 되길 기대해본다.

송사무장 송희창

1 이것이 실전경매다!

2 유치권 완전정복

나에게 맞는 투자전략을 세워라

2008년 금융위기, 2012년 유럽 발 재정위기 등 부동산 시장은 춤을 추듯 불안한 장세가 전개되고 있다. 부동산 시장은 금융과 밀접하게 연관되어 있으므로, 이번 위기를 넘기더라도 또 다른 위기가 계속해서 찾아올 것이다. 정부에서 다주택자에 대한 양도세를 완화, 비사업용토지에 대한 중과세 폐지, DTI완화를 발표했다. 그만큼 불안한 현 시장을 반영한 듯, 충격 완화를 위해 당근을 내놓은 것으로 보인다.

그리고 이 시점의 전문가 예견들도 사뭇 다르다. 어떤 이는 지속적인 하락을, 어떤 이는 현재 바닥을 지나 상승만 남은 시점이라 예견하기 때문이다. 그러나, 장세가 끊임없이 하락하지는 않을 것이다. 오히려 이런 시기에는 여력이 되는 실수요자라면 우량물건에 접근할 것을 추천한다. 투자자라면 약간의 관망도 필요하겠지만 실수요자라면 이런 기회를 놓치지 말자. 사실 투자자라도 안전마진과 임대수익이 확보된다면 부동산을 매입해도 문제가 없을 것이다. 책에 소개되는 사례 중에 필자도 위기가 곧 기회라 여기고 매입한 물건들이 자주 등장한다.

실수요자가 주거형 물건에 입찰할 때 100%만족은 없다

경매의 장점은 무엇보다도 일반매매보다 저렴하게 매입할 수 있다는 점이다. 하지만 일반적으로 중개사무소를 통해 구입할 때처럼 집 안에 들어가 화장실, 안방, 베란다, 거실 등의 상태를 자신의 취향에 맞는지 꼼꼼히 체크하기가 불가능하다. 아무리 경매고수라고 해도 내 입맛에 100% 맞는 경매물건을 찾는 것은 쉽지 않다. 그래서 지금까진 낙찰을 받아놓고 그 곳이 맘에 들면 이사를 하고 그렇지 않으면 매도를 하여 수익을 올렸다.

즉, 경매를 통해 주거형 물건을 매입하려는 실수요자는 100% 만족할 만한 부동산을 찾을 수 없다. 자신의 입맛을 양보하고 그 대신 수익률로 만족하면 된다. 한 발짝 양보하면 선택할 수 있는 부동산의 폭도 넓어진다.

투자물건은 작은 것부터 시작하라!

경매를 시작하면 누구든 처음 접하는 것이 빌라투자이다. 투자비용도 적게 투입이 되고 대출도 무난하기 때문에 빌라를 낙찰 받는 것부터 시작한다. 연립, 소형아파트도 비슷하게 소액으로 투자가 가능해 첫 물건으로 어울린다. 하지만 대부분이 쉽게 시작할 수 있는 물건이므로 그만큼 경쟁도 치열하다는 것은 감안해야 한다. 따라서 첫 물건은 수익에 대한 대박을 꿈꾸기보단 경매의 전 과정을 경험한다는 생각으로 입찰을 준비해야 한다.

그리고 자신의 성향에 맞게 부동산 개별종목에 대해 상세히 공부를 하거나 경매와 관련된 법률과 판례에 대해 심화학습을 하며 다음 종목에 도전하면 된다. 유주택자의 경우, 다주택자에 대한 양도세 완화를 활용하여 작은 규모의 주거형 물건에 도전해보는 것도 괜찮다. 처음부터 매매차익을 노리지 않고 임대수익을 감안해 입찰한다면 좀 더 다양한 물건을 경험할 수 있을 것이다.

기존 낙찰가에 흔들리지 마라!

부동산 중개업소나 경매컨설팅업체, 그리고 초보자들 대부분은 경매입찰가격을 산정할 때 기존낙찰가를 참조한다(경매유료사이트 어느 곳이든 해당물건 인근지역 낙찰가격의 평균을 산출한 '인근낙찰가'란 자료가 있다). 하지만 이 자료를 맹신하여 입찰가격을 산출하면 실수를 범할 수 있다.

왜냐하면 인근지역의 평균 낙찰가격에 포함되는 데이터엔 초보들이 높게 쓴 경우도 있을 것이고, 고수들이 낮게 적어내어 가끔 낙찰 받은 경우도 있는데 그것들을 모두 종합하여 나온 평균값을 신뢰한다는 것은 현실적으로 무리가 있기 때문이다. 오히려 인근낙찰가를 기준으로 입찰가를 산정하기에 낙찰에 대한 욕심이 꾸준히 낙찰가를 올리게 하는 결과를 초래했다. 그래서 기존낙찰가를 기준으로 수익률을 환산해 보면 형편없는 경우가 많다.

더군다나 예전 상승장의 데이터는 더더욱 신뢰하면 안 된다. 철저한 현장조사를 거치고 급매물 가격을 체크하여 소신 있게 입찰가격을 정하는 것이 가장 좋다. 그래서 필자도 입찰가격을 산정할 때 통상 경매컨설팅에서 사용하는 인근지역의 낙찰가를 참조하지 않고 발품을 팔아 급매물 가격과 현장답사를 철저하게 마친 후 결정한다.

목표를 분명하게 설정하라!

경매투자는 입찰할 물건을 선정하는 것부터 시작된다. 그런데 막상 유료사이트를 클릭하여 경매물건을 검색하려다 보면 방대한 물건 속에서 어느 물건을 골라야 할지 막막하다. 쉬운 물건을 선택하자니 경쟁이 심할 것이고 어려운 물건을 선택하려니 마무리가 잘 될지 걱정이 앞선다. 초보자일수록 이런 현상은 더욱 심하다. 따라서 경매투자를 하기 전에 나의 상황에 맞게 목표설정을 분명하게 해야 한다.

· 단기로 투자할 것인지 장기투자로 할 것인지?
· 가진 돈을 모두 올인 할 것인지 몇 개의 종목으로 분산할 것인지?
· 실거주목적인지 투자목적인지 임대목적인지?
· 주거형 물건, 상가, 토지, 특수물건인지?

막연하게 수익 나는 물건 전부를 입찰한다는 생각보다 자신의 상황에 맞는 기준을 세우고 그에 맞는 물건을 찾는다면, 체계적으로 부동산을 매입할 수 있다. 목표가 분명하면 사물이 또렷하게 보이는 법이다.

상가는 저렴한 물건보다 무조건 입지를 선택하라!

주거형 물건에 비해 상가의 낙찰가는 매우 저렴한 편이다. 하지만 저렴하게 낙찰
받더라도 꼭 수익이 난다고 확언할 수 없기에 주의를 더 기울여야 한다. 한 번 형성
된 상권은 쉽게 바뀌지 않는다. 따라서 현장답사를 통해 상권이 형성된 지역에 위치
하는 물건인지 임차인이 영업을 제대로 하지 못해서 나온 것인지를 정확하게 판단해
야 한다.

상권형성이 제대로 안 된 지역은 낙찰 받아 리모델링을 하더라도 영업을 정상화
하기까지는 고전을 면치 못한다. 따라서 상가는 1층이거나 외형이 좋다고 해서 높은
가격에 임대를 놓고 매매를 할 수 있는 것이 아니다.

차라리 상권이 제대로 형성된 지역의 지하를 낙찰 받는 것이 나을 수도 있다. 그
리고 기존의 임차인들이 입찰하고 있는 물건은 긍정의 신호로 받아들여라.

앞으로 기회는 많이 있다. 절대 조급해하지 마라!

채권회수를 하기 위해 담보로 잡아 두었던 부동산을 경매로 신청하면 최소 6개
월이 지나야 첫 번째 매각기일이 지정된다. 경매가 시작되려면 법원이 지정한 감정

평가기관에서 감정평가도 해야 되고 집행관이 직접 방문하여 임차인의 현황조사서를 작성하는 등 경매진행에 필요한 여러 절차를 거쳐야 하는데, 그 기간이 최소 6개월이다.

금융위기, 부동산 하락장에서 부실화된 부동산들은 그 시점이 지나갈 때쯤 나오기 시작한다. 부동산 경매가 경기에 후행한다는 말은 이런 연유로 나온 것이다.

현재 상황이 눈에 띄게 나아지지 않아도 좋은 물건은 꾸준히 경매시장에 등장할 것이다. 그러므로 조급하게 서두르지 않고 꾸준히 관심을 가진다면 좋은 기회를 얻을 수 있을 것이다. 아이러니하게도 부동산의 매수세는 일반매물시장보다 경매시장에서 먼저 움직이므로 경매낙찰가는 부동산의 선행지수로 가늠할 수도 있다.

당분간 저금리가 예상되므로 감내할 수 있는 대출은 최대한 활용하라

한국은행에서 저금리 정책을 유지하고 있다. 경제상황이 단 시간에 반등하지 않는 한, 앞으로 상당기간 저금리 기조가 예상된다. 또한 현재 경제불안은 우리나라만의 문제가 아니어서 일본의 제로금리나 미국의 저금리에 역행할 수도 없는 상황이다.

저금리시대에 부동산을 매입할 때는 적절하게 대출을 활용한다면 리스크를 줄이면서 안전하게 수익을 올릴 수 있다. 따라서 적정대출을 활용하여 부동산을 매입하여 원금대비수익률을 높이고, 한 건의 부동산에 올인 하는 것보다 여러 개로 분산투자를 하면 수익률과 리스크를 효과적으로 관리할 수 있다. 하지만 부동산을 매입할 경우 매월 부담해야 하는 대출이자와 수익을 올릴 수 있는 월세 계산이 보수적으로 계산되어야 하고, 임대를 놓을 때까지 공실이 될 수 있으므로 본인의 이자납입능력을 감안하여 투자에 임해야 할 것이다.

정부에서 베푸는 관용을 누려라

부동산을 사는 사람은 투기꾼이 아닌 애국자다. 필자의 경우도 여러 채의 부동산을 매입하고 매도를 하면서 한 해에만 1억 원이 넘는 세금을 납부했다. 정부가 다주택자 양도세 완화와 DTI 완화 등 투자자에게 긍정 시그널을 보낼 때 움직이는 것이 좋다.

과거를 되새겨보면 알겠지만 불황이 오거나 경기부양을 해야 할 때 정부는 늘 부자들에게 러브콜을 보냈다.

김대중 정부시절 분양권전매에 대한 허용도 그러한 경우에 속한다. 그런 시기를 놓치고 부동산 상승장에 진입하여 무리하게 부동산을 매입하면 오히려 뭇매를 맞기 십상이다. 똑같은 부동산을 사고팔아도 어떤 시기엔 관용을 누릴 수 있고, 어떤 시기엔 따가운 눈총을 받는 것이다.

포기하지 않는다면 꼭 성공할 수 있다

부동산에 관심을 놓고 시간이 지난 뒤에 우연히 다른 사람의 성공담을 듣고 배 아파할 수도 있지만, 그럴 필요 없다. 부동산 투자에서 제일 중요한 것은 관심을 놓지 않는 것이기 때문이다. 관심만 유지해도 시세의 동향과 부동산 경기의 흐름을 탈 수 있어서 좋은 급매물이 나타나면 과감한 결단을 내릴 수 있다.

평소엔 관심이 없는 사람은 진정 좋은 물건이 자신 앞에 나타나도 그것이 정말 싼 것인지조차 분간할 수 없으므로 부동산투자로 절대 수익을 올릴 수 없을 것이다. 기회는 준비된 자만이 얻을 수 있다.

필자가 현장을 돌아보면 지금도 열심히 뛰어다니는 사람이 종종 보인다. 그들은 뷔페에서 제일 맛있는 음식을 찾아다니고 있는 것이다. 그리고 시장상황이 어려울수록 더 좋은 물건이 등장하지만 시장이 회복되면 찌꺼기만 남는 것이 부동산 시장의 현실이다.

이것이
실전경매다!

Ultimate  Auction

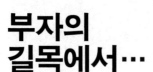

부자의
길목에서…

부자가 되고 싶지 않은 사람은 없다.
그러나 진정 부자가 되려고 노력하는 이는 드물다.

종자돈을 모으던 시절

사회초년생 시절 첫 월급을 타던 날 곧바로 적금통장을 만들어서 100만
원을 입금하고 그 통장에 찍힌 숫자를 보며 매우 뿌듯해 했던 기억이 있다.
금세 부자가 될 수 있을 것만 같았고 내 손으로 무언가를 이뤘다고 생각하니
스스로 대견스럽기까지 했다. 하지만 이런 들 뜬 기분은 그리 오래가지 않았
다. 통장의 숫자는 두 번째 달이 되니 200만 원, 세 번째 달에 300만 원이 될
뿐이었다. 어느 순간 시간이 너무 더디게 흐르는 것처럼 느껴졌다. 적금통장
으로만 본다면 1년을 모아야 겨우 1,200만 원이 되는데 이 당시 경기도에 있
는 23평형 아파트 가격이 8,500만 원 정도 되었으니 조그만 집 한 채를 장만
하는 것조차 나에겐 멀게만 느껴졌던 시절이었다.

매달 다이어리에 깨알 같은 글씨로 자산을 정리했지만 자산 증식에 가속도가 붙지 않고 이상하게도 통장에 돈이 늘어나 느끼는 포만감보단 지루함과 조급함만 동시에 밀려들 뿐이었다(옛날 사람들처럼 가계부를 열심히 적고 근검절약을 한다고 하여 부자가 될 수 있는 세상은 지나갔다는 생각이 들었다).

솔직히 특별한 재능도 없고 경제 여건이 되는 부모의 덕을 볼 수 없는 사람이 스스로 노력해서 부자가 된다는 것이 쉬운 일이 아니다. 내가 경매와 부동산이라는 분야를 접하지 못하고 검소한 생활을 하며 저축으로만 돈을 빠듯하게 모았다고 가정했을 때, 지금쯤 가질 수 있는 자산을 계산해보니 2억 원도 채 안 되었다. 수학의 공식을 모르면 어려운 문제를 풀 수 없는 것처럼 부자로 가는 길이 경매와 부동산이라는 공식을 제대로 아는 사람과 그렇지 않은 사람은 수십 년의 차이가 날 수도 있다. 그런 의미에서 필자와 이 책을 읽는 독자 모두 '경매'라는 지름길을 알고 있다는 점에서 행복하다고 느껴야 할 것이다.

경제전망에 의존하지 마라

아무리 강심장을 가진 사람이라도 신문과 뉴스에 연일 비관적인 소식만 들리는 가운데 과감하게 투자를 한다는 것은 결코 쉬운 일이 아닐 것이다. 사람들은 흔히 얘기한다. 주식시장에 대한 불안한 전망과 비관적인 경제상황의 내용이 신문의 전면을 뒤덮었을 때가 진정 바닥이며, 그때 주식과 부동산을 매입해야 한다고. 하지만 막상 폭락 시장을 접하게 되면 과감하게 투자하기가 쉽지 않다. 지금처럼 부동산이 하락장이거나 횡보장세가 진행 중일 때도 마찬가지다. 미디어에서는 연일 암담한 소식을 내놓고 있지만 이러한 현상은 금고일반(今古一般)이다.

많은 개미 투자자들은 전문가의 전망에 의존한다. 마치 연초가 되면 용한 점쟁이를 찾아가서 자신의 운세를 의지하는 것처럼 언론의 점쟁이를 찾아 미래를 예측하고 그 장단에 맞춰 투자하려고 한다. 하지만 전문가 중에서 진정 확신을 갖고 미래를 예측할 수 있는 사람이 몇이나 있을까?

(자신의 앞날도 제대로 맞추지 못하는 점쟁이처럼 미디어에 등장하는 전문가들 중에서도 실전투자엔 허접한 사람이 많은 것이 현실이다)

대부분 투자자는 '경기가 언제 회복될지'를 가장 궁금해 할 것이다. 하지만 이 질문에 대한 답은 누구도 쉽게 내놓지 못한다. 경기회복시점을 가늠하려면 일단 바닥이 어디인지 알아야 하는데 안타깝게도 주식이든 부동산이든 진짜 바닥을 아는 사람은 없다.

왜냐하면 바닥이란 시장이 진정되고 상승장에 접어들어 어느 정도 시간이 흐르고서야 확인할 수 있어서, 지금이 바닥을 지나는 시점이라도 바닥인 줄 모르는 경우가 더 많기 때문이다. 그래서 설령 부동산 시장의 바닥 시점을 적중한 경험이 있는 사람이라도 또다시 바닥을 맞힐 수 있는 확률은 거의 없는 것이다.

이런 이유로 투자자는 전문가의 섣부른 전망을 순진하게 믿어선 안 된다. 경기 전망은 불규칙한 여러 가지 현상을 억지로 끼워 맞추는 것이기에 정부기관과 여러 전문가가 모인 경제연구소의 전망도 빗나가기 일쑤다. 부동산 시세를 움직이는 상승 요인과 하락 요인은 늘 공존한다. 따라서 어떤 결과를 놓고 해설하는 것은 어렵지 않지만 정확히 예견하는 것은 쉽지 않은 것이다.

필자는 부동산 투자가 본업이고 지금도 현장에 있기에 누구보다 부동산 시장의 향방이 궁금하다. 그러나 지금까지 투자하며 깨달은 것은 꼭 경제 흐름을 정확하게 전망해야만 실전투자에서 안정적이고 꾸준한 수익을 올리는 것은 아니라는 점이다. 오히려 투자자에게 제일 중요한 것은 상승장이든 하락장이든 얼마나 안정적으로 리스크 관리를 하느냐이다.

투자자에게 리스크 관리 능력이 생긴다면 상승장에서는 물론이고 하락장에서도 경제상황에 일희일비하지 않고 다른 사람보다 마음 편하게 투자하면서도 얼마든지 수익을 올릴 수 있다.

충분한 안전마진을 확보하라

학교나 직장에서는 혼자 밥을 먹는 것이 외롭지만 부동산은 혼자 먹는 것이 더 맛있다. 부동산 투자는 오히려 남들이 몰려들게 되면 맛없는 음식과 상한 음식에도 비싼 가격을 지불해야 한다. 필자는 투자할 때만큼은 강물을 거슬러 오르는 연어나 남들과 반대로 움직이는 청개구리처럼 행동하는 것을 좋아한다. 투자를 할 때 이 부분만 잘 명심하고 충분한 안전마진만 확보한다면 시세가 추가하락 한다고 하더라도 여느 전문가 못지않게 수익을 올릴 수 있다.

사람에게는 '감'이라는 것이 있기 때문에 법원에서 입찰할 때도 누구인지 얼굴도 모르는 경쟁자들의 기운이 느껴질 때도 있다. 입찰가를 산정할 때도 마찬가지다.

입찰가 산정시에는, 내가 입찰하고자 하는 물건의 모든 권리분석 사항과 경제 흐름을 종합하여 판단하고 발품을 팔아 현장의 급매물 가격을 참조하여 소신 있게 정하는 것이 가장 좋다.

지금까지 많은 경매물건을 낙찰 받았고 그 중에선 수십억 원에 달하는 빌딩과 건물도 포함되어 있었다. 그러나 직접 살아야 하는 주거형 물건 중에선 고가물건이 없던 터였다. 원래 내가 거주하는 집에 많은 돈을 깔고 앉는 것을 좋아하지 않았기에 소형아파트와 오피스텔에 거주를 하곤 했었다.

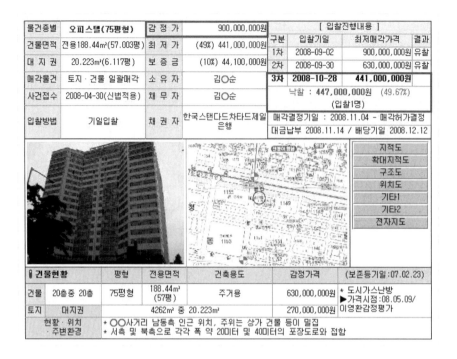

물건종별	오피스텔(75평형)	감 정 가	900,000,000원		[입찰진행내용]		
건물면적	전용188.44㎡(57.003평)	최 저 가	(49%) 441,000,000원	구분	입찰기일	최저매각가격	결과
대 지 권	20.223㎡(6.117평)	보 증 금	(10%) 44,100,000원	1차	2008-09-02	900,000,000원	유찰
매각물건	토지·건물 일괄매각	소 유 자	김○순	2차	2008-09-30	630,000,000원	유찰
사건접수	2008-04-30(신법적용)	채 무 자	김○순	3차	2008-10-28	441,000,000원	
입찰방법	기일입찰	채 권 자	한국스탠다드차타드제일은행		낙찰 : 447,000,000원 (49.67%) (입찰1명)		
					매각결정기일 : 2008.11.04 - 매각허가결정 대금납부 2008.11.14 / 배당기일 2008.12.12		

- 지적도
- 확대지적도
- 구조도
- 위치도
- 기타1
- 기타2
- 전자지도

건물현황		평형	전용면적	건축용도	감정가격	(보존등기일 :07.02.23)
건물	20층중 20층	75평형	188.44㎡ (57평)	주거용	630,000,000원	+ 도시가스난방 ▶가격시점 :08.05.09/ 이영환감정평가
토지	대지권		4262㎡ 중 20.223㎡		270,000,000원	
현황·위치 ·주변환경				+ ○○사거리 남동측 인근 위치, 주위는 상가 건물 등이 밀집 + 서측 및 북측으로 각각 폭 약 20미터 및 40미터의 포장도로와 접함		

　　그래서 처음으로 소개하는 대형 오피스텔 입찰은 수익보다 더 큰 의미로 다가온다. 무일푼에서 시작한 내가 감정가격 9억 원의 75평형 펜트하우스에 도전하게 된 것이다. 분양가격만 하더라도 8억 5천만 원이나 되는 물건이다.

　　펜트하우스에 입찰했는데 결과는 단독입찰이다(당시 이 물건 외 6개를 감정가의 50%수준에서 단독으로 낙찰 받았으니 단지 운이라고만 할 수는 없을 것이다). 2007년 5월에 분양된 신축 건물로 건축한지 겨우 1년이 지난 상태여서 건물도 말끔했다.

　　내 명의로 75평형 펜트하우스를 낙찰 받게 되니 가슴이 뭉클했다. 예전 100만 원부터 시작하여 종자돈을 모으던 시절엔 8,500만 원 정도의 23평형 아파트도 언제 살 수 있을지 막연했던 내가 9억 원의 부동산을 소유하게 된

것이다. 그것이 그리 오래전 얘기도
아닌데 말이다. 위기는 곧 기회라는
말을 실감하게 된 순간이다.

나는 경매라는 게임의 속성을 알
고 있기에 이 펜트하우스를 반 가격
(4억 5천만 원대)에 낙찰 받을 수 있었
다. 그리고 2007년에 8억 5천만 원에 분양을 받았던 사람들이 인근부동산에
9억 원에 매물을 내놓은 상태였다(법원에선 부동산에 내놓은 이 물건들을 참조하여
감정평가를 했을 것이다).

명도. 상대방의 수준을 가늠하라

펜트하우스의 잔금기일이 잡히자마자 곧바로 잔금을 납부했다. 원래 낙
찰자는 낙찰을 받았어도 잔금을 납부할 때까지 긴장을 늦춰선 안 된다(좋은
물건을 싸게 낙찰 받았을 경우 소유자가 경매의 원인채권을 없애고 취하할 가능성도 있
고, 아니면 입찰에서 떨어진 선수들이 낙찰가격보다 높은 금액을 제시하여 취하를 할 수
도 있기 때문이다. 경매를 오래 하다보면 한번쯤은 경험할 수 있을 것이다).

현장을 방문하러 가면서 이렇게 큰 집에는 어떤 사람들이 살고 있을까 궁
금했다. 초인종을 눌러보았지만 아무도 없어서 문 앞에 쪽지를 붙여놓고 돌
아왔다. 며칠 후 목소리가 걸걸한 분이 전화를 걸어와서는 자신이 경매를 20
년 넘게 한 베테랑이라고 소개했다(나중에 명함을 확인해보니 무슨 '재테크연구소'
회장이라고 적혀 있었다). 그 분은 자신이 이 집의 이사비를 대신 받아주는 일을
의뢰받았고 모든 일은 자신을 통해서 이루어진다고 엄포를 놓았다. 그래서
재테크연구소 회장과 송사무장이 카페에서 만나게 되었다. 점유자는 이 새

테크회장을 맹신하고 있는 상태였으므로 그와 합의를 마치면 명도는 무난할 것이라 판단되었다.

"회장님 안녕하세요. 송사무장입니다."

"아니 실제로 보니 젊은 양반이구먼. 나도 그 나이 때 열심히 뛰어다녔어!"

"네. 경매를 오랫동안 하셨나보죠?"

"지금도 하고 있어. 내가 단도직입적으로 얘기하지. 법원에 헛된 비용 뿌리지 말고 그 돈 차라리 점유자한테 주게나."

"당연히 그래야죠. 그런데 선배님도 아시겠지만 법원을 통해 강제집행을 한다고 하더라도 소액비용이 소요되는 것은 아시잖아요?(상대방의 수준을 가늠하기 위해 한 번 떠본다)"

"그건 알지… 그래도 난 옛날부터 막무가내로 진행하지 않았어."

내 질문에 바로 수긍하는 것을 보고 이 회장이 경매를 아주 잘 아는 사람이 아니라는 것을 눈치 챘다. 이런 분들은 추켜세워 주면서 내 의도를 전달하면 합의에 도달하는 것이 어렵지 않다.

"선배님 저도 최대한 양보하겠습니다. 그런데 체납관리비도 300만 원이 넘게 있던데요."

"관리비는 우선 접어두고 얘기하세. 그리고 솔직히 어린 후배에게 얼마를 달라고 못하겠네."

"알겠습니다. 저도 한참 선배님을 뵙게 되어 무척 반갑고, 또 이런 말씀드리는 것도 마음이 한결 편합니다. 경매를 잘 모르는 분들은 법적비용에 대해 이해를 못하셔서요. 그렇다면 제가 말씀드리겠습니다. 이 부동산을 강제집행을 할 때 150만 원 정도 예상됩니다. 선배님도 아시죠?(이정도 평수를 강제집행하려면 300만 원 정도 나올 것이다. 다시 한 번 그를 떠본다)"

"당연히 알지. 나도 오래 해봤다니깐."

"50만 원을 더 보태서 200만 원 드리겠습니다."

"흠… 그러지 말고 도의적으로 한 번 더 생각해보게나."

"그러면 선배님께서 좋게 말씀하시니 50만 원 더 보태서 250만 원 드리겠습니다. 관리비까지 포함하면 제가 500만 원이 넘는 금액을 부담하는 것 아시죠? 대신 20일 이내로 이사를 해주셨으면 좋겠습니다."

"알겠네… 그렇게 하지."

너무도 쉽게 합의에 도달하였다. 게다가 내가 처음에 지급하려했던 금액보다 더 적은 금액이었다. 왜냐하면 이 펜트하우스는 분양한지 1년밖에 안되었기에 냉장고, 김치냉장고, 에어컨6대, 오븐, 세탁기 등 풀옵션이 거의 새것이라 난 그것들을 보호(?)해야만 했고, 게다가 300만 원이 넘는 체납관리비는 모두 납부하지 않고서도 해결이 가능할 것으로 판단했기 때문이다.

그리고 드디어 약속한 이삿날이 되었다.

체납관리비는
무조건 낙찰자의 몫?

대부분 경매인들이 억울해도 어쩔 수 없이
경락부동산의 체납관리비를 부담해왔다. 이런 부당한 사례를
바로 잡고자 필자가 해결했던 사례를 비중 있게 소개한다.

낙찰자는 낙찰 받는 순간부터 빚쟁이(?)가 된다

경락부동산의 잔금을 납부하고 명도를 하기 위해 점유자를 만나러 가면 점유자는 마치 자신의 이사비를 낙찰자에게 맡겨놓은 양 돈을 달라고 떼쓴다. 점유자가 처한 상황을 생각해보면 그나마 그 부분은 이해가 된다. 그래서 낙찰자가 적정 이사비를 지급하고 명도를 마무리하는 것은 필자 역시 권장하는 부분이다.

그러나 낙찰 받는 순간부터 낙찰자를 빚쟁이 취급하는 곳이 또 하나 있다.

바로 낙찰자에게 지금까지의 체납관리비를 납부하라고 당당하게 요구하는 해당부동산의 관리사무소와 관리단이다.

대부분 관리사무소는 대법원판례와 집합건물에 관한 법률에 의거하여 낙

찰자는 경락을 통한 특별승계인으로 전 소유자의 체납관리비 중에 공용부분은 승계해야 한다는 규정이 되어 있어서 체납관리비를 손쉽게 징수할 수 있다고 생각하고 있다.

이렇게 체납관리비의 대부분을 낙찰자에게 받아낼 수 있다고 확신하고 있기에 경매가 진행되는 동안 기존의 입주자들에게 관리비 징수를 소홀히 하여 체납액이 엄청나게 불어나고 있는 것을 수수방관하고 있는 경우도 종종 있다('낙찰자=돈 많은 사람'이라고 생각하는 걸까?).

낙찰자 입장에서 더 기분이 상하는 것은 관리사무소가 체납관리비에 대해서 낙찰자에게 곧바로 연락을 취하지도 않고 가만히 있다가 점유자와 원만하게 합의가 되어 이사를 나가게 되면 그 이사 당일에 낙찰자에게 강제로 징수하려 하는 점이다. 점유자가 이사하는 날 당일에 체납관리비 전부를 납부하지 않으면 이사를 못가도록 엘리베이터를 잠그거나 이삿짐센터 차량의 정문진입을 봉쇄하는 등 비신사적인 방법을 사용하여 낙찰자를 압박하기도 한다(평상시 그렇게 했다면 낙찰받기 전에 점유자에게 관리비를 받고도 남았을 것이다). 만약 낙찰자가 이런 상황을 처음 접하게 된다면 매우 난감할 것이다.

이렇게 반강제적으로 이사를 방해할 경우 명도합의를 끝낸 점유자는 낙찰자의 눈치만 보면서 자신이 사용한 관리비임에도 절대 납부하려고 하지 않는다. 속으로 낙찰자가 대납해주기를 바라고 있는 것이다.

낙찰부동산이 부득이 공실로 오랫동안 방치되어 있었거나 채무자가 채무초과상태에 있어서 관리비를 징수할 수 없었다면 이해가 되겠지만, 점유자가 계속해서 생활하고 있던 경우 관리사무소의 업무소홀로 체납관리비를 상당히 연체했다고 한다면 이를 한 번 짚고 넘어갈 필요가 있다고 본다.

펜트하우스를 낙찰 받고 확인을 해보니 관리비가 무려 367만 원이 연체되어 있었다. 그리고 관리사무소는 낙찰 후 내가 점유자를 명도 하는 동안 연락 한번 하지 않았었다. 드디어 점유자의 이삿날이 되었다.

아침에 이사비를 지급하기위해 운전하면서 현장으로 가는 도중에 핸드폰에 모르는 번호가 떴다.

"여보세요. 누구시죠?"

"관리사무소입니다. 왜 안 오세요? 빨리 오셔서 관리비 내셔야죠"

"네? 관리사무소요? 아니 일요일 아침부터 관리비를 얘기하는 겁니까?"

"지금 사장님 댁에 있습니다. 체납관리비를 모두 정산하지 않으시면 오늘 이사를 못합니다."

"뭐라고요? 지금 제 집에 있다고요? 일단 가고 있으니깐 이따가 봅시다."

"네. 빨리 오세요"

갑자기 부아가 치밀었다. 관리실에서 점유자가 이사하는 날을 기다렸다가 관리비 납부를 요구한다는 것과 이삿짐을 못나가게 막고 있는 것, 내 집에 허락도 없이 들어왔다는 사실이 나를 화나게 했다.

관리사무소가 막무가내로 나오니 나 또한 매너를 지킬 수 없었다.

현장에 도착하자마자 상기된 얼굴로 집안으로 들어갔다.

멍한 눈으로 점유자가 나를 쳐다본다(관리비를 대신 내달라는 애처로운 눈초리가 느껴졌다). 거실을 봤더니 관리사무소 직원이 소파에 앉아 있었다.

"당신 이리 와봐! 내 집에 누구 허락받고 들어왔어?(열 받으니 말이 짧아진다)"

"아니요. 관리비 때문에 그랬어요"

"뭐? 관리비? 관리비 못 받으면 원래 입주자 집에 무단침입이 가능한 거야? 당신이 지금 범법행위를 하고 있다는 걸 몰라?"

"왜 저한테 화내세요?"

"관리소장 어딨어? 당장 오라고 해! 그리고 당신 똑바로 들어! 내 집에 허락 없이 들어온 것은 형사적 책임을 물을 테니깐 알아서 해!"

"……."

얼굴이 빨개진 여직원이 다급하게 나가버렸다. 일단 점유자에겐 관리비는 내가 정산할 테니 이사를 계속 하라고 얘기했고 인부들은 다시 짐을 나르기 시작했다. 그런데 10분이 지나자 다른 인부가 "1층에서 엘리베이터를 사용 못하도록 잠갔는데요!"라고 말을 한다(요것봐라!). 관리사무소에서 계속해서 비신사적인 태도로 나왔다. 당장 밑으로 내려갔다. 1층을 가보니 경비 두 명이 엘리베이터를 막고 서 있었다. 빠른 걸음으로 그들 앞으로 다가가서 눈을 마주쳤다.

"누가 엘리베이터를 막으라고 했습니까?"

"아니… 관리소장님께서 막으라고 했는데요. 그리고 여기서 담배피면 안 되는데요."

"아저씨, 제 얘기 똑바로 들으세요! 딱 한 번만 말씀드립니다. 제가 조금 있다가 관리소장을 만나서 좋게 마무리할 겁니다. 일단 이사할 수 있도록 협조하세요. 제가 이 사람 저 사람 얘기하는 것보다 대표 한 사람하고 얘기하는 것이 효율적이겠죠? 그리고 만약 지금 이 시간 이후로 한 번만 더 엘리베이터 갖고 장난치면 정말 가만두지 않겠습니다."

"네…네…알겠습니다."

눈에 힘을 주고 얘기했더니 곧바로 '공손모드'로 바뀌었다. 하긴 경비아저씨들이 무슨 죄가 나? 여직원과 경비아저씨를 앞세우고 무리하게 체납관리비를 징수하려는 관리소장이 너무한 것이지. 다시 이사가 계속 되었다. 30분 정도가 지났을까? 펜트하우스에 관리소장과 입주자대표가 도착했다.

"사무장님! 아침부터 지금까지 일부 이삿짐을 뺀 것은 제가 없어서 못 막았지만 지금 당장 관리비를 완납하지 않으면 이제부터는 엘리베이터를 절대 사용 못합니다."

"이보세요. 관리소장님! 제가 쓰지도 않은 관리비를 내야 된다고 법에 나와 있나요?"

"그럼요. 대법원판례와 관리규약을 보면 체납관리비는 분명하게 공용관리비는 낙찰자에게 승계된다고 나와 있습니다(역시 이 판례는 알고 있구면…)."

"그렇죠. 법에도 그렇게 나와 있죠?"

"네… 이건 법에도 분명하게 명시되어 있습니다."

"그런데 법에도 명백하게 나와 있는 것을 왜 하필 오늘 받으려고 합니까? 더군다나 일요일이어서 돈도 못 찾았습니다. 누가 관리비 안 낸다고 했나요? 법에 반드시 점유자가 이사하는 날에 받으라고 나와 있는 것은 아니잖아요? 그렇죠?"

"네… 그것은 아니죠."

"생각을 해보세요. 이 펜트하우스가 한두 푼도 아니고 법에도 명백하게 기재되어 있는 체납관리비를 낙찰자 의지대로 납부를 안 할 수는 없겠죠?"

"네…그렇습니다."

"다음 주에 관리사무소에 방문해서 해결할 테니 그때 봅시다. 그리고 저도 이젠 입주자인거 아시죠?"

"네… 알고 있습니다."

"제가 낼 돈이라면 최소한 관리비 내역서는 확인하고 해결해야 되지 않습니까? 오늘은 일단 돌아가세요."

"음… 그러면 다음 주 월요일에 꼭 뵙겠습니다."

"알겠습니다(알긴…개뿔…)."

일단 관리소장을 좋게 타일러서 돌려보냈다. 그리고 점유자의 이사를 무사히 마친 후 현관 키를 건네받았다. 명도는 모두 마무리했으니 이제부터 본격적으로 체납관리비를 깔끔하게 정리해야 한다. 관리사무소에선 내가 쓴 비용도 아닌데 마치 빚쟁이처럼 강압적으로 돈을 달라고 요구했다. 처음엔 적당한 선에서 해결할 생각도 있었지만 그쪽에서 내 비위를 건드리며 비신사적으로 하는 행동을 보니 좋게 마무리할 생각이 전혀 없어졌다.

펜트하우스의 거주스토리

이 펜트하우스의 등기부등본으로 보면 전소유자(=최초분양자) A가 있고 그 다음 소유자는 경매로 낙찰 받은 송사무장이다. 그런데 이 부동산의 소유자가 아닌 거주자로 따져본다면 중간에 한 사람이 더 있다. 경매진행 중에 점유자 B가 10개월 동안 보증금 없이 살고 있었던 것이다(B는 펜트하우스를 8억5천만 원에 A와 부동산교환을 시도하였다가 도중에 잘못되어 이곳에 눌러 살게 된 사람이다).

즉, 소유권은 : **전소유주 A→송사무장 두 사람으로 변경되었지만**
입주자는 : **A→B→송사무장 총 세 사람으로 바뀐 것이다.**

　　그런데 관리사무소는 경매가 진행되는 동안 A, B에겐 체납관리비에 대해 적극적으로 징수하지 않고 수수방관하고 있었으면서 이 물건이 낙찰되자 기다렸다는 듯 나와 합의를 마친 B가 이사하는 당일에 엘리베이터 사용을 못하게 하며 비신사적으로 A의 체납관리비를 징수하려고 한 것이다. B가 사용했던 관리비 100만 원은 내가 B에게 지급한 이사비에서 B가 정산을 했고 문제는 전소유주 A의 10개월에 달하는 체납관리비 3,670,570원이다.

　　그렇다면 과연 전소유주 A의 체납관리비 3,670,570원의 지불은 과연 누구의 몫일까?

　　관리사무소에 방문하여 현재까지 체납관리비 내역을 월별로 챙기고 또한 사무실에 비치되어 있는 '관리규약' 책자도 얻어 왔다. 아파트, 오피스텔, 상가 등 모든 관리사무소에는 입주민을 위한 '관리규약' 책자가 있다. 이 책자엔 입주민의 권리와 의무, 그리고 관리업체의 업무범위에 관해 기재되어 있다(모름지기 싸움 전엔 철저한 준비가 필요하다).

　　관리사무소에선 이젠 내가 A의 체납관리비 전액을 납부할 것으로 생각하고 있어서인지 B가 이사하는 날과는 달리 태도가 180도 바뀌어서 너무 호의적이었다(관리소장은 이삿날 자신의 강압적인 태도에 내가 굴복했을 것이라 생각하고 있으려나?).

　　하지만 경매인의 한 사람으로서 이것만은 정말 말하고 싶다.

　　낙찰자의 돈도 그들이 힘들게 모은 소중한 사유재산이다. 그리고 요즘엔 부자들보다 오히려 돈이 없는 사람들이 경매시장에 더 많이 뛰어들어 자신의 인생역전을 위해 노력중이다.

하지만 일반 사람들은 단지 경매를 한다는 이유만으로 낙찰자를 부자라고 착각을 하는 경향이 있을 뿐 아니라, 낙찰자는 무조건 돈을 후하게 풀어야 된다는 잘못된 선입견을 갖고 있다. 낙찰자는 법적으로 아무런 의무가 없어도 점유자에게 수백만 원의 이사비를 지급하지만 만약 이사비를 요구하는 점유자나 체납관리비를 들먹거리는 관리사무소에게 자신들 지갑에서 10만 원이라도 그냥 달라고 한다면 그들의 반응은 어떠할까?

열이면 열 모두 아마 낙찰자가 미쳤다고 할 것이다. 그러니 거꾸로 생각해보면 우린 미친 사람들을 상대하는 것이다. 무리한 요구를 하는 사람들은 다시 한 번 입장을 바꿔놓고 생각해봐야 한다.

어쨌든 내가 쓰지도 않은 관리비를 단지 낙찰 받았다는 죄(?)로 부당하게 납부할 순 없었다. 서류를 하나씩 꼼꼼하게 살펴보았다. 이 사건의 포인트는 소유자는 A→송사무장일지라도 입주자는 A→B→송사무장으로 되었다는 것이다. 이 부분만 잘 이용한다면 해결이 가능할 듯했다.

자동차 한 대 값보다 비싼 367만 원의 관리비가 연체되어 있었다(필자가 종자돈 모으던 시절 티코를 230만 원에 구입하여 6년 동안 탔던 기억이 있다). 매너 좋게 내용증명을 한 통 발송했다.

내용증명은 본인의 의사를 상대방에게 공적기관을 통해 전달하는 방법이다. 그리고 상대방과 대립된 상황에선 말보다 글이 훨씬 유용하다. 왜냐하면 상반된 입장이라도 글은 차분한 상태에서 몇 번씩 확인이 가능하므로 본인의 의사가 상대방에게 확실하게 전달되어 소를 제기하기 전에 합의를 이끌어 낼 수도 있고 나중에 증거자료로 활용도 가능하기 때문이다. 이런 이유로 필자는 내용증명을 자주 활용한다.

내 용 증 명
제목 : 최고서

수　신 : 경기 부천시 ○○○ ○○○
　　　　○○○클라스 입주자대표회의
수신인 : 입주자대표회의 대표자 ○○○

발　신 : 경기 부천시 원미구 중동 ○○○
발신인 : 송사무장

　발신인은 경기 부천시 ○○○ ○○○호를 인천지방법원 부천지원에서 낙찰을 받고 2008.11.14.에 잔금납부를 완료한 상기부동산의 소유자입니다.
　본인은 낙찰을 받고 상기부동산에 입주하고 있는 B(전입주자)를 명도하고 낙찰자가 부담해야 하는 전입주자에 B에 대한 체납관리비를 지불하였으나 입주자대표회의에서 최초 A의 체납관리비에 대한 추납을 요구하는 것에 대해 아래와 같이 최종통보를 드립니다.

– 아 래 –

　1. 펜트하우스는 2007.5.16.에 A에게 소유권이전이 되었고, 그 후에 B가 입주하여 2008.3.20.부터 10개월 동안 사용을 하였고 본인은 경락을 통해 2008.12.21.에 B로부터 점유를 이전받았습니다.

　2. 본인은 2008.12.21.에 상기부동산의 인도를 인계받으면서 전 입주자 B가 체납한 관리비를 1,321,610원을 전부 부담하고 관리사무소에서 위 영수증을 교부 받았습니다(영수증 참조).

　3. 그런데 황당하게도 입주자대표회의에선 최초 입주자인 A의 (2007년5월

분-2008년2월분) 총 10개월 동안의 체납관리비와 연체료 3,670,570원마저도 본인에게 부담할 것을 요구하고 있습니다(체납관리비 내역 참조).

4. 귀하가 발행한 관리규약 제35조를 보면 만약 입주자와 사용자가 관리비등을 체납했을 경우 (2개월분 체납 시에 독촉장을 발부하고, 3개월분 체납 시 최고장을 발부하여 게시판 등에 해당 동호수를 공개하고, 4개월분 이상 체납 시 단전. 단수 조치 및 압류 등 소송절차를 개시해야 한다)라고 기재되어 있습니다. 또한 관리규약서 제4조에 관리비를 2개월분 이상 연체시에는 단전, 단수 조치를 취해야 한다고 기재되어 있습니다(관리규약서 참조).

5. 그런데 귀하의 관리규약에 기재되어 있는 단전. 단수조치도 취하지도 않았고, 소송절차도 관리비 체납이후 16개월이 지난 2008.9.23. 부동산에 가압류를 한 것이 전부입니다(법리적으로 가압류는 소송절차가 아닌 임시 보전처분에 불과합니다. 전 소유자를 상대로 관리비지급 청구의 소를 제기했는지 의문입니다). 만약 관리사무소에서 관리규약에서 정한 2-3개월 내에 법적조치 및 단전. 단수 조치를 취했다면 전입주자인 B에게서 영수를 할 수 있었을 것이고, 또한 경매절차에서도 빠른 압류조치를 취했다면 체납된 모든 관리비를 변제받을 수 있었을 것입니다. 왜냐하면 경매개시가 된 시점은 2008년 5월이고 관리비가 연체된 시점은 경매개시일보다 1년 전인 2007년 5월이기 때문입니다.

6. 부동산을 경매로 취득했을 경우 전소유자(관리규약에 의해 정확하게 표현하자면 전 입주자 내지 전 사용자)의 공용부분에 대한 체납관리비를 승계해야 하는 것이 맞습니다. 그래서 발신인은 전입주자인 B의 체납관리비를 납부하였습니다. 또한 낙찰이후 현재까지 공실이지만 부과되는 관리비는 앞으로 충실하게 납부할 것입니다.

7. 관리사무소는 관리규약에 있는 모든 일을 효율적으로 진행하기 위한 조직입니다. 그런데 관리사무소에서 발행한 관리규약에 기본적으로 기재되어 있는 업무조차 하지 않았고 그로 인해 부실채권이 발생되었다면 법적인 책임은 누구

에게 있는지 분명합니다.

8. 발신인은 새로운 입주자로서 의무를 다할 것이고 권리행사도 할 것입니다. 만약 위 부실채권(=체납관리비)을 이유로 본인의 입주를 방해하거나 본인과 임차계약을 한 임차인의 입주를 방해할 경우 '업무방해'로 형사고소를 제기함과 동시에 민사적으로 손해배상책임을 물을 것입니다.

9. 위 항과 같은 일이 발생하지 않고 입주자와 관리사무소 사이에 원만한 관계가 형성되길 바랍니다.

2009 년 1 월 12 일
발신인 : 송사무장 (인)

서류를 검토하면서 A의 체납관리비는 명백하게 관리사무소 책임이라고 판단했다. 자신들의 업무인 관리비징수는 소홀히 하고 낙찰자에게 무리하게 체납관리비를 징수하는 것은 경우가 아니지 않은가. 그리고 점유자 B가 이사하는 날 관리사무소 여직원이 무단으로 내 집에 들어오고 경비아저씨를 통해 엘리베이터를 잠그는 등 이사를 비신사적으로 방해했으니 도의상 한 푼도 줄 수 없었다.

이 내용증명을 받은 관리실에서 연락이 왔다.

"송사무장님이시죠? 저에게 좋게 마무리 한다고 하셨잖아요? 그런데 왜 내용증명을 보내십니까?"

"화를 내지 않고 매너 있게 글로 보냈으니 좋게 마무리하는 것이 아닌가요?"

"이 내용증명 변호사님께서 작성하셨나요?"

"모르겠는데요. 어쨌든 잘 읽어보세요. 제가 볼 때 틀린 말 하나도 없네요."

"이렇게 나오신다면 어쩔 수 없죠. 저희도 고문변호사가 있으니까요."

"네. 알아서 하세요."

약간은 풀이 죽어있는 관리소장의 목소리였다. 하지만 저들은 아직 포기를 하지 않은 듯했다. 하긴 처음부터 내용증명 한 통으로 끝나리라 생각지 않았다.

며칠 후 관리사무소에서 내용증명에 대한 답신이 도착했다.

관리사무소에서 보낸 내용증명

내용증명(최고서)에 대한 답신

발신 : ○○○클라스 관리단대표회의
　　　경기 부천시 ○○○ ○○○
　　　대표자 ○○○

수신 : 송사무장
　　　경기 부천시 원미구 중동 ○○○

제목 : 최고서에 대한 답신, ○○호 체납관리비 독촉, 향후 조치 통고 등

1. 집합건물의 소유 및 관리에 관한 법률 제 18조 및 대법원 판례(2005다 65821, 2006다50420 등)는 이 전 소유자들의 체납관리비에 대한 특별승계인의 채무승계 의무를 규정하고 있는 바, 귀하도 2009. 1. 13.자 내용증명을 통해, 귀하가 펜트하우스 ○○호(이하 '이 부동산' 이라 함) 구분소유자로서 전 소유자의 공용부분 체납관리비를 승계하여야 한다는 사실을 인정하고 있습니다.

2. 그런데 귀하는 ▶ 2008. 12. 21. 이 부동산 인수 시, 전 소유자 B의 체납관리비 1,321,610원을 부담하였고, ▶"생활문화지원실(=관리사무소)'(이하 생활문화지원실이라 한다)이 단전, 단수, 압류 등절차도 취하지 않고 보전처분에 불과한 가압류조치를 하는 등 업무상 과실 내지 소홀하였다며, 귀하가 전 소유자(A)의 체납관리비 3,670,570원을 부담할 수 없다고 하였습니다.

3. 먼저, 2008. 12. 21.경 귀하의 펜트하우스에 방문하였을 때, 관리소장은 귀하에게 2007년 2월 이후 A와 B의 공용부분 관리비 체납액을 합한 금액이 4,992,180원임을 분명히 고지하였습니다. 그런데 귀하가 B의 관리비 1,321,610원만 내겠다고 완강히 거부하여 부득이 위 금액만 우선 받고 그에 대하여 영수증을 발행한 것입니다. 위 돈도 B가 부담하고 영수증만 귀하 명의로 발급하였던 것입니다.

4. 한편, 귀하는 관리규약 제35조 및 관리계약서 제4조 규정을 생활문화지원실 등이 반드시 취해야 하는 의무규정으로 오해하고 있는 것 같습니다. 관리규약 제35조 2항에 '···각호의 조치를 취할 수 있다'고 하였듯이, 이는 의무규정이 아닙니다. 생활문화지원실로서는 체납기간, 금액, 체납자의 상태, 기타 여러 사정을 종합하여 소멸시효기한(민법 제163조, 대법원 2005다65821에 근거 집합건물 관리비 소멸시효는 3년임) 내에 적절한 조치를 취하면 되는 것이지, 무조건(의무적으로) 단전, 단수, 압류, 경매조치를 취하여야만 하는 것은 아닙니다. 관리계약서 제2조도 생활문화지원실의 조치에 체납자가 이의를 제기하지 않는다는 체납자의 의무사항을 규정한 것입니다.

5. 이 부동산은 2007. 5. 최초로 관리비가 체납되어 이후 2007. 6.부터 수차례 고지서, 전화, 내용증명 등을 통하여 독촉하였고, 2008. 9.가압류결정을 받는 등 그동안 관리단대표회의 및 생활문화지원실로서는 최선의 조치를 취하였습니다.
따라서 귀하의 생활문화지원실의 과실 내지 업무소홀 주장은 타당하지 않습니다.

6. 위와 같이, 귀하의 주장은 타당하지 않고, 법률 및 대법원 판례에 근거하여도, 귀하는 이 부동산 특별승계인(=낙찰자)으로서 2007.5.~2008.2.까지의 체납관리비 3,670,570원을 부담할 의무가 명백한 이상, 귀하는 조속히 이를 납부하시기 바랍니다.

7. 만일, 귀하가 체납관리비 3,670,570원을 납부하지 않을 경우, 발신인 및 생활문화지원실로서는 전체 구분소유자의 피해를 방지하기 위해서라도 부득이 정해진 절차에 따라 적법 조치를 이행할 수밖에 없음을 통보합니다.

8. 또한 귀하가 체납관리비를 조속히 납부하지 않을시 전체 입주민의 불이익인 사항인 만큼 현 사항에 대하여 공고, 공지 할 수 있음을 통보합니다.

9. 끝으로 관리단대표회의 및 생활문화지원실도 귀하와의 원만한 관계형성을 바라고 있습니다. (끝)

2009. 1. 19.
관리단대표회의 대표자 ○ ○ ○

내용증명을 쓴 수준을 가늠해보니 관리사무소에서 직접 쓴 것이 아닌 듯했다. 자신들은 최선의 조치를 다했다는 등 예상했던 문구가 적혀있지만 한 구절씩 읽어내려 갈수록 기분이 조금씩 상하기 시작했다. 그리고 마지막 8항에 마치 체납관리비를 낙찰자가 연체한 것인 양 오피스텔에 공고, 공지한다는 것은 무척 기분 나쁜 문구였다. 그렇게 적어놓고 9항에 '원만한 관계가 형성되길 바란다'고 기재했으니 뒤통수 한 방을 제대로 얻어맞은 기분이었다. 가끔 소송을 의뢰받아 진행할 때 내가 주장하는 내용에 대해 상대방에게서 빈틈없이 반박하는 답변서를 받았을 때의 기분과 비슷했다. 하지만 이런 기분은 잠시 뿐이다. 반박내용을 준비하려는데 관리소장에게서 전화가 왔다.

"사무장님! 저희가 보낸 내용증명 받아보셨죠? 그리고 관리비내역서도 함께 보냈습니다."

"네… 잘 받았습니다."

"저희도 법리적으로 모두 판단하고 발송한 겁니다. 이정도 했으니 여기서 마무리하시죠? 시간될 때 사무실 들러주세요. 저희가 체납관리비 연체료는 깎아 드릴게요. 그럼 전화 끊습니다(연체료는 원래 낙찰자 부담도 아니거든)."

"그래요? 제가 이번에 확실하게 마무리 지어드리죠."

관리소장이 마치 전쟁에서 승리한 병사마냥 엄청 밝은 목소리 톤으로 전화를 했다. 자신들의 내용증명을 읽어보고 자신감이 생기고 모두 옳은 말이라 여겼나보다. 적절한 답변과 압박을 했으니 기분이 좋을 테지. 연체료까지 듬뿍 담긴 관리비 명세서를 보니 어이가 없었다.

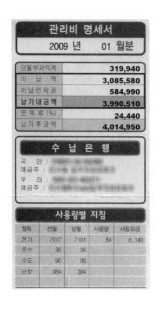

이제 게임을 본격적으로 마무리를 해야 할 타이밍이다. 다시 한 번 '관리규약'을 처음부터 꼼꼼히 읽어보며 중요한 부분은 체크를 해두었다. 관리비에 관련된 모든 대법원 판례와 법규에서 이 사건과 관련된 부분을 체크하기 시작했다. 쉽게 마무리 되었으면 대략 넘어갔을 것인데 오히려 이번 기회에 이 부분에 대해서 심도 있게 공부할 기회를 준 관리사무소에게

감사할 뿐이었다. 이번 내용증명은 절대 약하게 쓰면 안 된다. 관리소의 수준으로 보아 적당하게 대응하면 '관리비지급 청구의 소'를 제기할 것처럼 보였다. 아예 소송조차 하지 못하도록 강하게 쓰기로 마음먹었다. 그리고 내가 그들의 내용증명을 보고 기분이 상했으니 그들도 같은 기분이 들게끔 해주는 것이 예의를 지키는 것이라 생각했다.

　　모든 사실을 상세하고 예쁘게(?) 정리하여 내용증명을 발송했다.

　　날짜를 보니 설날을 앞둔 시점에 받아볼 듯했다. 빠른 등기로 접수했다. 기분 좋은 설날을 보낼 수 있도록! (생소하더라도 이해가 될 때까지 내용증명을 읽어보라! 피가 되고 살이 된다)

송사무장이 보낸 마지막 내용증명

내 용 증 명
제목 : 체납관리비 독촉에 대한 답변서

　　수　신 : 경기 부천시 ○○○ ○○○
　　　　　　○○○클라스 관리단대표회의
　　수신인 : 대표자 ○○○

　　발　신 : 경기 부천시 원미구 중동 ○○○
　　발신인 : 송사무장

　　2009.1.19.에 수신인이 발송한 내용증명은 잘 읽어보았습니다. 그러나 법리적으로 명백하게 오인하고 있는 부분이 있고 또한 앞으로 본인이 취할 조치에 대해서 아래와 같이 최종통보 드립니다.

- 아 래 -

1. 귀하가 집합건물에 관한 법률 제18조와 대법원 판례를 운운하며 특별승계인의 채무승계 의무를 나열하고 마치 낙찰자가 경매부동산을 낙찰 받는 순간부터 채무자 취급을 하는 풍토는 실제 위헌소지가 많이 있습니다. 공동주택관리규약에서 관리비에 관한 특별승계인의 의무를 지칭하는 것은 앞으로 규정에 따른 관리비를 납부해야 한다는 의미로 해석해야 옳은 것이고 전 입주자의 체납관리비까지도 승계하여 부담시키는 것은 승계인의 재산권을 과도하게 침해하는 규정입니다. 그래서 하급심판례에선 낙찰자가 전 입주자에 대한 체납관리비를 납부할 의무가 없다고 판시하였습니다(서울지법 2000. 5. 17. 선고 99나94209 판결, 창원지법 1997. 7. 25. 선고 97나3501 판결).

2. 설령, 위 1항의 대법원판례와 집합건물에 관한 법률대로 특별승계인(=낙찰자)이 전 소유자의 체납관리비 중 공용부분 관리비에 대한 승계를 해야 한다고 할지라도 현재 발신인과 귀하가 처해있는 상황은 이와는 전혀 다르다는 것을 아직도 이해하지 못하고 있음이 참으로 안타깝습니다.

3. 집합건물법 제42조와 귀하의 관리규약에 기재되어 있는 '입주자'는 '구분소유자'를 말하고 '사용자' 즉, '점유자'는 건물의 전유부분을 사용하는 자를 말하며 그리고 '입주자 등'은 '입주자'와 '점유자', '사용자' 모두를 지칭하는 것입니다. 그리고 집합건물법과 귀하의 관리규약의 의무를 갖는 것은 구분소유자뿐 아니라 입주자의 지위를 승계하거나 점유하고 있는 '사용자', '점유자'까지 포함이 되어 있습니다(귀하가 직접 발행한 관리규약을 한 번이라도 꼼꼼하게 읽어보셨는지요?).

4. 그렇다면 이 사건 부동산의 '입주자 등'의 지위를 승계한 순서를 살펴보면 2007.5.16.에 A에게 소유권이전이 되어 '입주자'의 지위를 갖추었고, 그 후 B가 2008.3.20.부터 10개월 동안 '점유자' 내지 '사용자'로 사용을 하였고 발신인은 경락을 통해 2008.12.21.에 '입주자'의 지위를 승계 받은 것입니다. 귀하가 발행한 관리비 내역서를 보더라도 최초에 A의 명의로 발행이 되었고, 2008년 2월분부

터 2008년 12월분(총11개월)까지 '사용자'인 B로 관리비가 발행이 되고, 2009년 1월분부터 본인의 명의로 내역서가 발행되었습니다(아직도 귀하는 최초 입주자인 A의 관리비를 누가 부담해야 하는지 이해가 안 되십니까?). 대법원판례에선 전 입주자 등을 지칭한 것이지 전전입주자 등의 부담까지 낙찰로 인한 특별승계인에게 부담하라는 판결은 본인은 듣지도 보지도 못했습니다. 만약 귀하가 1항의 논리를 내세우며 억지주장을 한다면 엄청난 법리적 오해를 하고 있는 것입니다(귀하의 터무니없는 논리로 관리비업무를 해석해보면, 만약 36개월에 거쳐 소유자는 바뀌지 않고 임차인만 계속해서 바뀌면서 여전히 관리비가 체납된다면 언제까지 관리비를 안 받을 겁니까? 그 부동산이 경매가 진행되어 언젠가 낙찰될 때까지 마냥 새로운 집주인이 오기만을 기다릴 겁니까? 그것은 감나무 밑에서 입 벌리고 누워 감이 떨어지기만을 기다리는 것과 다를 것이 없어 보입니다).

5. 또한 본인은 2008.12.21.에 이 사건 부동산을 인계받으면서 전 '사용자' 내지 '점유자'인 B가 체납한 관리비를 1,321,610원을 포함하여 이사비를 지급하였고 이 금액을 B의 우리은행계좌로 송금하였습니다. 이에 대해 B에게 확인서 및 무통장입금내역도 이미 받아두었습니다. 그리고 귀하에게 이러한 사실관계를 설명하고 본인의 이름으로 B의 관리비 영수증을 교부 받은 것입니다(만약, 귀하의 주장대로 B가 납부한 것을 본인의 이름으로 영수증을 발행했다면 관리사무소가 원래 아무나 영수증을 발행해달라면 발행해주는 곳인지 또한 평소에도 업무를 그렇게 허술하게 하는지 의문입니다).

6. 그리고 귀하는 2007.5.에 최초로 관리비가 체납되어 이러한 체납기간이 수십 개월 동안 지속되어도 귀하가 발행한 관리규약 제35조에 있는 단전, 단수조치 및 소송절차 개시(지급명령신청)조차 취하지 않았습니다. 소액사건의 경우 지급명령 신청 시 소요금액은 3만 원도 안됩니다. 만약, 귀하가 관리규약대로 조치를 취했더라면 이 사건 부동산의 낙찰대금에서 체납관리비를 충족할 수 있었을 것입니다. 또한, 전 사용자인 B에게 적극적으로 납부를 독려하며 (굳이 단전. 단수를 실시하지 않고도) 경고조치만이라도 제대로 취했더라면 체납관리비를 징수할 수 있었을 것입니다(학생이 있는 가정집에서 물이 안 나오고 전기가 끊겨 아

무것도 할 수 없는데 10개월 동안 살 수 있겠습니까?). 그리고 현재 귀하의 주장 대로 관리규약이 의무사항이 아니라고 하는 것은 자신의 업무과실 및 소홀을 면 책하려는 것인지 아니면 책자로 만든 관리규약은 아무런 의미가 없다는 것인지 이해가 안 됩니다(관리규약은 건물의 관리를 효율적으로 하기 위해 작성된 것이 고 관리자와 입주자 등의 지침입니다. 그래서 기본적으로 해야 할 일을 기재해 놓 은 것입니다).

7. 관리규약 제23조 관리주체의 의무 및 책임 3항, 4항을 보면 관리주체의 대 표자와 그 직원은 업무와 관련하여 업무소홀 내지 과실로 인해 입주자에 손해를 끼친 경우에 그 손해를 관리소장, 건물관리업체가 연대하여 책임이 있다고 명시 되어 있습니다. 그래서 본인은 위 6항의 업무를 제대로 하지 않아서 입주자들에 게 피해를 입힌 것에 대하여 모든 입주자에게 관리사무소의 방만한 업무를 세대 별로 공고, 공지하여 추후엔 절대 이런 일이 발생하지 못하도록 할 것입니다(이 사건의 체납관리비로 인한 피해는 본인 때문에 발생된 것이 아니고 귀하의 업무 소홀 내지 과실로 인해 입주자들에게 손해를 입힌 것입니다). 또한, 다른 입주자 들과 상의를 거쳐 부실채권에 대한 손해배상책임 및 업무소홀에 관한 책임도 함 께 물을 것입니다. 이렇게 업무를 방만하게 하는 관리사무소를 믿고 앞으로도 비 싼 관리비를 내야하는지 혼란스럽습니다.

8. 그리고 2008.12.21. 10시 30분경 본인의 집에 허락도 없이 관리사무소 여 직원이 무단으로 침입하여 관리비를 달라고 떼를 썼고 본인이 강력하게 퇴거조 치를 언급했음에도 막무가내였습니다. 귀하가 발행한 관리규약 어디를 찾아보더 라도 체납관리비를 징수할 때 그 집에 무단침입이 가능하다고 기재되어 있지 않 습니다. 이 부분에 대해 상당히 불쾌했어도 원만하게 마무리하려고 했으나 귀하 와 원만한 관계가 형성되지 않을 시 본인도 '건조물침입죄'에 대한 형사상 책임을 묻겠습니다.

9. 귀하가 쉽게 이해할 수 있게 다시 한 번 정리해드립니다. 대법원판례에서 낙찰자 내지 특별승계인에게 체납관리비 중 공용부분을 부담시키는 경우는 체납

된 부동산이 부득이 공실상태로 오랫동안 방치되어 있거나 관리비 회수를 위한 모든 조치를 취했어도 회수를 못했을 경우에 해당되는 것입니다. 귀하는 이런 부분을 확실하게 인지하시고 이제라도 과실을 뉘우치고 앞으로는 업무소홀 및 과실로 인한 부실채권이 발생하여 입주자들에게 피해를 입히지 않도록 관리규약의 기본업무에 충실해주시기 바랍니다.

10. 만약 귀하가 법적조치를 취한다면 물론 언제든지 응대할 것이고 입주자로서 귀하의 업무소홀 내지 과실에 대한 책임을 확실하게 짚어드리겠습니다(법리적 오해로 인한 불필요한 소를 제기하는 것 또한, 업무상 과실입니다). 그리고 위에 기재한 모든 조치를 취할 것이고 귀하에게 민.형사상 책임을 묻겠습니다.

11. 다가오는 명절 복 많이 받으시고 귀하의 가정에 평안을 빕니다.(끝)

2009 년 1 월 23 일
발신인 : 송사무장 (인)

내용증명을 평소보다 강한 어조로 작성했다. 아마도 이 글을 보면 자신들이 얼마나 업무에 대해 소홀했는지 그리고 얼마나 억지주장을 하고 있는지 깨닫게 될 것이다. 또한 한 구절씩 읽어갈수록 매우 당황스럽고 기분이 상할 것이다. 내용증명을 보내고 며칠이 지나도 툭하면 전화를 하던 관리소장에게 아무런 연락이 없다.

열흘이 지나고 핸드폰에 모르는 번호로 벨이 울렸다. 밤10시가 넘은 시각이다. 확인을 해보니 입주자대표였다. 입주자대표는 점유자가 이사하는 날에 관리소장과 함께 내 집에 들어와 관리비를 납부하라고 강력하게 주장했던 아줌마다.

"안녕하세요. 혹시 송사무장님 되시나요?"

"맞습니다. 그런데 누구시죠?"

"네…저는 ○○○클라스 입주자대표입니다."

"저에게 하실 말씀이라도?"

"그동안 심기를 불편하게 해드려서 죄송하고요. 체납관리비는 없던 것으로 하겠습니다. 대신 저희에 대한 법적조치도 안하셨으면 좋겠네요. 그냥 저희의 과실을 100% 인정하겠습니다."

"제가 관리비 연체했다고 전 세대에 공고하신다면서요?"

"아니요. 절대 그럴 일 없을 겁니다. 사무장님 앞으로 좋은 이웃이 되었으면 좋겠네요."

"알겠습니다. 제가 지방이라 전화통화를 길게 못합니다."

"네…네… 건강하시고 안녕히 계십시오."

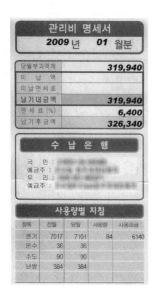

어쨌든 나는 체납관리비에 대한 부담을 털어버렸고 관리비 내역서가 다시 도착했다.

관리비 체납액과 연체료 모두 말끔하게 지워져서 왔다.

과연 이 사건이 나만의 해피엔딩일까?

필자는 지금도 대법원 판례에서 '체납관리비 중 공용부분은 특별승계인(=낙찰자)이 부담해야 한다'는 것은 낙찰자에게 매우 부당하며 과도하게 사유재산을 침해하는 판결이라고 생각한다. 낙찰 받은 빌라, 주택, 근린시설의 경우 밀린 전기료가 있으면 낙찰자가 소유권이전을 하기 전의 부담은 한국전력에서 손실처리를 해준다. 가스비도 마찬가지다. 하지만 유독 관리비에 대해서 낙찰자에게 다른 잣대를 내미는 것은 이해할 수 없는 부분이다.

위 대법원판례도 모든 판사님들의 일치된 의견이 절대 아니다. 이것은 다수의 의견일 뿐 집합건물에 관한 법률을 잘못 해석했다고 판단하는 판사님도 있다. 소수의 의견은 집합건물에 관한 법률에서 관리비 부분을 규정한 것은 낙찰자가 기존의 관리단의 규정을 준수해야 한다는 의미로 해석해야 옳은 것이고 체납관리비를 부당하게 부담해야 하는 것이 아니라는 것이다.

만약 이 사건도 법원에 소가 제기되었다면 관리비에 대해 새로운 판례를 남길 수 있었겠지만 다음을 기약해본다.

체납관리비에 관한 유용한 판례

낙찰을 받고나면 또 하나의 골칫거리가 체납된 관리비다. 경매물건 중에서 아주 낮은 가격으로 유찰된 상가의 경우 밀린 관리비가 수천만 원이 되는 경우도 있다. 또한 대부분 낙찰 받는 오피스텔과 아파트의 경우에도 명도가 끝난 후 체납된 관리비 문제가 자주 불거진다. 하지만 체납관리비가 누구의 몫이고 낙찰자가 어떻게 효과적으로 대처할 수 있는지 정확하게 법리적인 부분을 이해하고 접근한다면 좀 더 비용을 줄이면서 마무리가 가능하다.

1. 체납관리비는 과연 누구의 몫인가?

낙찰을 받고 관리사무소에 방문하면 체납관리비에 대한 언급을 한다. 하지만 체납관리비 전부가 낙찰자의 부담이 아니다. 낙찰자는 단지 공용부분에 대한 체납관리비를 납부하면 된다.

대법원 2001. 9. 20. 선고 2001다8677 전원합의체 판결

【판시사항】

아파트의 전 입주자가 체납한 관리비가 아파트 관리규약의 정함에 따라 그 특별승계인에게 승계되는지 여부(=공용부분에 한하여 승계)

【판결요지】

집합건물의 공용부분은 전체 공유자의 이익에 공여하는 것이어서 공동으로 유지·관리해야 하고 그에 대한 적정한 유지·관리를 도모하기 위해서는 소요되는 경비에 대한 공유자 간의 채권은 이를 특히 보장할 필요가 있어 공유자의 특별승계인에게 그 승계의사의 유무에 관계없이 청구할 수 있도록 집합건물법 제18조에서 특별규정을 두고 있는바, 위 관리규약 중 공용부분 관리비에 관한 부분은 위 규정에 터잡은 것으로써 유효하다고 할 것이므로, 아파트의 특별승계인은 전 입주자의 체납관리비 중 공용부분에 관하여는 이를 승계하여야 한다고 봄이 타당하다.

공용부분과 전용부분의 분류

① 공용부분 – 청소비, 오물수거비, 소독비, 승강기유지비, 공용부분 난방비, 공용부분 급탕비, 수선유지비, 일반관리비(인건비, 제사무비, 교통통신비, 제세공과금, 피복비, 교육훈련비, 차량유지비, 부대비용)

③ 전유부분 – 전기료, 수도료, 하수도료, 세대난방료, 급탕료, TV수신료 등

〈주택건설촉진법 제38조 제13항, 공동주택관리령 제15조에 의한 집합건물의 관리비 中〉

2. 체납관리비의 연체료는 낙찰자에게 부담되는지?

체납관리비 내역을 자세히 살펴보면 체납관리비에 대한 연체료도 상당하다. 그러나 낙찰자는 체납관리비의 연체료는 부담하지 않아도 된다.

대법원 2006.6.29. 선고 2004다3598 판결

"관리비 납부를 연체할 경우 부과되는 연체료는 위약벌의 일종이고, 전 구분소유자의 특별승계인인 경락자가 체납된 공용부분 관리비를 승계한다고 해서 전 구분소유자가 관리비 납부를 연체함으로 인해 이미 발생하게 된 법률효과까지 그대로 승계하는 것은 아니므로 공용부분 관리비에 대한 연체료는 특별승계인에게 승계되는 공용부분 관리비에 포함되지 않는다."

3. 낙찰자에게 유리한(?) 판례

낙찰자가 관리사무실에 방문할 땐 낙찰자가 취득 이전의 관리비를 지급하지 않아도 된다는 대법원판례는 아니지만 다음의 하급심 판례를 출력하여

방문하는 것도 괜찮다(밀져야 본전!).

서울지법 2000. 5. 17. 선고 99나94209 판결

【판시사항】

[1] 아파트 소유권을 취득한 사람에게 전 소유자의 체납관리비채무를 승계하도록 규정한 공동주택관리규약의 효력 여부

[2] 공동주택관리규약은 입주자의 지위를 승계한 자에 대하여도 그 효력이 있다는 공동주택관리령 제9조 제4항 규정의 의미 및 효력

【판결요지】

[1] 위 규정은 헌법상 요구되는 비례의 원칙에 위반하여 승계인의 재산권을 과도하게 침해하는 위헌적인 규정일 뿐만 아니라 사적 자치의 원칙에도 반하여 민법 제103조 소정의 선량한 풍속, 기타 사회질서에 위반되므로 그 효력이 없다.

[2] 공동주택관리규약은 입주자의 지위를 승계한 자에 대하여도 그 효력이 있다는 공동주택관리령 제9조 제4항의 규정은 공동주택의 입주자들이 공동생활의 질서유지와 주거생활의 향상을 위하여 공동주택의 관리, 사용 등의 사항에 관하여 공동주택관리규약으로 정한 내용이 승계인에 대하여도 효력이 있다는 뜻으로써, 관리비와 관련하여서는 승계인도 공동주택관리규약에 따른 관리비를 납부하여야 한다는 의미로 해석될 뿐, 그 규정에 의하여 승계인이 전 입주자의 체납관리비까지도 승계하여 부담하는 것으로 해석되지는 않는다 할 것이고, 승계인의 재산권을 과도하게 침해하는, 즉 재산권의 본질적 내용을 침해하는 위헌적인 규정이라고 아니할 수 없다.

창원지법 1997. 7. 25. 선고 97나3501 판결【관리비】: 확정

【판시사항】

경락으로 아파트 소유권을 취득한 자에게 그 소유권 취득 이전의 체납관리비 납부의무가 있는지 여부

【판결요지】

경락으로 아파트의 소유권을 취득한 자는 원시취득자로서 집합건물의소유및관리에관한법률 제27조 제2항, 공동주택관리령 제9조 제4항 소정의 '승계인'이라 할 수 없으므로, 그 소유권 취득 이전의 체납관리비에 대하여는 납부의무가 없다.

【참조조문】

집합건물의소유및관리에관한법률 제27조 제2항, 공동주택관리령 제9조 제4항

4. 관리사무소에서 체납관리비를 이유로 낙찰 받은 건물에 단전·단수를 했을 경우

가끔 이런 경우도 있다. 낙찰 받은 건물이 공실이거나 기존의 점유자에게 체납관리비를 적극 징수하지 않고 마치 낙찰자를 돈 많은 사람 취급, 무리한 요구를 하며 단전. 단수를 하는 곳이 있다. 관리사무소 입장에선 낙찰자에게 손쉽게 관리비를 징수하기 위한 조치지만 이것은 불법이고 그 후 낙찰자가 사용을 하지 못한 기간에 발생된 관리비는 부담하지 않는다.

〈특별승계인에게 전 소유자 및 사용자의 체납된 관리비 징수를 위해 단전 및 단수조치를 취했다면 불법행위로 구성되고, 그 기간 동안의 관리비 채무 는 부담하지 않는다.〉

대법원 2006.6.29. 선고 2004다3598,3604 판결【채무부존재확인및손해 배상등】

【판시사항】
[1] 집합건물의 관리단이 전(전) 구분소유자의 특별승계인에게 특별승계인이 승계한 공용부분 관리비 등 전 구분소유자가 체납한 관리비의 징수를 위해 단전·단수 등의 조치를 취한 사안에서, 관리단의 위 사용방해행위가 불법행위를 구성한다고 한 사례
[2] 집합건물의 관리단 등 관리주체의 불법적인 사용방해행위로 인하여 건물의 구분소유자가 그 건물을 사용·수익하지 못한 경우, 구분소유자가 그 기간 동안 발생한 관리비채무를 부담하는지 여부

【판결요지】
[1] 집합건물의 관리단이 전(전) 구분소유자의 특별승계인에게 특별승계인이 승계한 공용부분 관리비 등 전 구분소유자가 체납한 관리비의 징수를 위해 단전·단수 등의 조치를 취한 사안에서, 관리단의 위 사용방해행위가 불법행위를 구성한다고 한 사례.
[2] 집합건물의 관리단 등 관리주체의 위법한 단전·단수 및 엘리베이터 운행정지 조치 등 불법적인 사용방해행위로 인하여 건물의 구분소유자가 그 건물을 사용·수익하지 못하였다면, 그 구분소유자로서는 관리단에 대해 그 기간 동안 발생한 관리비채무를 부담하지 않는다고 보아야 한다.

〈반대로 관리주체(관리단 또는 관리사무소)의 단전·단수가 정당하다고 판단되는 경우〉

대법원 2004. 8. 20. 선고 2003도4732 판결

【판시사항】

시장번영회 회장이 이사회의 결의와 시장번영회의 관리규정에 따라서 관리비 체납자의 점포에 대하여 실시한 단전조치는 정당행위로서 업무방해죄를 구성하지 아니한다고 한 사례

【판결요지】

기록에 의하면, 시장번영회는 삼천포종합시장 내의 상점소유자나 개점자 등으로 구성되어 있고, 그 관리규약에 따르면 3개월 이상 관리비를 연체하는 경우에는 사용자와 소유자에게 동시에 통보하고 미납할 때에는 단수, 단전 등의 불이익조치를 취할 수 있도록 규정하고 있으며, 피해자인 이○권과 박○엽은 부부로서 삼천포종합시장 내 경남상가 마동 23호, 24호, 25호를 연결하여 의류가게와 세탁소 등을 운영하면서 2000. 5. 무렵부터 관리비를 체납하고 있었고, 사천시와 한전에서는 시장번영회에 대하여 수도료와 전기료 등을 납부하지 아니하면 단수, 단전조치를 취하겠다고 예고하였으며, 이에 따라 시장번영회에서는 부득이 관리비 고액체납자들로부터 관리비를 효율적으로 징수하기 위하여 2001. 7. 24. 시장번영회 이사회를 열고 관리비의 고액체납자에 대하여 강력한 법적 조치와 함께 단수, 단전 등의 조치를 병행하기로 만장일치로 결의하였으며, 이에 따라 시장번영회 회장인 피고인이 사무국장인 공소외인에게 고액체납자들의 점포에 대하여 단전조치를 하도록 지시하여 공소외인이 위 상가의 전기단자함을 열고 이○권과 박○엽의 점포에 공급되는 전기를 차단하는 조치를 취하였고….(중략)

사정이 이러하다면, 피고인이 단전조치를 하게 된 경위는 단전조치 그 자체를 목적으로 하는 것이 아니고 오로지 시장번영회의 관리규정에 따라 체납된 관리비를 효율적으로 징수하기 위한 제재수단으로써 이사회의 결의에 따라서 적법하게 실시한 것이고, 그와 같은 관리규정의 내용은 시장번영회를 운영하기 위한 효과적인 규제로써 그 구성원들의 권리를 합리적인 범위를 벗어나 과도하게 침해하거나 제한하는 것으로 사회통념상 현저하게 타당성을 잃은 것으로 보이지 아니하며,

피고인의 행위는 그 동기와 목적, 그 수단과 방법, 그와 같은 조치에 이르게 된 경위 등 여러 가지 사정에 비추어 볼 때, 사회통념상 허용될 만한 정도의 상당성이 있는 위법성이 결여된 행위로써 형법 제20조에 정하여진 정당행위에 해당하는 것으로 볼 여지가 충분하다.

즉, 집합건물의 사용자가 해당 부동산을 사용·수익하면서도 관리규약에서 정한 상당기간 관리비를 납부하지 않는 경우, 관리주체가 단전·단수에 관한 예고 후 관리규약에 의거하여 단전·단수를 한 경우에는 불법행위가 아닌

정당행위에 해당된다는 것이다. 즉, 관리주체가 적법한 절차를 거쳐 취한 단전조치는 위법한 것이 아니다.

5. 낙찰자가 위법한 단전·단수를 실시한 관리단에 대해 취할 수 있는 조치

낙찰자 입장에선 전사용자의 체납을 원인으로 위법한 단전·단수조치가 취해지고 이로 인해 건물을 사용, 수익하지 못했다면 당연히 관리비에 대한 부담은 없고 오히려 관리단에게 해당 건물의 임료(or 영업손실)상당의 손해배상에 대한 책임을 물을 수 있다.〈서울고법 2007.4.12. 선고 2006나17760〉 따라서 이런 부분을 잘 소명하면 적절한 금액으로 합의가 가능할 수 있다.

6. 실질적인 관리단이 구성되지 않은 경우 체납관리비는 낙찰자의 몫?

경매물건 중 오피스텔 또는 상가 전체가 각각 물건번호가 부여되어 경매가 진행되는 경우가 있다. 이런 물건은 대부분 유치권신고가 되어 있고 유치권자가 관리단을 구성하고 있으며 낙찰자에게 유치권금액뿐만 아니라 밀린 체납관리비에 대해서도 무리한 금액을 요구한다. 그러나 낙찰자는 이러한 경우에 체납관리비 부담의무가 없다. 왜냐하면 해당부동산이 분양되지 않아 각 호수별로 소유자가 정해지지 않은 상황에서는 관리단이 구성될 수 없었기 때문이다.

대법원 1996. 12. 10. 선고 96다12054 판결

【판시사항】

집합건물의 관리단이 실제적인 자치관리를 개시하기 전에 분양을 마치지 못한 건축주가 집합건물의 관리를 하면서 관리비용으로 사용하기 위해 차용한 채무에 대하여 관리단의 부담 또는 포괄인

수를 부정한 사례

【판결요지】

관리단이 실제로 조직되지 아니한 상태에서 미분양 된 전유부분의 소유자로서 구분소유자 중의 1인인 건축주가 주체가 되어 건물을 사실상 관리하여 왔다면 그것을 바로 관리단에 의한 자치적 관리로 볼 수는 없고, 설사 빌딩 내 점포소유자와 임차인들 중 층별 대표자들로 자치관리준비위원회가 조직되고 그 자치관리준비위원회가 그 이후에 발족한 관리단과 동일성이 인정되는 단체라고 하더라도 실제로 건축주로부터 관리권을 넘겨받아 자치관리를 개시하지는 못하고 여전히 건축주가 주체가 되어 빌딩을 관리하였다면 건축주가 관리하던 기간 동안에 발생한 채권채무는 건축주에게 귀속되고 준비위원회에 귀속되지 않는다는 이유로, 관리단으로써는 스스로 실제적인 자치관리를 개시하기 전에 건축주가 관리하던 기간 동안에 건축주가 관리비용으로 사용하기 위하여 차용한 채무에 대하여 이를 부담한다거나 포괄인수한다고 할 수 없다.

7. 관리비 채권의 소멸시효는 3년

전소유자가 체납한 공용부분 관리비가 존재하더라도 그중에서 3년이 경과된 관리비에 대해선 낙찰자는 전 소유자의 소멸시효 항변권을 원용하여 그 채권에 대해선 부담하지 않을 수 있다. 민법 제163조에서 3년의 단기소멸시효에 걸리는 채권은 '1년 이내의 기간으로 정한 채권'으로 1개월 단위로 지급해야 하는 집합건물의 관리비는 이에 해당이 된다. 〈대법원 2007.2.22. 선고 2005다65821 판결〉 따라서 낙찰자는 3년이 지난 관리비에 대해선 부담하지 않아도 된다.

8. 전소유주의 관리비를 대납하고 돌려받으려면?

전기요금, 수도요금, 가스요금 등 대부분 공과금은 법적으로 낙찰자에게 승계되는 것이 아니다. 이런 비용은 공공기관과 전소유자와의 계약에 불과하기 때문이다. 하지만 아무런 이의를 제기하지 않고 체납금액을 납부하게 되면 채무승인이나 대위변제로 인정되어 공공기관을 상대로 반환청구를 하지 못한다(전소유자에게 구상권 행사, 청구는 가능하다).

따라서 체납관리비를 관리사무소의 압박에 의해 납부를 했다면 명백한 증거를 준비해야 할 것이다(간혹 관리사무소에서 공용부분에 관한 체납관리비 외에도 전유부분, 연체료까지 부담하라고 하는 경우가 있다). 증거자료는 내용증명, 녹취서, 진술서 등이다. 이런 자료가 준비되면 부당하게 납부한 금액에 관하여 법원을 통해 반환청구를 하여 그 금액을 반환받을 수 있다. 또한 낙찰자에게 전소유자의 전유부분 체납관리비의 납부를 강요하고 단전, 단수조치나 입주방해 행위를 했을 경우 낙찰자는 '업무방해죄', '공갈죄', '재물손괴죄'로 형사고소가 가능하다.

9. 해당부동산의 소유권이 순차로 여러 번 이전된 경우 체납관리비의 부담은?

해당부동산에 관하여 소유권이 순차로 이전된 경우 각 특별승계인들은 이전 소유권자들의 채무를 중첩적으로 인수한다고 봄이 상당하므로, 현재 구분소유권을 보유하고 있는 최종 특별승계인뿐만 아니라 그 이전의 소유자들도 현 소유권의 보유 여부와 상관없이 공용부분에 관한 종전 구분소유자들의 체납관리비채무를 부담한다고 보아야 한다.(대법원2006다50420)

따라서 전전소유자의 체납관리비를 낙찰자에게 전액 받아내고자 할 경우에도 위 판례를 활용하여 전사용자 내지 관리주체와 협의할 수 있을 것이다.

10. 신규 수도사용자가 기존 수도사용자의 체납 수도요금 납부의무를 승계하도록 하는 조례는 무효다.

서울고법 2011.4.21. 선고 2010누33476 판결 【상하수도요금부과처분취소】

【판시사항】

[1] 신규 수도사용자가 기존 수도사용자의 체납 수도요금 납부의무를 승계하도록 규정한 부천시 수도급수 조례 제24조 제2항이 수도법 제38조 제1항의 '그 밖의 수돗물의 공급조건에 관한 규정'의 위임 범위를 벗어난 것으로 무효인지 여부(적극)

[2] 부천시장이 '타이거월드' 부천체육문화센터를 매수한 갑 회사에 부천시 수도급수 조례 제24조 제2항을 근거로 기존 수도사용자 을 회사가 체납한 상하수도요금을 부과한 사안에서, 부과처분이 위법하다고 한 사례

【판결요지】

[1] 수도공급은 수도공급계약에 기초하여 이루어지는 것으로 특별한 사정이 없는 한 계약당사자만이 수도요금 납부에 관한 권리의무자가 되는 것이 원칙이므로 신규 수도사용자의 체납 수도요금 납부의무 승계는 개별책임원칙에 위반되는 점, 수도법 제68조 제1항 문언 해석상 직접 수돗물 공급을 받지 않은 자는 납부의무자가 아니라고 볼 수 있는 점, 신규 수도사용자에게 체납 수도요금의 납부의무를 승계하도록 하는 것은 지역적 사정과 관련된 문제가 아니므로 각 지방자치단체가 그 지방의 실정에 맞게 별도로 규율할 필요가 있는 사항에 해당하지 않는 점, 신규 수도사용자의 체납 수도요금 납부의무 승계 규정은 약관의 규제에 관한 법률 제6조 제2항 제1호의 고객에게 부당하게 불리한 조항에 해당하여 무효라고 볼 여지가 큰 점, 기존 수도사용자의 체납요금이 몇 개월에 걸쳐서 누적된 경우 지방자치단체나 일반 수도사업자가 별도의 법적 절차를 통해 징수하는 것이 합당하고, 기존 수도사용자에 대한 징수절차가 번거롭고 곤란하다는 이유로 기존 수도사용자의 체납요금을 신규 수도사용자에게 일방적으로 전가하는 것은 부당한 점 등을 종합하여 보면, 수도법 제38조 제1항에서 지방자치단체 조례로 정하도록 위임한 '그 밖의 수돗물의 공급조건에 관한 규정'이란 신규 수도사용자가 일반수도사업자 또는 지방자치단체로부터 장래 수도를 공급받기 위한 수도공급계약의 내용이 되는 사항, 즉 일반수도사업자 또는 지방자치단체가 신규 수도사용자에게 수돗물을 공급하는 방법, 이와 관련하여 신규 수도사용자가 수인하거나 부담하여야 할 요금 기타 사항을 말하고, 기존 수도사용자가 체납한 수도요금 납부의무 승계에 관한 사항은 기존 수도사용자의 일반수도사업자 또는 지방자치단체에 대한 채무를 신규 수도사용자가 인수하는 문제로써 이러한 사항은 '그 밖의 수돗물의 공급조건에 관한 규정'에 포함되지 않는다고 보는 것이 타당하다. 따라서 수돗물의 공급을 받지 않았던 신규 수도사용자가 기존 수도사용자의 체납 수도요금 납부의무를 승계하도록 한 부천시 수도급수 조례 제24조 제2항은 수도법 제38조 제1항의 '그 밖의 수돗물의 공급조건에 관한 규정'의 위임 범위를 벗어난 것으로 법률에 위배되어 무효이다.

[2] 부천시장이 '타이거월드' 부천체육문화센터를 매수한 갑 회사에 부천시 수도급수 조례 제24

조 제2항을 근거로 갑 회사가 스포츠센터 소유권을 취득하기 전 기존 수도사용자 을 회사가 체납한 상하수도요금을 부과한 사안에서, 수돗물 공급을 받지 않았던 신규 수도사용자가 기존 수도사용자의 체납 수도요금 납부의무를 승계하도록 한 위 조례 제24조 제2항은 수도법 제38조 제1항의 위임 범위를 벗어나 법률에 위배되어 무효이므로, 그에 근거하여 이루어진 부과처분은 위법하다고 한 사례.

위 수도요금에 관한 판례로 체납가스비용, 해당지자체의 폐수처리비용 등 공공기관의 비용일지라도 전사용자가 해당기관과 개별적으로 체결된 계약을 원인으로 체납공과금이 있는 경우 동일하게 해석하여 활용하면 비용을 납부하지 않거나 유리한 조건으로 협상을 할 수 있다.

11. 부동산 매도시 체납관리비 변제금액도 필요경비에 해당됨.

경락부동산에 관하여 전소유자의 체납관리비를 낙찰자가 변제한 경우 대항력이 있는 임차권 및 유치권을 변제한 것과 같이 이 변제 금액은 차후 양도가액에서 공제할 필요경비로 인정된다. (단, 전소유자가 무자력인 부분과 관리규약에 따라 차이가 있을 수 있다) 〈서울고법 2012누3608 양도소득세부과처분취소 판결 참조〉. 그러므로 평소 영수증과 금융거래내역을 꼼꼼히 챙겨두는 습관이 중요하다!

경매투자를 하며 많은 경험을 쌓았다. 그 중에서 하나의 판례를 습득하고 활용해서 수천만 원 이상의 도시가스 요금과 해당지자체의 체납공과금을 해결하기도 하였다. 따라서 앞선 판례들을 낙찰자의 상황에 따라 알맞게 응용한다면, '아는 것이 힘'이란 말을 정말 실감할 것이다.

돈 이야기

큰돈을 벌고 싶다면 돈의 속성을 알아야 한다. 물이 높은 곳에서 낮은 곳으로 흐르는 것처럼 돈도 한 곳에 머무르지 않고 이익이 있는 곳으로 끊임없이 움직인다. 돈의 큰 흐름을 이해하게 되면 투자에서 잃지 않을 확률이 그만큼 높아진다. 그래서 투자자는 돈이라는 녀석이 어떤 방향성을 갖는지 기본적인 원리를 이해해야 한다.

이 세상에는 수많은 '돈'이라는 녀석들이 서로 얽혀 살아가고 있다.

내가 알고 있는 돈이라는 녀석은 생명력이 강하고 무척 이기적이다.

그래서 이 녀석은 살아있는 듯 생각하고 끊임없이 움직인다.

돈은 절대 한 곳에 오래 머무르지 않는다.

이 녀석에게는 고향과 가정이란 단어는 전혀 어울리지 않는다.

설사 이 녀석에게 편안한 가정, 향수 젖은 고향이 있을지라도 그곳에 정착하는 법이 없다. 돈은 이익이 생기는 곳으로 모든 것을 저버리고 움직이려는 경향이 무척 강하다.

돈은 맘 약한 녀석들이다.

이 녀석은 손실이 생길 위험이 있을 경우 금세 그 자리에서 도망쳐버린다.

한동안 부동산과 주식시장을 바쁘게 넘나들었지만 흉흉한 소식이 들리자 금세 그곳을 떠나 안전하다는 은행에 숨어버렸다. 이것을 보면 돈은 무척 맘 약한 녀석들이다.

돈은 외로움이 무척 많은 녀석이다.

그래서 이 녀석은 다른 녀석들과 함께 몰려다니기를 무척 좋아한다.

부동산 열풍과 아파트 청약, 그리고 재개발과 펀드에도 떼 지어 몰려다녔다. 이렇게 몰려다니는 이유는 이 녀석들은 여럿이 함께 있을수록 더욱 안전하다고 느끼는 경향이 있기 때문이다. 오히려 여럿이 뭉쳐있는 곳엔 손해를 보는 경우가 더 많다는 것을 매번 뼈저리게 깨달아도 또다시 망각하고 함께 움직이는 것을 멈추지 않는다.

돈은 나약한 인간이 소유하기에 한 곳에 오래 머무르지 않는 것이다.

적정 이사비가 궁금해요

경매라는 것을 처음 해보는 새내기입니다. 낙찰을 받고 곧 잔금을 치르는데 기존의 소유자를 만나서 명도부분에 대해 얘기를 했습니다. 그런데 상대방이 저에게 이사비 300만 원을 요구하고 있습니다. 제가 낙찰 받은 것은 32평형 아파트인데 송사무장님은 이런 경우 어느 정도의 이사비를 지급하시나요?

법적으로 낙찰자는 점유자에게 이사비를 지급할 의무가 전혀 없습니다. 하지만 모든 일은 원만하게 해결하는 것이 좋겠습니다. 저는 낙찰 받으면 '배당받는 세입자', '배당받지 못하는 세입자', '채무자'에 따라 이사비를 각각 차등지급하고 있습니다. 배당을 모두 받는 경우라면 손해를 본 것이 전혀 없으므로 50만 원 이하를 지급하고, 배당을 못 받는 경우나 일부만 배당 받는 경우에는 100만 원 정도를 지급합니다. 그리고 보통 낙찰 받은 물건을 강제집행 했을 때 소요되는 비용에서 금액을 조금 더하여 이사비를 지급합니다. 예를 들어 실 평수 27평형 아파트라면 1평당 강제집행 비용이 약 7만 원정도 이므로 27 x 7 =189만 원에서 조금 더 보태어 합의하는 것으로 합니다. 대략 기준으로 삼고 금액이 많을 경우 조정하기도 합니다. 또한 이사를 빨리 하는 세입자에겐 이사비를 추가로 지급해줍니다. 어차피 경락잔금으로 융자를 받으면 매월 이자를 부담해야 하므로 그만큼 인센티브를 주는 것입니다. 그리고 낙찰 받은 부동산을 방문하여 새로 설치한 것(싱크대, 샷시 등)이 있거나 내부시설이 좋은 경우엔 추가 지급을 합니다.

낙찰을 받고 이사비를 최대한 줄이는 것이 좋지만 그렇다고 아예 지급을 안할 경우엔 원만한 마무리가 안 될 수도 있으므로 상대방과 대화를 나누며 타협점을 찾는 것이 좋습니다. 무엇보다도 낙찰자는 법적으로 내용증명, 인도명령신청을 병행하며 타협하는 것이 중요합니다. 협상이 결렬 되었을 경우 뒤늦게 법적으로 처리하려면 추가시간이 소요되기 때문입니다. 하지만 저의 경우 유치권이 있는 특별한 경우를 제외하곤 강제집행까지 했던 적은 없었으므로 이 점을 참고하시어 점유자와 원만하게 마무리하시기 바랍니다.

강제집행 비용계산?

강제집행으로 이어질 시에 강제집행비용은 부동산의 특징에 따라 대략 평당 5~10만 원 정도로 소요되며 강제집행 대상 면적에 따라 다르지만 통상 150만 원~250만 원 정도 소요됩니다. 이에 좀 더 정확한 산출을 위한 기준은 아래와 같습니다.

강제집행 접수비
약 40,000원 x 명도접수건

집행관 수수료
집무 2 시간미만 – 15,000원
집무 2시간 초과 – 1시간마다 1,500원 가산

노무자수
5평 미만 : 2 – 4명
5평 이상 10평 미만 : 5 – 7명
10평 이상 20평 미만 : 8 – 10명
20평 이상 30평 미만 : 11 – 13명
30평 이상 40평 미만 : 14 – 16명
40평 이상 50평 미만 : 17 – 19명
50평 이상 : 매 10평 증가 시 2명 추가

노무임금
노무자 1인당 70,000원
야간집행 – 노무자 1인당 비용 + 20% 정도 가산
측량, 목수 등 특수인력 및 굴삭기(포크레인), 트레이러 등의 장비동원은 별도비용으로 계산

〈위 사항은 기준일 뿐 실제는 부동산과 해당부동산의 유체동산의 양에 따라 약간씩 가감의 차이가 있음〉

고급 주택은
명도가 수월하다?

한국자산관리공사에서 진행하는 공매물건을 검색하다가 분당의 한 아파트가 눈에 띄었다.

2008년 여름까지 인기 절정이었던 분당의 중대형 아파트가 거품논란과 금융위기 여파로 인기가 시들해지는 시점이었다(나는 왜 인기 없는 물건이 더 좋을까?). 국민은행 시세표를 확인해보니 이 시점에 아파트 49평형의 하한가가 7억 원이었고 공매의 최저가격은 4억 3,800만 원이었다. 그리고 분당의 30평형대 아파트 가격이 4억 원대였으므로 조금의 망설임도 없이 최저가에서 5,200만 원을 더 베팅하여 입찰했다. 아무리 부동산 폭락장일지라도 절대 손해를 보지 않을 가격이라 판단한 것이다.

결과는 두 명을 제치고 낙찰을 받았다. 차순위와는 880만 원 차이가 났는

■ 입찰상세정보

물건관리번호	2008-○○-○○	조회수	560
물건명	경기 성남시 분당구 ○○동 ○○		
유효입찰자수	3명(현장 0명 / 인터넷 3명)		
입찰금액	490,000,000원, 481,200,000원, 457,880,000원		
개찰결과	낙찰	낙찰금액	490,000,000원
감정가격 (최초 최저입찰가)	730,000,000원	낙찰가율 (감정가격 대비)	67.12%
최저입찰가	438,000,000원	낙찰가율 (최저입찰가 대비)	111.87%

■ 공매정보

자산구분	압류재산	담당부점	조세정리부
회차/차수	043 - 001	개함일시	2008/10/30 11:01

■ 낙찰가율정보(감정가격 대비)

용도 :

지역	최근1년	최근6개월	최근3개월	직전월

■ 대금납부 및 배분기일 정보

대금납부기한	납부여부	납부최고일	납부여부	배분기일
2008-12-29	납부	-	-	2008-12-12

데 감정가격 7억 3,000만 원을 기준으로 약1%정도 높게 써서 낙찰된 것이다. 이렇게 근소한 차이로 낙찰이 되면 2등은 속 쓰리겠지만 1등은 단독입찰일 때보다 더 기분이 좋다.

고급주택 명도는 쉽다?

대부분의 사람들은 고급주택에 살고 있는 사람은 매너가 깔끔하므로 이런 주택을 낙찰 받으면 명도가 수월할 것으로 여기고 있다. 그리고 실제도 그런 경우가 많은 편이다. 이는 고급주택 소유자들은 한때 남부러울 것 없이 살던 사람들이라서 자신의 집이 경매로 넘어갔다는 사실이 이웃들에게 알려지는 것을 두려워하기 때문이다. 예전에 지인이 60평형대 아파트를 낙찰 받았었다. 잔금을 납부하고 직접 현장에 방문하였으나 만날 수가 없어서 아파트 문 앞에 낙찰 받았다는 쪽지를 남겨두고 돌아왔었는데 바로 그 다음날 전 소유자 쪽에서 먼저 전화를 걸어 만나자고 했다. 그것도 아파트가 아닌 고급호텔 커피숍에서 말이다. 커피숍에 외제차를 타고 등장한 전 소유자는 비싼 커피 값도 계산했을 뿐 아니라 낙찰자가 이사날짜를 정해주었더니 청소까지 해 놓고 이사를 떠났다고 한다. 더군다나 이사비는 한 푼도 받지 않고서 말이다. 경매를 하면서 이런 세입자만 만난다면 정말 기분 좋을 것이다.

그녀를 만나다

필자 또한 지금까지 고급주택에 거주하는 소유자를 명도할 때는 모두 무난하게 마무리했었다. 그래서 공매로 낙찰 받은 이 아파트의 소유자도 그럴 것이라 생각하고 방문을 했다. 이 아파트의 최고 매매가가 한 때는 10억 원이 넘었다고 하니 고급아파트임에는 틀림없기 때문이다. 그래서 낙찰 받고 첫 방문 시 소유자가 부재중이었기에 '낙찰되었다'라는 문구를 평소보다 크게 써서 현관문에 붙여 놓고 돌아왔다.

그러나 예상과는 달리 이상하게 점유자로부터 아무런 연락이 없었다.

서류를 통해 이 아파트에 점유하고 있는 소유자의 인적사항을 확인해보니 62년생 여성의 주민등록이 되어있었다.

부재중 메모를 대문에 붙였어도 아무런 연락이 없었으므로 다시 현장방문을 했다(공매는 인도명령 제도가 없어서 명도소송을 해야 한다. 하지만 소송을 하려면 긴 시간이 소요되므로 낙찰자 입장에선 협상으로 마무리 하는 것이 제일 좋다. 그러다보니 점유자를 만날 때까지 찾아가야 하는 수고가 필요하다. 그래서 공매로 낙찰 받은 물건을 명도할 때는 좀 더 스킬이 요구된다. 이런 이유로 공매는 초보자가 명도하기에 조금

버거울 수도 있다).

이번에도 여러 번 초인종을 눌렀는데도 인기척이 없었다. 하지만 집안에 불이 켜져 있었기에 초인종을 계속해서 눌렀다. 짧은 거리를 이동한 것이 아니므로 이번엔 무조건 만날 요량이었다. 잠시 후 부스럭거리는 소리가 나더니 보조 고리는 걸린 채로 문만 살짝 열린다.

그 틈새로 명함과 연락처가 담긴 서류를 밀어 넣으며 점유자에게 말을 건넸다.

"지금 경황이 없으실 테니 드린 서류를 천천히 읽어보세요. 그리고 사모님 연락처 좀 알려주세요. 내일 오후에 전화드리겠습니다."

겁먹고 문도 제대로 열지 못하는 사람에게 무슨 말을 할 수 있겠는가!!
(이런 경우에 너무 다그치면 오히려 대화가 단절될 수 있으므로 조심해야 한다)
다음 날 오후 전화를 했다.

"낙찰되었다는 쪽지 때문에 동네방네 소문이 다 났잖아요(역시 예상대로~)."
"아, 그래요. 메모를 남겨 놓은 건데… 댁에 안계시니깐 어쩔 수 없잖아요"
"그쪽에서 낙찰 받은 건 아는데 전 못나가요. 갈 곳이 없어요."
"사모님 혹시 직업은 있으신가요?"
"아뇨"
"네, 그럼 바깥 분은 무슨 일 하세요?"
"왜 이래요~! 저 미혼이에요~!"
"앗… 죄송합니다(47세에 미혼일 것이란 걸 누가 아남?)."

"저 아무것도 없어요. 맘대로 하세요."

"사모님 왜 자꾸 부정적으로만 말씀하십니까? 일단 생각을 더 해보신 후 통화하시죠. 오늘 결론 내리려고 전화 드린 게 아닙니다. 대신 법적으로 진행이 된다고 사모님께도 이익이 되는 것이 아니니 신중하게 판단하세요."

"혹시 제가 전세나 월세로 살 수 있을까요?(돈 없다고 할 땐 언제고…)"

"금액이 맞으면 고려해 보겠습니다."

전화를 끊고 곧바로 내용증명을 발송했다.

다른 경매사건과 비슷한 내용증명이다. 읽었을 때 약간 기분 상하겠지만 예의바른 문체로 법적절차가 진행될 경우에 어떠한 조치를 취할 것인지 낙찰자의 강한 주장을 담은 내용증명이다. 이틀 후 그녀에게 다시 전화를 걸었다 (내용증명을 받았을 타이밍이다).

"송사무장입니다."

"네… 알고 있어요."

"사모님! 어차피 이사할 것이라면 그냥 이 상황을 받아들이세요. 이렇게 무작정 버티기로 나오지 않고 이사하시면 제가 이사비를 조금 더 드린다고 하지 않았습니까? 그편이 사모님께도 더 좋다고 생각하지 않으세요?"

"저도 지긋지긋해서 이사하고 싶어요."

"그렇다면 서로 좋게 합의하고 마무리하시죠. 그게 사모님께도 더 좋습니다."

"그러면 이사비로 3,000만 원만 주세요. 제가 전세금이라도 얻을 수 있게요."

"네? 3,000만 원이요?(이건 거의 협박수준인데…)"

"네, 그래야 이사할 수 있어요. 만약에 그 금액을 못주겠다면 빌려서라도 주세요. 갚을 테니까요!(산 넘어 산이다…)"

"사모님! 제가 사모님을 법으로 내보내지 못해서 전화 드리는 것이 절대 아닙니다. 제 의도는 생각지도 않고 무리한 요구만 하시면 저도 법대로 진행할 수밖에 없습니다. 만약 법으로 진행한다면 금방 판결 받을 수 있습니다. 그렇게 되면 저도 추운 날에 강제집행 어찌~저찌… 할 수밖에 없습니다."

"알았어요. 알았어. 그러면 딱 1,000만 원만 주세요."

"네? 1,000만 원이요?(이 아줌마가 내게 돈을 맡겨두었나 하고 착각이 들 정도다)"

"전세를 못 구하면 월세 보증금이라도 있어야 하잖아요."

"내일 다시 전화 드리겠습니다."

"잘 생각하시고 전화하세요(잘~?)."

고급아파트여서 명도가 수월할 것이라 생각했는데 이 47세 아가씨의 무리한 요구가 계속 된다. 이럴 때 고삐를 늦추면 안 된다.

다음 날 바로 전화를 걸었다.

"사모님! 오늘이 제가 전화를 드리는 마지막 날입니다. 오늘 합의가 안 되면 저도 법대로 진행합니다."

"본론부터 말씀하세요. 얼마 주실 건데요?"

"200만 원 드리겠습니다."

"이 추운 날에 저보고 200만 원 받고 나가라고요?"

"더 드리고 싶지만 저도 어쩔 수 없습니다."

"사무장님 만약 제가 이틀 후에 당장 이사하면 조금 더 주실 수 있죠?"

"그렇다면 300만 원 드리겠습니다(융자도 많이 받은 상태였고 처음부터 내가 지급하려했던 금액이다)."

"그럼 내일 집으로 오세요. 그리고 이사비 300만 원 중에 200만 원 먼저 가지고 오세요."

"알겠습니다. 내일 사모님 인감증명서와 인감도장을 준비해주십시오."

"인감증명서 발급받을 돈도 없어서 경비아저씨에게 꿔야 해요."

"(짜증난 목소리로…)그럼 빌리세요!!!"

"네…."

아무리 염치가 없어도 그렇지 중대형 아파트에 사는 사람이 인감증명서를 뗄 돈도 없다고 하는 그 말에 짜증이 밀려왔다.

다음 날 그녀의 아파트를 방문했다. 의외로 내부가 깨끗했고 싱크대 역시 새 것으로 교체된 지 얼마 안 되어 보였다. 이걸 본 순간 거실을 지나서 주방에 있는 식탁으로 가는 나의 발걸음이 가벼워졌다. 그녀는 따뜻한 커피를 내왔고 나는 준비해간 합의서를 식탁에 올려놓았다. 커피를 마시면서 서로 합의서에 인감증명서를 첨부하여 도장을 날인했고 그것을 확인한 후에 난 그녀의 계좌로 200만 원을 텔레뱅킹으로 입금해주었다. 아가씨(?) 혼자 있기에 빨리 자리에서 일어났다.

"이젠 돌아가겠습니다."

"네…그러세요. 그런데 사무장님 그거 아시죠? 내일은 방4개 중에 하나만 뺄 겁니다."

"네? 방1개만 빼겠다고요? 그럼 현관열쇠는요?"

"방1개만 빼는데 어떻게 현관열쇠를 드려요? 열쇠는 당연히 못 드리죠.

안 그래요?"

"(갑자기 부아가 치밀었다) 알겠습니다. 그럼 내일 방1개 뺄 때 말씀하세요. 나머지 100만 원 보내드리겠습니다."

"네….."

그녀는 눈치 채지 못했겠지만 난 너무 어이가 없어서 말도 제대로 안 나왔다(하지만 이 상황에서 화를 내며 큰 소리를 치면 일을 그르칠 것 같았다). 만약 초보낙찰자가 이런 상황에 닥쳤다면 아마 다시 돈을 돌려달라고 떼를 쓰거나 멱살을 잡고 싸움이라도 벌었을 것이다(방1개에 300만 원을 지급하면 총 방4개를 이사하려면 1,200만 원을 지급해야 되나?).

이 아파트의 behind story

이 집은 출가하지 않은 그녀와 아버지, 어머니 셋이 살고 있었다. 그런데 아버지가 갑자기 돌아가시면서 그녀를 포함하여 모든 자녀들에게 이 집이 상속되었고, 자녀(그녀의 오빠)들이 상속세를 납부하지 않아 어머니와 그녀가 살고 있는 이 집까지 공매에 부쳐진 것이었다. 노모인 어머니가 아버지와 오랜 기간 살아온 집이 자식들 때문에 공매로 매각된 것을 아시게 되면 충격을 받으실 수 있으므로 장남이 부산으로 모시고 갔고, 이 아가씨 혼자만 집에 남게 된 것이었다. 즉, 형제들의 재산다툼으로 인해 공매까지 된 것이고, 그래서 서로 남보다 못한 원수 사이가 돼버린 것이다. 결국 이 아가씨는 자신의 짐만 방1개에서 빼서 나가는 것이었고, 나머지 어머니 짐은 형제들과 상의해서 알아서 처분하라는 것이었다.

현관문을 닫고 나오자마자 내 입에 담배가 물려졌다. 하지만 이 아가씨는 상대를 잘못 선택했다. 차에 시동을 걸고 사무실로 돌아오며 여러 가지 시나

리오를 그려 보았다.

명도하며 고민하는 딜레마

지금까지 필자가 명도를 하면서 가장 힘들었을 때는 점유자가 막무가내로 나왔을 때가 아니라 솔직하게 자신이 처한 모든 상황을 털어놓고 동정을 구했을 때였다. 게다가 그 점유자의 말이 사실이고 정말 어려운 처지에 놓여 있는 경우라면 그에게 어떤 말도 할 수가 없게 된다. 한번은 소유자가 거주하고 있는 빌라를 낙찰 받은 적이 있다. 잔금을 내고 집에 방문해보니 어린 꼬마가 뛰어 다니고 있었고 갓난아기를 업고 있는 부인이 있었다. 그리고 나와 대면한 소유자는 연신 고개를 떨구며 자신의 힘든 사정을 털어 놓는 것이었다. 부인이 등에 업고 있는 갓난 아기가 눈에 밟혔다. 더군다나 나를 아버지의 친구라고 여겼는지 아무것도 모른 채 내 주변에서 장난을 치며 해맑게 웃는 꼬마를 보니 만나기 전 내가 준비했던 어떤 말도 제대로 입 밖으로 나오지 않았다.

그는 갑자기 실직을 한 상태라 다른 직장을 구할 때까지 조금만 더 여유를 달라고 간곡히 부탁했다. 차라리 나에게 거센 저항을 했더라면 마음이 편했을텐데 동정을 구하는 그의 부탁을 저버리고 법적절차를 밟을 수가 없었다. 그래서 그가 직장을 구할 때까지 한동안 기다려줬었다. 결국 소유자는 직장을 구하고 이사하면서 내게 진심으로 고마움을 표했다.

이와 반대로 나에게 법을 운운하며 협박을 하거나 상식적으로 이해 할 수 없는 무리한 요구를 했던 점유자는 오히려 명도 하는 것이 수월했다(수월했다기보다 맘이 편했다는 표현이 더 어울릴 듯하다).

드디어 방1개 이사하는 날

이 아파트의 47세 아가씨도 상식에 벗어나는 행동을 하고 있었으므로 명도를 하면서 오히려 마음은 편했다. 200만 원을 미리 지급했는데 방1개만 이사한다고 하니 어떤 낙찰자라도 어이가 없고 화가 날 것이다. 이사하는 날이 되었다. 그런데 아침 8시에 그녀에게서 전화가 왔다.

"사무장님! 저 오늘 이사 못합니다."

"네…? 왜요?"

"밖에 비가 오잖아요(보슬비가 내리고 있었다). 이삿짐이 젖게 할 수 없으니 하여튼 오늘은 못해요."

"그럼…내일 가시게요? 아니면 주말에요?"

"아뇨… 그냥 다음 주에 이사할게요(완전 맘 대로다)."

"알겠습니다. 다음 주에 방문해서 100만 원 드리겠습니다."

"그런데 방1개만 빼는데 도대체 왜 오시는 거죠? 그냥 돈만 보내주면 되잖아요."

"암만 그래도 방1개 빼는 것은 확인하고 지급해야죠(내 인내의 한계를 시험하는 것도 아니고…)."

그녀는 미리 200만 원의 이사비를 받고, 이사날짜도 맘대로 연기시키고, 이래저래 나의 속을 긁어 놓았다. 드디어 약속한 이사 날이다. 나와 오랫동안 호흡을 맞춘 열쇠아저씨와 동행하였다. 현장에 도착해서 확인해보니 그녀가 딸랑 1.2톤 화물차 한 대만 불러놓고 인부2명과 짐을 싣고 있었다. 그래도 정말 방1개의 짐은 빼고 있었다(그녀는 아직 내가 도착한 것을 모르고 있다).

그녀를 만나기 전 몰래 경비실부터 들어갔다. 점잖은 인상의 경비아저씨가 앉아계시다가 검은 정장을 입은 사내가 불쑥 들어오니 약간 놀란 눈으로 쳐다보신다.

"안녕하세요. 아저씨! 날씨가 쌀쌀하네요."

"네~그런데 누구시죠?"

"아…네. 지금 이사하고 있는 집의 새로운 주인입니다. 앞으로 자주 뵙겠네요."

"네~새로 오셨군요. 그런데 저 아줌마가 오늘 전부 이사하는 것이 아니라고 하던데요."

"네, 맞아요. 오늘 필요한 것만 갖고 가고 나머지 쓰레기는 저보고 처리해 달라고 하시네요."

"그래요? 근데 짐을 너무 조금 가져가시던데…."

"나머지 짐은 제가 알아서 처리할 거예요. 그리고 저분들이 열쇠를 주셨는데 찜찜해서 이따가 현관열쇠는 교체할겁니다."

"그렇죠. 당연히 교체해야지요."

"혹시 제가 열쇠를 교체하고 저분들이 또 여기에 오면 연락주세요. 그리고 아저씨 무슨 담배 태우세요?"

"88라이트요(거침없이 대답하시는 것을 보니 협조도 잘 하실 듯하다)."

"제가 담배 한 보루 사 드릴게요. 이제부터 잘 부탁드립니다."

"네…네, 감사합니다."

"아저씨! 이제 제가 주인이니깐 저 아줌마가 뭐라고 하셔도 신경 쓰지 마세요. 아셨죠?"

"에이…당연하죠."

이젠 준비가 끝났다. 화물차가 작아서 금세 짐으로 꽉 채워졌다. 아줌마
에게서 전화가 왔다.

"아니, 왜 안 오시는 거예요? 빨리 가야돼요."
"이제 거의 도착했습니다. 차가 많이 막히네요. 5분 후면 도착합니다."

함께 현장에 온 일행은 차 안에 대기시키고 혼자서 아파트에 들어가서 그
녀에게 100만 원을 지급했다. 역시 그녀는 내게 현관 키를 주지 않았다.

"사모님 이제 어디로 가시나요?"
"그건 왜 물으세요? 제발 저에게 신경 쓰지 마세요(끝까지 나를 실망시키는
멘트를 하시네)."
"그럼 안녕히 가세요."
"그래요. 수고하세요."

그녀는 현관문을 다시 잠그고 화
물차를 타고 떠났다. 그녀가 확실하
게 아파트를 떠나는 것을 확인하고
작업이 시작되었다. 일단 경비아저
씨께 미리 발생할 상황을 얘기해둔
상태였으므로 몇 명의 사내가 들어

가는 것을 담배 한 보루를 손에 들고서 자연스럽게 보고 계셨다.

열쇠아저씨가 장비(?)를 들고 입장했다. 현관문과 보조키의 시건장치를 해체했다(참고로 이 사항은 합의서에 미리 기재된 사항이므로 경찰이 출동한다고 하더라도 전혀 문제될 것이 없었다).

합 의 서

김○화를 '갑', 송사무장을 '을'이라 칭하고, '갑'과 '을'은 상호협의 하에 아래와 같이 합의하기로 한다.

〈부동산의 표시: 경기 성남시 분당구 ○○동 1○2 ○○마을○○아파트 1○○동 ○○03호(건물면적 : 133.890㎡)〉

- 아 래 -

1. '갑'은 2008년 11월 27일에 상기부동산에서 이사하기로 한다. 또한 '갑'은 점유를 제3자에게 이전하지 않기로 한다.

2. '을'은 '갑'에게 이사비로 일금 삼백만 원(3,000,000원)을 지급하기로 하고 이사비는 2008. 11. 26.에 이백만 원을 지급하기로 하고 1항에 기재한 이사 약정일에 모든 이삿짐을 상기부동산에서 반출한 것을 확인하는 즉시 나머지 금액을 지급하기로 한다.

3. '갑'은 아파트 분양 당시의 모든 옵션(분양계약서에 포함된 분양 당시의 모든 물품 및 시설)을 파손하지 않고 보존해야 하며, 이사할 때도 가져갈 수 없으며 상기부동산에 관련된 모든 공과금은 정산하기로 한다(만약 미정산 된 공과금이 있는 경우 '을'은 제2항의 약정한 이사비에서 공과금을 공제하고 지급하기로 한

다). 또한 '갑'은 상기부동산에 남은 물건들은 버린 것으로 인정하고 '을'이 남은 이삿짐을 임의로 폐기물로 취급하여 처리하여도 민,형사상 책임을 묻지 않는다.

4. '갑'은 제1항에 기재된 이사약정일 이후엔 어떠한 경우라도 상기부동산이 '을'에게 인도집행이 완료된 것으로 인정하고, '을'이 문을 강제로 개문하여 제3항의 행위를 하여도 '갑'에게 민,형사상 책임을 묻지 않기로 한다.

5. '갑'과 '을'은 위 약정중 제1항이라도 위반 시 쌍방에게 손해배상금으로 일금 일천만 원을 1주일 이내에 지급하기로 하고 '갑'의 손해배상금은 공증으로 대신한다.

2008. 11. 26.

'갑'

성   명: 김 ○ 화 (인)
주민번호: 61○○○○-2○○○○○○
주   소: 경기도 성남시 분당구 ○○동 1○2 ○○마을 ○-○

'을'

성   명: 송 사 무 장 (인)
주민번호: 7○○○○○○-1○○○○○○
주   소: 경기도 부천시 ○○구 ○○동 ○○-1 ○○ @ ○동 ○○05호

그리고 10분 만에 디지털 키와 현관 키를 모두 교체했다.

열쇠를 교체 후 미리 준비해온 경고장을 문에 붙였다. 여기서 철수하고 내가 없는 사이에 그녀가 올 수 있으므로 문틈에도 추가로 한 장을 더 붙였다. 그리고 경비아저씨께 다른 사람이 오면 내게 연락을 달라고 부탁하고 경찰에

방1개만 뺀 사진

신고도 부탁했다.

집 안으로 들어갔다. 그런데 내부를 확인해보니 그녀의 말대로 정말 방1개의 짐만 뺀 것이다.

어이가 내 뺨을 때리는 순간이다.

남아있는 내부 짐들을 보니 너무 황당했다. 거실의 텔레비젼, 에어컨, 소파 등 살림살이는 그대로 있었다. 만약을 대비해서 사진으로 담아두고, 직원을 시켜서 준비해간 내용증명도 발송했다(증거의 생활화!). 화물차의 짐을 내려놓고 다시 이곳으로 오지 않을까 생각했지만 아무런 소식이 없었다. 저녁때까지 기다려봤지만 그녀는 돌아오지 않았고 경비 아저씨께 부탁을 하고 현장에서 철수하였다.

그로부터 3일이 지나도 연락이 없어서 그녀에게 전화를 걸었는데 전화를 받지 않는다.

뭐야! 이 시츄에이션은?

합의서를 작성할 때 메모해둔 그녀의 친오빠 핸드폰으로 전화를 했다.

"안녕하세요. 집주인입니다."

"그런데요?(말투를 보니 그녀의 오빠가 분명하군)"

"3일 내로 짐 안 가져가면 모조리 유체동산 경매 처분합니다. 그리고 제 집에 못 들어가는 것은 아시죠?"

"아니…무슨 소리요?"

"내용증명을 보냈으니 읽어보시고 현명한 판단하십시오."

"당신 도대체 뭐야?"

"저는 집주인이고 마지막으로 한 번 더 말씀드립니다. 3일 내로 짐 안 가져가면 모두 경매 처분됩니다."

"우리나라에 법도 있는데 어떻게 당신 맘대로 그러는 거요?"

"지금 우리나라 법대로 처리하는 겁니다. 전화 끊습니다."

"저기…잠깐만…"

전화를 끊자마자 오빠에게서 전화가 오기 시작했다.

이제 아쉬운 사람은 내가 아니므로 더욱 안달이 난 듯했다.

처음에 무작정 화를 냈던 그는 결국 나에게 통사정을 하였고 원만하게 이사하는 것으로 전화통화를 마무리했다.

며칠 후 그녀의 오빠는 현장에서 모든 짐을 가져갔고 쓰레기도 없이 깨끗하게 청소를 한 후 홀쩍 떠나갔다.

내 용 증 명
제목 : 최고서(동산경매)

수 신 : 서울 강남구 ○○동 1○○
수신인 : 김 ○ 수(H.P: 01○-3○○-1○○○)

발 신 : 경기도 부천시 ○○구 ○○동 ○○-1 ○○ @ ○동 ○○05호
발신인 : 송 사 무 장(H.P: 01○-○○○-○○○○)

(부동산의 표시 : 경기 성남시 분당구 ○○동 ○○ ○○마을 ○-○)

발신인은 경기 성남시 분당구 ○○동 ○○ ○○마을 ○동 ○호를 한국자산관리공사 조세정리부에서 집행하는 공매절차(관리번호: 2008-○○○-001)를 통해 2008.10.30.에 낙찰을 받고 2008.11.14.에 잔금납부를 완료한 상기부동산의 합법적인 소유자입니다.

본인은 낙찰을 받고 상기부동산에 점유하고 있는 김○화와 2008.12.6. 원만하게 합의를 하여 김○화는 이사를 했고 남아있는 짐에 대해 아래와 같이 최종통보합니다.

– 아 래 –

1. 상기 부동산에는 모녀지간인 김○화와 송○례 두 사람만 전입 및 거주하고 있었고 거주하고 있던 송○례는 김○화의 母로 연세가 87세여서 모든 합의는 발신인과 송○례의 딸인 김○화(48세)와 이루어졌고 낙찰 후 전화통화로 수차례 협의를 거친 후 2008.11.26.에 쌍방이 함께 합의서를 작성하였습니다(합의서 1부는 김○화가 갖고 있으니 참조하시기 바랍니다).

1. 합의서의 내용은 발신인이 김○화에게 명도합의금으로 삼백만 원을 지급

하기로 하고 김○화, 송○례는 2008.11.27.에 상기부동산 전체부분에서 이사를 하는 것입니다(민사집행법에 의하면 사회통념상 가족은 독립된 점유가 인정되지 않고 동일인으로 간주됨을 알려드립니다).

1. 발신인은 김○화에게 이백만 원을 2008.11.26.에 지급하였고 나머지 일백만 원은 김○화의 사정에 의해 1주일이 연기되어 2008.12.6.에 이사를 확인 후 김○화의 계좌(계좌번호: ○○은행 3○○-05○○○9-○○-○01 예금주 : 김○화)로 입금하였습니다(따라서 발신인의 동의 없이 본 건물에 출입할 경우 불법침입죄에 해당됨을 알려드립니다).

1. 김○화와 합의를 한 합의서 제3항에 상기부동산에서 이사 후 남은 물건이 있을 경우 발신인이 폐기물로 취급하여 처리하여도 민.형사상 이의를 제기하지 않기로 하였습니다.

1. 발신인이 남은 짐에 대해 유체동산경매절차로 처리하기 전 서면으로 통지하오니 필요한 물건이 있으시면 가져가시기 바랍니다. 내용증명 수신 후 1주일 이내로 연락이 없을 경우 김○화와 합의한 합의서에 의거하여 나머지 짐은 폐기물로 간주하고 처리되거나 법적으로 처리할 것입니다.

1. 아울러 합의서 제3항에 발신인이 지급하기로 약정한 명도합의금 삼백만 원은 밀린 공과금이 있을 경우 이를 공제하고 지급하기로 합의하였는데 2008.12.6.에 일백만 원으로 총 삼백만 원을 지급하였으므로 발신인이 추가로 부담한 공과금에 대해서 부담해야 되고 미정산시 추후 청구할 것입니다.

1. 발신인은 김○화가 어느 곳으로 이사했는지 알 수가 없어 송○례의 장남인 김○수에게 발송하는 것입니다.

2008 년 12 월 12 일
발신인 : 송 사 무 장 (인)

점유이전금지가처분 집행비용 절약하는 법

점유이전금지가처분이란 부득이 점유자들을 상대로 명도소송이나 인도명령을 신청하고 판결이나 결정이 나오기 전에 점유자가 바뀌는 것을 예방하기 위한 보전처분으로써, 채권자(낙찰자)가 부동산에 대한 인도청구권을 보전하기 위해 법원을 통해 목적물의 인적, 물적 현상의 변경을 금하는 것을 말한다. 실전에서는 명도 시 점유자에게 심리적 압박을 가하기 위해 사용하기도 하며, 인도명령을 신청할 수 있는 경우엔 점유이전금지가처분을 생략해도 되지만 명도소송 시에는 반드시 신청할 것을 추천한다.

점유이전금지가처분 결정은 특별한 쟁점이 없기에 쉽게 결정되는 편이고, 담보제공도 현금이 아닌 증권으로 대체가 가능하기에 비용도 저렴하다. 그런데 주의할 것은 점유이전금지가처분에 관한 집행은 부동산인도집행과 마찬가지로 해당부동산에 점유자가 없는(폐문) 경우, 집행관이 문을 강제개문하고 가처분결정문을 집 내부에 고시를 한다는 점이며, 강제개문 할 경우 비싼 비용이 지출된다. 강제개문 시 집행관이 동반한 열쇠업자에게 10만 원을 추가로 지급해야 하기 때문이다.

필자가 다가구(11가구)주택의 점유자를 상대로 명도소송을 진행 중이던 때였다.

총 11가구에 대해 점유이전금지가처분 결정 후 집행일이 잡혔다. 만약 사람이 없어서 강제개문을 하게 될 경우, 더군다나 11가구가 모두 폐문일 경우 110만 원을 추가로 지출해야 될지도 모르는 상황이었다.

집행관실에 가처분집행 신청 후, 담당집행계장에게 전화를 했다.

"혹시 집행할 때 제가 아는 열쇠아저씨를 모시고 가도 되나요?"

"(화들짝 놀라며) 절대 안 됩니다. 이미 저희가 예약을 해뒀습니다."

"다른 법원에서는 취소하고 채권자가 아는 열쇠아저씨로 신청해도 되던데요?(한 번 더 떠본다)"

"절대 안 된다니까요. 혹시 처음 집행해보신 것 아니에요?"

재차 물어봤지만 집행계장이 나의 제안에 매우 난감해하며 절대 바꿀 수 없다고 답변을 했다.

개인적으로 친분 있는 열쇠아저씨를 대동할 수 있다면 강제개문을 하더라도 세대 당 2만5천 원 수준의 상당히 저렴한 금액으로 일처리가 가능한 부분이라 아쉬웠다. 실무를 경험해보면 낙찰자가 부동산 매입 외에 돈을 지출해야 하는 상황이 많이 발생하기도 하지만, 불필요한 지출은 하고 싶지 않았다.

완강히 거부하는 집행계장과 통화를 끝내고 잠시 고민 중에 다가구주택의 점유자대표 아주머니가 떠올랐다.

"안녕하세요. ○○○사모님이시죠? 원고 송사무장입니다."

"네… 무슨 일이세요?"

"다름이 아니고 내일 오전에 법원에서 강제집행을 나간다고 하더라고요. 댁에 안 계시는 세대는 문을 강제로 개문하고 들어갈지도 모른다고 그러던데요…."

"그게 무슨 소리에요? 똑바로 말해봐요."

"자세한 내용은 저도 잘 모르니깐 법원에 전화해보세요. 어쨌든 내일 오전에 집에 계시는 것이 좋겠어요. 빈집에 사람들이 드나들면 괜히 찜찜하잖아요."

"뭔 말인지 모르겠지만 일단 알겠어요."

"그리고 소송중이라 사모님께만 연락드리고요. 다른 분들께는 잘 전해주세요. 그럼 수고하세요."

"네…네…감사합니다."

점유자대표 아주머니에게 전화를 했으니 그나마 강제개문 할 가구 수를 줄일 수 있을 것이라 생각했다.

드디어 집행당일….

현장에서 집행관, 집행계장, 그리고 열쇠아저씨 3명이 우리를 기다리고 있었다.

그리고 법원직원은 가만히 있는데 007가방을 든 열쇠아저씨가 우리 쪽으로 다가왔다.

"만약 강제개문을 하게 되면 디지털키는 10만 원이구요, 일반키는 5만 원입니다.”

“아니~그렇게 비싼가요? 제가 아는 분은 2만 원이면 해주시던데….”

“아시잖아요. 법원에서 하는 강제개문은 가격이 정해져 있습니다. 행여 일을 끝내고 다른 말씀하시면 안 됩니다.”

“그렇다면 어쩔 수 없죠.”

열쇠아저씨가 비용이 많이 나올 것을 예상하고 우리 쪽에 미리 가격을 못을 박고는, 짧은 통보를 마치고 미소를 지으며 집행관 쪽으로 자리를 옮겼다.

그리고 지하층부터 집행이 시작되었다.

이 집은 3층만 2가구, 나머지는 한 층당 3가구씩 구성되어 있다.

첫 번째 반지하를 들어갔는데 마침 아저씨 한 분이 기다리고 있었다. 손쉽게 집행완료!

그리고 바로 옆집의 초인종을 누르니 여학생이 눈 비비며 문을 열어줬다. 그리고 그 옆집도 사람이 있었다.

이제 1층으로 올라갔다.

첫 번째 집의 초인종을 누르니 사람이 있었다.

옆집도, 또 그 옆집도 사람이 있었다.

집행할 세대들에 계속해서 사람이 있으니 열쇠아저씨 표정이 점점 어두워지기 시작했다.

다시 2층을 올라가서 첫 번째 집의 초인종을 눌렀더니 역시 사람이 있었다.

마찬가지로 옆집도, 또 그 옆집도 사람이 있었다.

혹시나 기대했던 열쇠아저씨 표정이 일그러지기 시작했다.

마지막으로 3층 주인세대를 갔는데 아주머니가 웃으면서 우리를 반기셨다.

그리고 마지막 옆집 아저씨는 밥하다 말고 우리를 반기셨다.

결국 열쇠아저씨는 강제개문을 한 집도 하지 못한 채 무거운 007가방을 들고 말없이 돌아갔다.

가처분 집행사진

위 사진의 집행이 끝나고 1주일 후 다른 법원 집행관실에서 전화가 왔다.

다른 법원에도 명도소송을 진행하면서 점유이전금지가처분결정 후 집행 신청을 했었는데 연락이 온 것이다.

"집행이 있으니까 ○일 ○시까지 나오시고요. 열쇠아저씨 전화번호 01○ –○○52–○7○○로 전화하셔서 약속 잡으세요."

"제가 아는 분을 모시고 가면 안 되나요?"

"네… 안 됩니다."

"네…."

역시 이 법원도 마찬가지였다(꼭 그렇지 않은 경우도 있다).

이번에도 집행계장과 통화를 마치고 점유자에게 전화를 걸었다.

"○일 ○시에 집행 있으니까 집에 계세요!"

"네??"

"그날 법원에서 집행관이 나간다고 연락 왔습니다. 안계시면 문을 강제개문하고 들어간대요. 빈집에 사람들 드나들면 찜찜하잖아요. 자세한 것은 법원에 전화해보세요."

"네….알겠어요."

역시 현장에 갔더니 점유자가 친절하게 문을 열어놓고 기다리고 있었다.

열쇠아저씨 없이 집행완료!

사실 집행관사무실에서 전화하라고 해서 전화해봤더니, 강제개문을 하지 않아도 출장비 3만 원을 요구하기에 부르지도 않았다.

가처분집행 시 점유자와 30초의 전화통화로 10만 원을 절약할 수 있다. 점유이전금지가처분을 집행하기 전, 반드시 점유자에게 한 번 연락해보자!

개별경매에서 배당 받는
세입자가 명도를 거부하고 있습니다.

Q: 안녕하세요. 사무장님! 안산에 사는 ○○입니다. 오피스텔 전체 50개 호수 중에서 한 채 낙찰을 받고 제 물건은 잔금납부까지 했는데 나머지 호수는 아직 낙찰조차 되지 않아 배당기일이 잡히지 않고 있습니다. 다른 물건들은 유치권 신고와 대항력이 있는 세입자가 있어서 앞으로도 1~2회 유찰이 되어야 낙찰이 될 듯합니다.

그렇다면 저는 마냥 기다려야만 하나요? 세입자는 자신이 배당받을 때까지 무상으로 산다고 하는데 대출이자는 계속 지급해야 되는 상황에서 어떻게 해야 하는지요?

A: 아마도 질문하신 분이 개별경매로 진행되는 물건을 낙찰 받으신 것으로 사료됩니다. 개별경매란 부동산에 관하여 동시에 경매신청이 있는 경우에는 각 부동산별로 최저경매가격을 정하여 진행되는 경매로써 물건번호가 부여된 모든 물건이 매각되기 전까진 배당기일이 지정되지 않습니다.

따라서 50개의 오피스텔 중에서 제일 먼저 낙찰 받은 사람은 마지막 오피스텔이 낙찰되어 잔금을 납부하기 전까지 배당기일을 기다려야 합니다. 그리고 법원의 업무지침은 배당받을 지위에 있는 세입자를 상대로 신청한 인도명령은 배당기일 이후에 결정 되는 것이 관례입니다.

아마도 세입자가 이런 부분을 알고 큰소리를 치는 것일 겁니다. 하지만 대항력이 없고 배당받을 지위에 있다고 하여 낙찰 받은 부동산을 무상으로 사용할 수 있는 권리가 있는 것은 아닙니다. 세입자는 낙찰자가 잔금납부를 하면 낙찰자에게 사용한 부분에 대한 임료(=사용료)를 납부할 의무가 생깁니다. 따라서 이런 부분을 정확하게 세입자에게 말해주거나 내용증명을 발송하고 협의를 하시면 됩니다.

현재 여건이 안 되는 세입자에게 배당받고 집을 비워줄 때까지 월세만 받는 것도 방법이 될 수 있고, 월세를 받지 않는 대신에 통상적으로 낙찰자가 지급하는 이사비를 낮추거나 지급하지 않는 방법도 있겠습니다.

기간이 너무 오랫동안 지연되고 세입자와 협상이 안 되는 경우 세입자에게 지급될 배당금에 가압류를 하는 방법도 있겠으나 그것보다는 원만하게 합의를 하시는 것이 좋습니다.

배당받는 임차인에게 이런 의무 부분만 정확하게 인지시킨다면 순조롭게 마무리가 가능할 것입니다.

선순위위장임차인

경매사건을 검색하다보면, 해당부동산에 최선순위권리(말소기준권리)보다 주민등록이 빠른 점유자가 있는 경우가 있다. 이때 해당 점유자가 외형상으로는 대항력이 있는 것처럼 보이지만 실제 법리상 대항력이 없는 경우를 선순위위장임차인 물건이라 부른다.

몇 년 전만 하더라도 이러한 선순위임차인에 관한 이론과 기술이 정립되지 않았었지만, 지금은 고수들로부터 노하우가 조금씩 알려지면서 경쟁률이 높아진 것이 사실이다.

하지만 경쟁률이 높아졌다고 등한시할 것이 아니라 그보다 조금 더 낮은 수익률로 접근하거나 아니면 한 가지 테마가 아닌, 대항력+유치권, 대항력+지분, 가처분, 가등기, 지상권 등 여러 조합으로 응용된 물건을 연구해보면 아직도 일반물건보다 더 저렴한 가격에 낙찰 받을 수 있다.

그리고 경매는 기술을 터득하고 기다리면 또 다시 기회가 찾아온다는 장점이 있다(과거예찬론을 펴는 사람은 성공할 수 없는 사람이라 생각한다. 찬란한 과거를 그리워하는 이가 과거에 수익을 올렸던 것은 단지 운이 좋았을 뿐이다. 경쟁이 높아진 시장 탓을 하지 않고, 계속해서 공부하며 시장에 적응하는 사람만이 성공할 수 있다).

다시 본론으로 돌아오겠다.

선순위위장임차인은 크게 두 가지로 나눠진다.

첫 번째는 점유자가 의도하지 않은 채 채무자와 지인 관계에 있어서 해당부동산에 주민등록이 빠르게 전입되었을 뿐 낙찰자에게 대응하지 않는 경우이고, 두 번째는 해당부동산에 전입일이 빠른 것을 이용하여 계약서를 위조하는 등 불법행위를 불사하며 낙찰자에게 적극적으로 대응하는 경우이다.

최근에는 첫 번째의 경우처럼 전혀 의도하지 않고 단순히 전입만 빨랐던 경우에도 어느 순간 갑자기 후자의 경우로 돌변하여 낙찰자에게 무리한 요구를 하는 경우가 많아졌기에, 낙찰자가 위장임차인에 관한 객관적인 물증 없이 심증이나 정황만으로 입찰했다간 오랫동안 큰 고생을 할 수도 있다.

이런 경우는 입찰하기 전에 임차인의 지위를 부정할 수 있는 부분에 관하여 철저한 조사를 통해 자료를 준비하고, 낙찰 받은 후에는 준비한 자료를 활용하여 낙찰자가 우위에 있다는 것을 확실하게 점유자에게 주지시켜야만 빠른 시간 내에 해결이 가능하다.

법이 우선일까 아니면 협상이 우선일까?

비단 이와 같은 선순위임차인의 경우가 아닐지라도 낙찰 후 해당부동산에 있는 점유자를 대할 때는 과연 어떤 말을 먼저 해야 할지 아리송할 때가 많다.

지금까지 여러 사건의 점유자를 대하며 느낀 것은 점유자들은 이유 없이 낙찰자에 대하여 피해의식을 가지고 있으며, 불필요할 정도로 적대시하는 경향이 많다는 것이다.

그러므로 원만한 마무리를 위해선 명도의 기술과 대화, 협상의 기술이 필요하다. 대화는 등한시하며 법적절차에만 의존하면서 좋은 결과를 이끌어낼 수 없다.

부득이 강제집행을 했다는 사건을 들여다보면 해당부동산의 점유자가 공격적인 성향을 지닌 경우도 있지만 낙찰자가 적절한 대응을 하지 못했거나 대화를 이끌어가지 못해서 발생된 경우도 많다.

필자가 생각하기에 가장 좋은 명도는 법적절차를 적절하게 활용하여 점유자와 대화가 단절되지 않게 하고, 낙찰자가 원하는 조건에 근접하도록 점유자와 협의를 하는 것이다.

낙찰자가 법리적으로 확실하게 우위에 있는 경우라도 법으로만 진행하게 되면 오랜 시간이 지나게 되고 점유자에게도 상처를 주게 된다. 경매를 많이 했더라도 강제집행을 즐기는 이는 없을 것이다.

결국 명도를 잘 한다는 것은

법적절차와 협상을 동시에 진행하여

점유자와 만남을 통해 낙찰자가 원하는 수준이 되도록 빠른 시간 내에 마무리를 하는 것이다.

그리고 이렇게 마무리가 된 사건은 점유자와 따뜻한 이별을 할 수 있다.

책으로 소개하는 사건 외 이 당시 임차인을 상대로 제기했던 2건의 소송을 취하하며 마무리했었다. 계속해서 법적절차를 진행했어도 승소할 가능성이 매우 높았던 사건이기는 했지만 본래 의도했던 대로 법적절차와 대화를 병행하여 원하는 수준에서 상대방과 합의가 되었기 때문이다.

그리고 소송의 결과는 언제나 100% 장담할 수 없고, 또 승소한다 해도 더 많은 시간이 소요될 것이며 경제적으로도 지연되는 기간 동안의 대출이자와 임료감정료, 강제집행비용 등이 지출될 것이다. 물론 차후에 상대방에게 비용을 청구할 수 있지만, 과연 법만 고집하는 것이 정신적, 경제적으로 낙찰자

▣ 기본내용   » 청사배치

사건번호	2011가단○○	사건명	건물명도
원고	주식회사 케이알리츠	피 고	지○○
재판부	민사○단독 (전화:860-15○○)		
접수일	2011.04.21	종국결과	2011.06.13 소취하
원고소가	3,902,976	피고소가	
수리구분	제소	병합구분	없음
상소인		상소일	
상소각하일			
송달료,보관금 종결에 따른 잔액조회	» 잔액조회		

▣ 최근기일내용   » 상세보기

일 자	시 각	기일구분	기일장소	결 과
2011.06.17	15:50	변론기일	제406호법정	

• 최근 기일 순으로 일부만 보입니다. 반드시 상세보기로 확인하시기 바랍니다.

▣ 최근 제출서류 접수내용   » 상세보기

일 자	내용
2011.05.30	피고 지○○ 답변서 제출
2011.06.13	원고 주식회사 케이알리츠 소취하서 제출
2011.06.13	피고 지○○소취하동의서 제출

• 최근 제출서류 순으로 일부만 보입니다. 반드시 상세보기로 확인하시기 바랍니다.

선순위임차인과 합의하며 소 취하했던 사건

에게 더 이득이 될지는 의문이다.

현장보고서 분석

하루 일과를 마치고 입찰예정인 물건에 대한 현장조사팀의 보고서를 천천히 읽어 내려가고 있었다. 오피스텔의 5층 전체가 경매로 진행되어 모두 조사했는데 유독 한 호수가 눈에 띄었다.

외형상 점유자가 대항력이 있어 보이는(?) 물건이었기 때문이다.

게다가 한 물건에 예고등기, 유치권, 그리고 선순위임차인까지 버티고 있어서 아마 다른 경쟁자들이 쉽게 접근하지 못할 것이란 생각이 들었다.

유료사이트 자료와 직원들의 현장보고서를 넘나들며 꼼꼼히 살펴보니 임차인이 이 오피스텔을 주거용으로 사용한 것이 아니고 업무용도로 사용했을 것이란 생각이 들었다.

그런데 점유자는 상가임차인임에도 이 오피스텔에 사업자등록을 하지 않은 채 주민등록만 최선순위권리보다 앞서 해둔 상황이었다(이 오피스텔은 건축 당시 주거용으로 지어졌기에 임차인의 편의에 따라 주거용, 업무용 모두 가능하다).

다른 호수 경매사건과 자료들을 보며 단서를 하나씩 찾았고, 모든 자료를 검토한 결과 점유자는 상가임차인이 명백하고 또한 사업자등록을 하지 않아 대항력을 갖추지 못했다고 판단을 내렸다.

혹시나 하여 현장조사팀의 녹취파일을 몇 번을 반복하여 들어봐도 점유자는 해당오피스텔을 사업장으로 사용한 것이 분명했다.

다만 사업용으로 사용했다는 결정적 증거가 될 수 있는 오피스텔 내부사진은 구할 수 없었고, 오피스텔 현관에 붙어 있는 작은 간판과 현장조사팀과의 전화통화 기록만 증거자료가 될 뿐이었다.

소 재 지	인천광역시 ○○구 ○○동 ○○4-5, 굿○○ 타워 5층 5○○호 도로명주소검색						
물건종별	오피스텔	감 정 가	110,000,000원	기일입찰 [입찰진행내용]			
대 지 권	9.42㎡(2.85평)	최 저 가	(49%) 53,900,000원	구분	입찰기일	최저매각가격	결과
				1차	2011-01-03	110,000,000원	유찰
건물면적	42.24㎡(12.778평)	보 증 금	(10%) 5,390,000원	2차	2011-02-01	77,000,000원	유찰
매각물건	토지·건물 일괄매각	소 유 자	(주) ○○토지신탁	3차	2011-03-02	53,900,000원	
				낙찰 : 59,420,000원 (54.02%)			
사건접수	2010-06-28	채 무 자	허○○	(입찰1명)			
				매각결정기일 : 2011.03.09 - 매각허가결정			
				대금지급기한 : 2011.04.06			
사 건 명	임의경매	채 권 자	○○신협	대금납부 2011.04.06 / 배당종결 2011.06.24			
관련사건	2010(예고등기), 서울중앙지법 2009가합131608(예고등기)						

지적도	위치도	개황도	사진	사진	전자지도	전자지도2	로드뷰

• 매각물건현황 (감정원 : 군자감정평가 / 가격 시점 : 2010.07.03 / 보존등기일 : 2009.04.13)

목록	구분	사용승인	면적	이용상태	감정가격	기타
건물	11층중 5층		42.24㎡ (12.78평)	오피스텔	77,000,000원	• 신축:2007.10
토지	대지권		1538.3㎡ 중 9.42㎡		33,000,000원	• 도시가스
현황 위치	• ○○병원 남서측 약 200미터 지점에 위치 • 주위일대는 근린생활시설 및 업무시설, 오피스텔이 소재하고 있어 주위환경 보통임 • 버스정류장이 인근에 위치하고 있어 대중교통 사정은 편리한 편임 • 가장형의 토지로 평탄하며, 근린생활시설 및 오피스텔 건물의 부지로 이용중임 • 남측으로 약15M, 서측으로 약10M 도로와 접하고 있음, 지하주차설비 구비하고있음					
참고사항	• 냉장고,세탁기,에어콘,도시가스 설비등 구비하고 있음					

부동산종합정보	토지이용계획열람	감정평가서	현황조사서	매각물건명세서	사건내역	기일내역	문건/송달내역
건물등기부	예상배당표	입찰표서식표					

• 임차인현황 (말소기준권리 : 2009.08.04 / 배당요구종기일 : 2010.09.20)

임차인	점유부분	전입/확정/배당	보증금/차임	대항력	배당예상금액	기타
지○○	주거용 전부 (술○○ 교육원)	전 입 일: 2009.07.20 확 정 일: 2010.06.30 배당요구일: 2010.09.15	보40,000,000원	있음	소액임차인	현황서상 보:1000만원
임차인분석	☞ 본건 현황조사차 현장에 임하였으나 폐문부재로 이해관계인을 만날수 없어 상세한 점유,임대관계는 알수 없음,경매시 참고바람. ▶매수인에게 대항할 수 있는 임차인이 있으며, 보증금이 전액 변제되지 아니하면 잔액을 매수인이 인수함					

• 등기부현황 (채권액합계 : 604,500,000원)

No	접수	권리종류	권리자	채권금액	비고	소멸여부
1	2009.04.13	소유권보존	굿○○ 건설(주)			
2	2009.04.13	소유권이전(매매)	허○○		2009년8월4일 가등기기한 본 등기이행	
3	2009.08.04	근저당	○○신협	604,500,000원	말소기준등기	소멸
4	2009.08.28	소유권이전(신탁)	(주)○○ 토지신탁			
5	2009.12.18	굿○○ 건설소유권말소예고 등기	서울중앙지법 2009가합131608	예고등기 사건내역보기		
6	2010.06.29	임의경매	○○신협	청구금액: 477,435,626원	2010타경3○○0	소멸
7	2010.08.03	(주) ○○토지신탁 가등기 및 본등기,소유권말소예고 등기	2010가합12544 2010 예고등기 사건내역보기			

결정적인 증거가 부족했다.

경매에선 상대가 아무리 허위일지라도 결정적인 증거를 확보하지 못한다면 최악의 경우가 발생할 수 있다. 객관적인 물증 한 가지만 더 있으면 좋겠다는 아쉬움이 계속해서 들었다.

간판이 붙어있는 현관문 사진

하지만 입찰 전까지 까칠한 임차인의 거부로 인해 추가 증거를 확보하지 못했다.

입찰

이 물건에 입찰가를 그리 높게 적어내지 않았다.

이 오피스텔은 현장조사 없이 서류만으로 절대 판단할 수 없는 조건이었고, 점유자의 반응이 무척 거칠고 공격적이었기에 다른 경쟁자들이 설령 점유자와 대면했을지라도 원하는 정보를 취득하기 힘들었을 것이라서 입찰결정조차 쉽지 않을 것이라 판단했기 때문이었다.

결국 내 머릿속에 떠오르는 경쟁자는 딱 한 명뿐이었다.

바로 임차인이다.

본인의 사정을 가장 잘 알고 있고, 허접한 낙찰자면 모르겠지만 제대로 된 임자를 만날 경우 보증금을 한 푼도 건지지 못할 수도 있기 때문에 이익이 아닌 방어를 위한 입찰이 필요했을 것이다.

하지만 임차인도 이 사건이 복잡한 상황인 것을 인지하고 있을 것이며, 설령 입찰한다고 할지라도 최저가 언저리에서 입찰가를 결정할 것이라 생각했다. 따라서 최저가에서 약간 높여 입찰서를 제출했다.

결과는 단독낙찰이다.

나중에 명도를 하며 임차인과 대화를 나눴을 때 임차인 역시 입찰을 하려고 했으나, 경락잔금대출이 수월하지 않아 입찰을 포기했다고 말했다(그러고 보면 예고등기가 되어 있는 특수물건을 대출 받을 수 있는 것도 능력이다).

경우의 수 그리고 직감

경매를 하다보면 여러 가지 감각이 필요하다.

입찰을 할 때 얼마나 많은 경쟁자들이 입찰할 것인지, 그리고 만약 경쟁자들이 입찰에 참여한다면 어느 정도의 금액으로 입찰금액을 정할지 예상해봐야 한다.

이른바 입찰 전의 감각이다.

또한 낙찰 후에는 명도를 앞두고 해당부동산에 점유하고 있는 임차인은 어떤 생각을 하고 있을지 예상해봐야 한다.

이는 점유자가 1가구든 10가구 이상이든 마찬가지다.

그때그때 부딪치며 생각하는 것과 미리 예상하고 부딪치는 것은 결과에서 많은 차이가 난다.

그래서 점유자가 낙찰자에게 대응하기 위해 취할 수 있는 방법들과 추가로 만들 수 있는 증거자료는 있는지, 그리고 주변인이 어떻게 조언할 것인지 예상해보면 좋다.

경매경험이 많아질수록 이런 예상은 실제 상황과 맞는 경우가 많아진다.

어떤 사건의 경우엔 너무 간단하게 종결되어 내가 너무 지나친 상상을 한 것이 아닌가 생각이 드는 경우도 있지만 대부분 미리 점유자의 행동을 예상했기에 당황하지 않고 신속하게 대처하여 좋은 결과로 마무리 된 경우가 많았다.

점유자가 내가 생각하는 범위 내에서 행동한다면 그에 맞는 조치를 신속하게 취할 수 있을 것이 아니던가. 계속해서 고민하다보면 이런 감각도 정말 느는 듯하다.

상상 속으로

낙찰을 받았지만 아직 점유자를 대면하지 못했고, 입찰 전에 현장조사팀의 녹취록만 청취한 상황에서 점유자의 성향을 파악하고 앞으로 그녀가 어떻게 대응할 것인지 예상해봤다.

경매로 제3자에게 낙찰되는 순간 이미 임차인 발등에 불이 떨어졌을 것이고, 아마도 점유자는 자신이 살고 있는 오피스텔의 보증금을 변제받는 방법을 알아봤을 것이다.

그리고 본격적으로 낙찰자에게 대항할(?) 준비를 시작했을 것이다.

임차인의 경매지식이 부족하다면 주위에 더 적극적으로 조언을 구했을 것이고, 만약 내가 그 임차인의 지인이라면 도움을 주기 위해 어떤 조언을 했을지도 고민해봤다.

그렇게 하여 내가 상상한 최악의 설정은 바로 상가임차인이 오피스텔을 주거용으로 바꾸어 꾸미는 것이었다. 그렇게 되면 상가임차인으로는 대항력이 없지만, 대항력이 있는 주거임차인으로 바뀌게 되어 정말 최악의 상황이 될 수 있는 것이었다.

게다가 오피스텔 평수가 작아서 사무실 책상 두어 개를 빼고 침대 하나만 옮겨놓으면 그 누구도 상가임차인이라 생각하지 않을 것이다.

그런데 이런 안 좋은 직감은 참 잘도 맞는다(그럴 필요도 없는데 말이다).

현장조사팀에게 연락이 왔다.

"사무장님 정말 큰일 났습니다!"

"무슨 일이야?"

"사무장님께서 말씀하신대로 임차인에게서 내일 오피스텔을 주거용으로 바꾸겠다는 연락이 왔습니다."

"혹시 그 통화내용도 녹음했나?"

"아뇨. 그냥 그렇게 하시면 형사처벌도 받을 수 있으니 하지 말라고 이런저런 얘기를 하는 도중에 끊어졌습니다. 그리고 그 후론 전화를 받지 않습니다. 아마 제가 컨설팅업체가 아니라 낙찰자측일 수 있다고 알아챈 것 같습니다(직원 중에 한 명이 컨설팅업체인척하며 현장조사를 했고, 점유자는 그 직원에게 현재 상황과 고민에 관해 조언을 구하고 있었다)."

"……."

불길한 예감이 맞는다는 것은 그리 기분 좋은 일이 아니다.

다만 그 부분도 예상했던 가장 안 좋은 경우의 수에 있었기에 크게 당황하지 않았을 뿐이다. 이제 이 사건을 어떻게 해결해야 할지 다시 고민에 빠졌다. 내겐 아직 그 오피스텔의 내부사진이 없고, 소송으로 간다고 할지라도 현재 가지고 있는 자료만으로 승소를 장담할 수 없는 상황이었다. 또한 관리사무소와 주변인들도 모두 낙찰자편이 아닌 임차인의 편에 있었다.

우려가 현실로 나타나다

낙찰이 되고 3일째 되는 날 임차인은 사무실 집기를 치우고 침대를 갖다 놓는 등, 이 오피스텔에서 주거하면서 재택근무 식으로 사용했다고 주장하기 위한 모든 세팅(?)을 마쳤다.

비록 이런 가능성을 예상했었다 할지라도 임차인이 언제 어느 시점에 이사할지도 모르는데, 그 순간을 포착하기 위해 계속해서 오피스텔 주변을 감시할 수도 없는 상황이었다.

결국 입찰 전 우려가 현실로 나타났지만 결정적인 증거자료를 확보하지 못한 것이다.

현장조사팀이 다시 그녀를 찾아갔지만 오피스텔 내부를 구경할 수 없었고, 추가로 나눈 대화에서도 결정적인 소득을 얻지 못했다.

그리고 임차인이 사실관계에 관한 즉답을 피하고 더욱 완강하게 주거임차인으로 대항력을 주장하는 것을 보면 이미 임차인 뒤에 누군가 조언을 하고 있다고 생각되었다.

며칠이 지난 후 직원을 통해 임차인에게 전화통화를 해보니 오히려 이젠 임차인이 그 오피스텔에서 직접 만날 것을 제안했다. 이제 주거용 세팅을 모두 마쳤으니 내부를 확인하고 미배당금액을 순순히 변제해달라는 의도로 생각되었다.

사건의 난이도와 전개상황을 보고 이 사건은 직원들이 아닌 필자가 직접 나서기로 맘먹었다.

아군을 확보하라

이미 습득한 증거자료(녹취록, 경매사건기록, 기타 정황 등)를 다시 한 번 검토

했다.

그리고 결정적인 증거자료는 생략하여 명도소장을 작성했다(소송 시 처음부터 낙찰자가 가진 모든 패를 보여주지 않는 것이 좋다).

이 사건은 개별경매이고, 다른 호수를 낙찰 받은 낙찰자 중에서 한 사람이 '매각불허가신청서'를 제출한 상황이므로 대금미납의 가능성도 보였고, 그렇게 되면 그 물건이 재매각이 될 때까지 너무 긴 시간이 소요될 것이므로 인도명령이 아닌 명도소송을 택한 것이다(개별경매의 경우 전체 물건이 모두 낙찰될 때까지 배당기일이 정해지지 않는다. 그리고 법원에서는 통상 임차인의 경우 배당기일 이후에 인도명령 결정을 해주고 있으므로 매각불허가가 받아들여지지 않는다면 대금미납 후 재매각이 되기까지 최소 몇 개월은 더 지연될 것이었다).

그런데 사건기록을 검토하다가 문득 채권은행이 눈에 띄었다.

아마 아직 본인들의 채권회수가 어느 정도 될 것인지 모르기에 배당기일 전에 약간은 불안할 듯 했고, 은행입장에선 채권최고액 범위 내의 모든 금액을 회수하고 싶을 테니 그 부분을 활용하기로 했다(사실 은행은 1순위였으므로 꼼꼼하게 계산해보면 채권회수가 확실시되는 상황이었다. 다만 개별경매라 계산이 복잡했을 뿐이다).

곧바로 은행에 전화를 걸었다.

"안녕하세요. 50○호 낙찰잡니다."
"네… 그런데요."

"오피스텔 전체호수 낙찰가가 낮아서 1순위라도 은행의 채권회수가 불분명한 것 같습니다."

"사실 저희도 약간 불안한 상황입니다(역시)."

"제가 낙찰 받은 오피스텔 임차인이 은행보다 전입일자가 빠르지만 위장임차인이라는 자료가 있어서요."

"아 그래요? 그럼 해당 자료를 보내주실 수 있으신가요?"

"자료만 보내드리면 번거로우실 듯 하고, 제가 배당배제신청서를 작성해 드릴 테니 확인 후 법원에 제출만 하십시오."

"정말 감사합니다. 낙찰 받으신 분이 그런 서류까지 대신 작성해주시다니 너무 감사합니다."

결국 필자가 작성한 서류를 은행에 메일로 발송했고, 은행은 그 서류에 도장을 날인하고 그 즉시 법원에 접수했다.

낙찰자가 나서서 증거자료와 서류까지 모두 챙겨주었으니 은행입장에선 감사한 일이다.

배 당 배 제 신 청 서

사　　건 2010타경3○○0호 부동산임의경매
채 권 자 ○○신협
채 무 자 허 ○○
소 유 자 (주)○○토지신탁
채 권 자 겸 신 청 인 ○○신협

위 사건에 관하여 채권자 ○○신협은 배당요구신청서를 제출한 임차인 지○○에 관하여 다음과 같은 사유로 배당배제 신청을 합니다.

- 다 음 -

1. 임차인 지○○은 이 사건 부동산을 업무용 건물로 사용하고 있어서 '상가임대차보호법'을 적용받는 상가임차인이지만 상가임차인으로서 대항력과 요건을 갖추지 못했습니다.

가. 기초사실

① 채권자가 이 사건 부동산에 관하여 근저당 실행을 위해 현장조사 당시 현황

신청인이 이 사건 부동산의 대출을 실행하기 위해 담보가치를 평가하…(생략)

이렇게 되었으니 이젠 임차인과 낙찰자만의 1:1 싸움이 아닌 2:1 싸움이 됐다.

임차인을 부정하는 아군 1명이 추가되었고, 아군을 추가시킴으로써 경매법원과 명도소송에서도 유리하게 작용할 것이라 생각되었다.

드디어 임차인과의 첫 만남

명도 시 점유자와의 첫 만남은 무척 중요하다.

만약 낙찰자가 가진 증거가 부족하다면 첫 만남에서 초보인척을 하거나 점유자에게 호의적으로 접근하여 추가 자료를 확보해야 하는 경우도 있지만, 반대로 증거자료가 충분하고 법적으로 완벽하게 우위에 있다고 판단되면 곧

바로 적절한 압박을 통해 최단시간에 합의를 이끌어내야 한다.

하지만 이 사건은 임차인이 먼저 선전포고(낙찰 후 임의로 업무용을 주거용으로 바꾼 행위)를 했으므로 처음부터 강하게 밀어붙일 수밖에 없는 상황이었다.

점유자를 상대로 점유이전금지가처분, 내용증명, 명도소장 3가지를 동시에 접수했다.

그리고 가처분결정이 나오자마자 집행관사무실에 집행신청을 하여 집행일이 결정되었다.

임차인에게 전화를 걸어 필자가 직접 방문할 것이니 그날 현장에서 만나자고 했다(전화를 했기에 가처분 열쇠업자의 출장비용이 절약되고…).

드디어 집행당일.

검정색 양복과 검정색 스트라이프 넥타이를 하고 집을 나섰다.

첫 만남에서 임차인에게 무겁고 강한 이미지를 심어주고 싶었기 때문이다.

필자의 의도대로 임차인이 낙찰자에게 대항하여 이길 수 없다는 것만 정확하게 인지시켜주면 빠른 시간에 마무리가 될 것이라 생각했다.

오피스텔에 도착해보니 문이 활짝 열려 있었다.

그런데 입구로 들어서니 한 여인이 목발을 짚고 서서 어두운 표정으로 집행관과 필자를 맞이했다. 오늘은 전투 모드가 될 것이라 생각하고 첫 만남을 준비했는데 막상 몸이 불편한 상대방을 보니 혼란스러웠다(나중에 알고 보니 임차인은 무릎수술을 한지 얼마 되지 않았고, 수술 전에도 이미 그녀는 3급 장애인이었다).

집행관은 오피스텔 내부에 가처분집행문을 게시하고 곧바로 떠났다(열쇠업자 출장조차 나오지 못한 것에 약간은 삐진 눈치였지만).

임차인은 낯선 사내들이 오피스텔에 들어와서 순식간에 집행절차를 설명

간판을 뗀 현관문 사진과 급히 주거용으로 꾸민 내부사진

하고 집안에 고시문까지 붙여 놓고 가자 정신이 없고 약간 당황한 상태로 보였다.

그 상황에서 필자와 임차인만 남게 되니 어색한 분위기가 흘렀다.

"차 한 잔 드릴까요?"
"아니요. 몸도 불편하신데… 괜찮습니다."

괜찮다는 말은 뒤로한 채 그녀가 불편한 몸을 이끌고 정성스레 녹차를 타서 필자 앞에 내려놓았다. 차가 준비되는 동안에도 이리저리 오피스텔을 둘러보았는데, 어느 누가 보더라도 주거용 오피스텔이라고 느낄 정도로 세팅되어 있었다.

뻥카도 실력이다

포커를 칠 때 본인이 상대방보다 좋은 패가 들어왔을 때만 이길 수 있는 것이 아니고 실제론 허접해도 상대방에게 좋은 패를 가진 것처럼 비쳐져서 거침없는 레이스로 굴복시키는 경우가 있다.

이른바 뻥카로 상대방을 누르는 것이다.

마찬가지로 현재 상황에서 나는 임차인의 패를 알고 있으나, 임차인은 낙찰자의 패를 전혀 모르고 있다는 것을 활용하기로 했다.

임차인과의 대화가 시작되었다.

이미 그녀는 생전 처음 경험한 가처분집행에 약간 주눅 든 상태였다.

"송사무장이라고 합니다."

"도대체 왜 이러시는 거죠? 저는 진정한 임차인이 맞습니다."

"임차인이 아니라고 한 적 없는데요. 그런데 이렇게 권리관계가 복잡한 오피스텔에 어떻게 입주 하신거죠?"

"여기 건축을 했던 ○○대표이사 사모님과 친해요."

"그렇군요."

"단도직입적으로 말씀드리겠습니다. 제가 배당받지 못하는 금액 변제해 주실거죠?"

"사모님 이곳을 사업장으로 사용했던 것으로 알고 있는데요."

"무슨 소리에요? 여기 주거용으로 쓰고 있는 거 안보이세요?"

예상했던 대로 임차인은 주거용 카드를 들고 나왔다.

"제가 이 오피스텔 포함하여 다른 호수들도 작년 여름부터 현황조사를 조사했습니다. 그래서 사모님께서 이곳을 주거용이 아닌 사업장으로 사용했던 모든 증거자료를 이미 가지고 있습니다(진짜?)."

"아니 무슨 소리에요?"

"그리고 사모님께서 낙찰자에게 보증금을 받기 위해서 급하게 주거용으로 바꾼 증거자료도 확보해둔 상황입니다(진짜?)."

"(울먹이며)제 보증금 달라는 것인데 왜 그게 죄가 돼요?"

"은행에서도 사모님을 상가임차인이란 이유로 배당배제신청서를 제출했습니다."

"……."

몇 마디 대화에 임차인의 기가 그대로 꺾였다.

임차인은 필자가 작년부터 오피스텔을 조사하여 모든 자료를 가지고 있고, 주거용으로 바꾼 증거자료도 확보했다는 말에 놀라는 눈치였고, 이미 명도소송이 진행 중이며 앞으로 고소장까지 접수될 예정이라는 말에 갑자기 울음을 터뜨렸다. 나는 상대방의 패를 알고 있고, 상대방은 내가 수집한 증거자료를 모르고 있으니 대화에서 상대가 되지 않았다.

임차인을 설득하라

필자가 이 오피스텔에 방문하기 전에 법원에 들러 알아보니 경매계장도 임차인이 상가임차인인데 전입만 해두고 사업자등록을 하지 않아서 배당이 불가하다는 말만 되풀이했다. 임차인도 그 부분을 미리 법원에서 확인했기에 오피스텔을 주거용으로 바꾸고 낙찰자에게 보증금을 받아내기로 마음먹었던 것이다.

"저와 다투게 되면 보증금을 받을 수 있는 것이 아니라 소송비용, 그리고 월세부분까지 모두 부담하게 됩니다."

"만약 사무장님과 다투지 않으면요?"

"그렇다면 소정의 이사비도 드리고, 다른 호수에 임대도 좋은 조건에 드리겠습니다."

"그럼, 배당금은요?"

"배당금도 받을 수 있게 도움 드리겠습니다."

"어떻게 장담하세요. 제가 법원 담당계장에 직접 문의했을 때도 절대 배당해줄 수 없다고 그랬는데요."

"한 번 믿어보십시오."

"제가 적을 어떻게 믿어요? 사무장님과 합의를 했는데 모른 척 하시면 저만 억울하잖아요."

"지금껏 제가 약속드린 것은 꼭 지키며 살아왔습니다. 법원에 이 상황에 관해 의견서를 제출하면 배당을 받으실 수 있습니다."

"제발 도와주세요."

"단, 제가 도움을 드리기 전에 우선 합의서를 작성하셔야 됩니다."

"합의서 작성하면 저만 불리해지는 것 아닌가요? 법원에서 배당도 못 받고 낙찰자에게도 못 받고 쫓겨나잖아요."

집행당일에 목발을 짚고 있는 임차인을 보니 애초에 생각했던 강한 압박보다는 동정심이 더 생겼다.

늘 느끼는 것이지만 점유자들은 상황을 잘 모르기에 낙찰자를 적대시한다. 하지만 필자가 의견서를 잘 작성하면 임차인이 배당을 받을 수 있을 것이라 판단했고, 그렇게 되면 임차인 덕분(?)에 저렴한 가격에 매입해서 좋고, 임차인은 법원에서 배당받아서 좋고, 서로에게 좋은 조건이 될 수 있었다.

그러나 이미 법원 담당계장이 배당을 해주지 않는다고 임차인에게 확인을 해준 상황이어서 임차인이 계속 불안해하는 상황이었다. 그래서 보증금에 관해 낙찰자에게 집착하고 있는 것이었고, 며칠 후에 다시 만나기로 약속을 정하고 사무실로 돌아왔다.

모든 상황들을 설명했고 이제 임차인이 현명한 판단을 할 수 있는 시간이 필요했다.

그리고 오히려 계속해서 다그치면 역효과가 날 수 있을 것이라 생각했다.

임차인의 조언자를 제거하라

사실 필자가 법적으로 임차인을 이길 수 없다고 생각되어 그녀를 적극적으로 설득했던 것이 아니다. 대법원 판례를 보더라도 임대차계약 체결 시점에 주거용인지 업무용인지 구분이 되는 것이지 임차인 임의로 개조한 것은 보호받을 수 없다고 명시되어 있다.

대법원 1986.1.21. 선고 85다카1367 판결 【건물명도】

【판시사항】
주택임대차보호법 제2조 소정의 "주거용 건물"인지 여부의 판단기준
【판결요지】
주택임대차보호법이 적용되려면 먼저 임대차계약 체결당시를 기준으로 하여 그 건물의 구조상 주거용 또는 그와 겸용될 정도의 건물의 형태가 실질적으로 갖추어져 있어야 하고, 만일 그 당시에는 주거용 건물부분이 존재하지 아니하였는데 임차인이 그 후 임의로 주거용으로 개조하였다면 임대인이 그 개조를 승낙하였다는 등의 특별한 사정이 없는 한 위 법의 적용은 있을 수 없다.

113

또한 법원에 제출한 임대차계약서를 보면 용도에 '업무용'이라고 명확하게 기재되어 있고, 임차인은 이 오피스텔에서 사업을 영위했지만 다른 호수에 사업자등록을 해두었고, 이곳에는 주민등록만 유지하고 있었다. 즉, 그녀는 주택임대차보호법 적용대상이 아니었으므로 소송으로도 충분히 해결할 수 있으리라 판단했다.

그럼에도 불구하고 필자가 임차인을 설득하려고 했던 것은 법적으로 다투게 되면 상대방의 금전적, 정신적 피해가 커질 텐데 몸이 불편한 임차인을 심리적으로 더 압박하고 싶지 않았기 때문이다.

명도를 잘하려면 점유자 측에서 누가 주도권을 쥐고 있는지 잘 파악해야 한다.

며칠 후 대화를 더 나눠보니 임차인은 필자를 신뢰하지 못하고 자칭(?) 법무법인에서 25년을 근무했다는 송무팀장(법률사무소 직원)의 코치를 받고 있었다. 그래서 그녀의 마음이 오락가락한 상태였다.

"왜 제 말을 못 믿으시죠?"
"그냥 송무팀장님에게 전화해보세요. 저는 제대로 판단할 수 없네요."
"알겠습니다. 제가 그분과 직접 통화를 하죠."
"……."

곧바로 송무팀장에게 전화를 걸었다.

"안녕하세요. 송사무장이라고 합니다. 혹시 법무법인 팀장님이신가요?"
"네… 맞는데요."

"다름이 아니라 ○○오피스텔 사건 때문에 전화 드렸습니다."

"제가 지금까지 법률사무소에서 25년 넘게 근무해왔고 송무만 전문으로 하고 있습니다."

"그러시군요. 그렇다면 임차인이 대항력이 없다는 것도 잘 아시겠네요?"

"왜! 대항력이 없어요? 제가 모시는 변호사님은 고등법원 판사 출신이신데 서류를 검토해보시더니 임차인이 대항력이 있다고 말씀 하셨습니다."

"서류만 보면 그렇게 보이죠. 하지만 임차인이 이 오피스텔을 업무용으로 사용하다가 주거용으로 바꿨고, 저는 이미 그 자료까지 모두 가지고 있습니다."

"그래도 소송으로 다퉈야지. 소송상대방에게 이렇게 전화하시면 안 되죠"

"혹시 배당절차에서 채권회수를 할 생각은 안 해보셨나요? 의견서를 잘 작성하시면 배당받을 수 있을 듯한데요"

"제가 배당은 잘 모릅니다."

"저기요? 혹시 현재 의뢰인을 도우려고 소송을 해주시는 것 아닌가요?"

"당연하죠."

"그런데 왜 의뢰인에게 더 피해가 가게끔 사건을 진행하시죠? 행여 임차인이 형사처벌 되면 어떻게 하시려고요? 그리고 임차인이 월세비용, 소송비용까지 부담하게 되면 더 큰 피해를 볼 텐데요."

"뭐라고요! 전화 끊어요. 더 이상 당신과 할 말이 없습니다. 웃긴 사람이구면."

"경매도 제대로 모르면서 당신이 어떻게 임차인을 돕겠어!!"

송무팀장이라는 자와 얘기를 나누어 봐도 대화가 통하지 않았기에 대화의 끝부분에는 서로 고성이 오갈 수밖에 없었다. 나중에 임차인을 통해 안 사실이지만 변호사도 선임하지 않은 채 송무팀장 개인이 돕는 것이었고, 만약 임차인이 명도소송에서 승소하게 되면 400만 원 정도 받기로 하고 필자가 제기한 명도소송의 답변서를 제출해준 것이었다. 그와 대화를 나눠보니 경매를 잘 모르고 있고 진정으로 임차인을 위하는 것이 아닌 돈벌이로 하려는 것이 감지되었다.

조언자와 말이 통하지 않아 다시 임차인에게 연락을 해서 회유했지만 임차인은 명도소송에 관한 답변서까지 제출하며 낙찰자에게 적극적으로 대항했다.

제출한 답변서를 보니 금융거래내역, 현장사진 등 나름 법적근거를 갖추고 있었다.

마지막으로 임차인 설득하기

지금까지 위장임차인 사건들을 해결하며 웬만하면 임차인을 상대로 고소장을 접수하지 않았다. 부동산을 인도받으면 될 뿐, 임차인에게 더 큰 상처를 주고 싶지 않기 때문이다.

이 사건 역시 그녀에게 적정 이사비를 지급하고 다른 오피스텔에 좋은 조건에 임대를 주고 배당을 받을 수 있게끔 도와주고 싶었다.

하지만 임차인이 이런 내 맘도 모르고 적극적으로 대항했기에 책상 위에 놓인 고소장을 보면서 마지막으로 그녀에게 전화를 걸었다.

"사모님 정말 마지막으로 전화드리는 겁니다. 현재 사모님께서 의지하는 송무팀장은 경매를 잘 모르는 사람입니다. 그 사람 조언대로 행동하면 법원에서 배당도 못 받고 낙찰자에게도 한 푼도 지급받을 수 없습니다. 오히려 사모님께서 낙찰자에게 월세까지 물어줘야 됩니다. 그리고 업무용을 주거용으로 바꾼 것에 대해 형사처벌까지 받을 수 있습니다."

"……."

"제 말을 못 믿겠다면 제가 상담료를 드릴 테니 다른 법률사무소에서 다시 한 번 상담 받아보십시오. 그리고 사모님의 조건에서 어떤 선택을 하는 것이 최선인지 고민해보시고, 지금까지 제가 드렸던 조언이 맞는지도 확인해보세요. 정말 이번이 마지막으로 드리는 전화입니다."

"……."

그녀는 말없이 필자의 얘기만 듣고 있었다.

나중에 알아보니 임차인은 이 통화를 마치고 다음날 다른 법률사무소에 가서 상담을 받았다고 한다.

그런데 상담을 해준 변호사 왈,

"낙찰자가 문자, 전화로도 이렇게 도와주겠다고 하는데 당신이 복 받았다고 생각하시고 협조하세요. 이런 낙찰자 거의 없을 것 같습니다"라고 말했다는 것이다.

결국 임차인은 조언자인 송무팀장을 떨쳐버렸고, 필자가 원하는 조건으로 합의를 하였다. 합의서를 작성한 후 명도소송도 취하했다.

소 취 하 서

사건번호 2010가단3○○5호 건물명도
원   고 주식회사 케이알리츠
피   고 지 ○ ○

위 사건에 관하여 원고는 사정에 의하여 소 전부를 취하합니다.

2011. 6. 4.
위 원고 주식회사 케이알리츠 (인)

기본내용 〔 청사배치 〕

사건번호	2010가단○○	사건명	건물명도
원고	주식회사 케이알리츠	피 고	이○○
재판부	민사4단독		
접수일	2010.10.08	종국결과	2011.05.30 소취하
원고소가	4,411,755	피고소가	
수리구분	제소	병합구분	없음
상소인		상소일	
상소각하일			
송달료,보관금 종결에 따른 잔액조회		〔 》잔액조회 〕	

최근기일내용 〔 》상세보기 〕

일 자	시 각	기일구분	기일장소	결 과
2011.02.09	16:50	변론기일	제324호 법정	속행
2011.03.09	11:00	변론기일	제324호 법정	기일변경
2011.03.24	14:40	변론기일	법정406호	속행
2011.05.12	14:30	변론기일	법정406호	속행

· 최근 기일 순으로 일부만 보입니다. 반드시 상세보기로 확인하시기 바랍니다.

최근 제출서류 접수내용 〔 》상세보기 〕

일 자	내용
2011.05.09	피고 이○○ 준비서면 제출
2011.05.11	원고 주식회사 케이알리츠 준비서면 제출
2011.05.24	원고 주식회사 케이알리츠 소취하서 제출
2011.05.30	피고 이○○ 외 1명 소취하등의서 제출

· 최근 제출서류 순으로 일부만 보입니다. 반드시 상세보기로 확인하시기 바랍니다.

그런데 임차인이 정말 배당 받을 수 있을까?

이제 본격적으로 그녀를 어떻게 도울 것인지 고민했다.

처음부터 낙찰자에게 협조했으면 좋았을 것인데 이미 필자가 은행을 통해 경매법원에 배당배제신청서까지 접수한 상황이어서 어쩌면 사건이 더 복잡해졌을 수 있겠다는 생각이 들었다.

아니나 다를까 법원에 다시 한 번 확인을 했는데 배당을 해줄 수 없다고 하였다. 그래서 법원의 생각을 바꾸기 위해 이번에는 임차인 명의로 '배당에 관한 의견서'를 제출하기로 했다.

주택임대차보호법에서 대항력이 아닌 우선변제권의 범위가 좀 더 유연하다는 부분을 강조하고 이 사건과 접목시킬 수 있는 관련 판례를 2개 정도 첨부하였다.

실제 영업시설을 사용하고 있지만 유일한 주거공간이며, 이런 경우에 법원에서도 배당해준 판례와 함께 현장사진, 장애인등록증 등 유리한 증거를 취합하여 제출했다(임차인 입장에서 보면 낙찰자가 병 주고 약 준 격이다).

배당에 관한 의견서

사   건   2010타경 3○○0호 [물건번호:3번] 부동산임의경매
채 권 자   ○○신협
채 무 자   허 ○ ○
소 유 자   (주) ○○토지신탁
신 청 인   지 ○ ○

위 사건에 관하여 임차인 지○○은 다음과 같이 배당에 관한 의견서를 제출

합니다.

- 다 음 -

1. 신청인(임차인)에 관한 채권자들의 주장

신청인은 2010.9.15. 귀원에 임차인으로서 권리신고 및 배당요구신청서를 제출하였습니다. 그러나 이 사건 경매절차의 채권자들은 신청인이 이 사건 부동산에 관하여 주거용이 아닌 업무용으로 임대차계약을 체결하였으며 그에 따라 배당에서 배제되어야 한다고 주장하고 있습니다.

2. 대법원 판례에 따르면 해당 부동산이 주거용인지 업무용인지를 판단하는 것은 실질적인 사용사실과 유일한 주거공간인지 여부를 판단하여야 한다고 하였습니다.

대법원 1987.8.25. 선고 87다카793 판결에 따르면, '주택임대차보호법이 정하는 주거용 건물인지의 여부는 공부상의 표시에 불구하고 그 실지용도에 따라서 가려져야 하고 또한 한 건물의 비주거용 부분과 주거용 부분이 함께 임대차의 목적이 되어 각기 그 용도에 따라 사용되는 경우 그 주거용 부분에 관하여 위 법이 적용되느냐의 여부는 구체적인 경우에 따라 합목적적으로 결정하여야 한다.'고 판시하였습니다. 또한 대법원 1995.3.10. 선고94다52522호 판결에서는 공부상 단층 작업소 및 근린생활시설로 되어 있으나 실제 주거용과 비주거용으로 겸용되고 있는 건물을 주택임대차보호법 제2조의 소정의 주거용 건물로 인정하였습니다. 따라서 신청인이 법원에 제출한 계약서와 현관문에 게시된 간판이 중요한 것이 아니라 실제 주거용으로 사용하였는지 여부에 따라 주택임대차보호법이 적용될 것인지 판단해야 할 것입니다.

3. 신청인은 이 사건 부동산을 실제 주거 목적으로 사용하였습니다.

이 사건 부동산의 구조를 보면, 그 실내에 문이 달려 다른 공간과 구분을 할 수 있는 부분은 화장실과 보일러실 밖에 없고, 그 외에는 방을 나눌만한 구분벽체가 없이 전체 부분이 '하나의 방' 즉, 원룸 형태로 이루어져 있습니다. 게다가 전체가 바닥난방이 시공되어 있으며, 그 공간에는 취사활동을 위한 주방이 딸려 있기까지 합니다. 이것은 이 사건 부동산이 애초에 주거용으로 건축되었다는 것을 의미합니다. (증 제1증 각 사진)

신청인은 이 사건 부동산에 침대, 화장대, 식탁, 옷장, 컴퓨터책상 등을 두고 사용하였는데, 이러한 가구만으로도 이미 이 사건 부동산 실내의 공간이 가득차서 다른 용도로 사용할 공간을 찾는다는 것은 불가능한 것이 사실입니다.

4. 신청인이 주거를 하며 한 켠에서 노트북을 이용하여 부업을 할 수 밖에 없었던 이유에 대해 소명합니다.

신청인은 1994년부터 '초등부 논술학원 강사' 직업을 가졌으나 암과 관절염 수술로 인해 입원치료를 하고, 병원에서 척추고정술을 시행받은 후 지체장애3급을 받은 장애인이 되었습니다. 결국 학원에 출강하여 강사를 할 수 없는 몸이 되었고, 이 사건 오피스텔에 임차하여 수업지도안을 제작하여 메일을 전송하는 일을 하며 생계를 유지하고 있습니다.

5. 결론

신청인은 현재 암, 류마티스 등 각종 질병으로 인하여 경제활동을 하기 어려운 장애를 가지고 있습니다. 그러나 아이들을 부양하는 등 어떻게든 생활을 하여야 하기 때문에 집에서 부업을 조금씩 하여왔으며, 이 과정에서 부득이 계약서가 업무용으로 작성되었을 뿐 실제 신청인의 유일한 주거공간입니다.

게다가 이 사건 부동산의 구조 자체가 전용률이 50%로 방1개 구조로 매우 협소하고, 살림살이를 두고 내부에서 영업을 하기 어려운 구조이며, 또 그 구조상

121

이 사건 부동산에서 주거를 하면서 동시에 영업활동을 한다는 것도 상식적으로 불가능한 일입니다. 그렇다면 신청인은 이 사건 부동산을 실제로 주거용으로 사용하였음이 분명하므로 주택임차인에 해당되는 배당을 해주시기 바랍니다.

입 증 방 법

1. 증 제1호증   각 사진

2011. 6. 13.
신청인 지 ○ ○ (인)

인천지방법원 본원 경매 제○계 귀중

배당기일에 임차인과 함께 법원에 갔다.

필자도 임차인을 도와 최선을 다했지만 아직까지 100% 배당을 받는다는 확신을 할 수 없는 상황이었다. 만약에 임차인이 배당을 못 받는다면 '배당이의'를 하여 채권자와 다툴 생각까지 하고 있었다.

목발을 짚고 있는 임차인은 어제 한 숨도 잠을 못 잤다고 했고, 무척 긴장된 표정이었다.

경매계장이 우리 사건의 배당표를 교부해줬다.

그런데 결과는……

임차인에게 2,480만 원이 배당되었다.

배당금지급청구서를 교부하면서 경매계장님이

"○○○씨 정말 운 좋았습니다. 법원에 제출하신 서류덕분에 사법보좌관님과 상의했는데 정말 배당해줄 수밖에 없더군요" 라고 말했다.

임차인은 연신 눈물을 흘리며 필자를 믿지 못한 것에 대해 미안해 했고, 또 소중한 보증금을 받을 수 있게 도와준 것에 대해 몇 번이나 감사하다는 말을 반복했다.

그리고 그녀는 내가 낙찰 받은 다른 호수에 저렴한 가격에 다시 임차인으로 입주했다.

경매를 하며 수익으로 느끼는 기쁨도 있지만 약자에게 힘이 되었다는 보람을 통해 기쁨을 느낄 때도 있다. 마지막으로 얘기하고 싶은 것은 어떤 상황이든 포기하지 말라는 것이다. 그리고 법원도 이해관계인의 노력에 따라 그 입장을 달리한다는 것이다.

성공한 사람을 곁에 두어라!

우리가 세상을 살아가며 어떤 결정을 내릴 때 가장 크게 영향을 받는 사람은 주변인이다. 예를 들면 주부가 세탁기를 구입할 때 멋진 연예인이 나오는 광고나 전단지를 보고 구매결정을 하는 것이 아니라 이미 그 상품을 사용해 본 이웃이나 주변 사람의 말 한 마디를 더 귀담아 듣고 구매결정을 한다는 것이다.

소비자들의 이런 심리는 인터넷으로 어떤 상품을 구매할 때 메인화면의 광고보단 구매자들의 리뷰와 상품후기를 더 체크하는 것을 보면 쉽게 알 수 있다(그래서 기업이나 상인들이 리뷰마케팅으로 이런 소비자의 심리를 역이용하기도 한다).

한 번 생각해보라. 당신이 지금까지 구입했던 상품 중에서 실제 그 물건을 구입했을 때 주변사람의 조언이나 상품후기가 얼마나 큰 영향을 끼쳤는지. 그로인해 결과는 어떻게 되었는지 유추해보라! 남성들이 제일 좋아하는 자동차를 구입할 때도 동료나 경험자의 조언에 따라 이미 자신이 선택해두었던 차종이 바뀌기도 한다. 이렇듯 사람은 무의식적으로 자신 주위에 미리 경험해본 사람들의 조언에 크게 의지하는 경향이 있다. 졸업을 목전에 둔 학생이 자신의 진로를 선택하거나 주부가 부부관계에 대한 고민을 털어 놓고 조언을 구할 때 제일 친한 주변인과 대화를 하며 결심을 굳혀간다. 미취업학생이 대기업이나 반듯한 직장에 다니는 선배에게서 듣는 조언과, 아직도 미취업 상태인 선배에게 듣는 조언의 차이는 결과에서도 확연한 차이가 날 것이다.

그런데 이러한 주변인에 대한 의존 심리는 상품에 대한 구매뿐 아니라 투자를 할 때도 여실히 드러난다. 즉, 자신의 주변에 어떤 사람이 어떤 조언을 하느냐에 따라 본인의 투자 세계에 대한 생각과 결과에서 많은 차이가 난다. 적립식펀드나 주식투자를 할 때 이미 그런 상품으로 손실을 본 경험자는 당신에게 부정적인 의견을 내세울 것이다. 또한 부동산을 매입하고 큰 재미를 보지 못한 사람이 부동산 투자에 대해 비관적인 의견을 피력하는 것은 너무도 당연하다.

물론 투자를 할 때 좋은 면만 봐서는 안 된다. 잃지 않는 투자를 하기 위해서는 성공담보다 실패담이 더 도움이 될 수 있다.

그래서 주변 사람의 어떤 점이 부족해서 실패했다는 경험담은 당신이 실전투자를 할 때 시행착오를 줄일 수 있게 해준다. 그런데 문제는 필자의 경험상 투자에 실패한 사람들은 자신의 부족함은 감추고 단지 투자 시장을 부정적으로만 보고 비판한다는 것이다(원래 인간은 자신의 부족함은 감추고 싶은 것일까?). 실패자들의 성향은 이솝우화에서 포도를 따먹으려다 실패한 여우가 "저 포도는 너무 시다"라고 포도자체를 부정적으로 보며 위안을 삼는 것과 하나도 다를 것이 없다. 나중에 그 여우가 다른 여우들에게 자신의 실력이 부족했던 것은 감추고 그 포도 자체를 맛이 없다고 떠들고 다니는 모습이 절로 상상이 된다.

이런 이유로 난 자신의 부족함은 감추고 단지 시장을 부정적으로만 얘기하는 뻔뻔한 실패자들과 오랜 대화를 나누지 않는다. 투자에 대한 철저한 준비와 노력도 제대로 하지 않는 실패한 사람과 대화를 나누어본들 영양가(?)가 하나도 없기 때문이다.

성공한 사람을 곁에 두어라!

당신의 주변인이 투자에 실패했다고 당신도 모든 투자에서 실패하는 것은 절대 아니다. 하지만 사람이란 부정적인 의견을 듣게 되면 시작도 하기 전에 위축이 되기 마련이다.

잠자리에서 기분 나쁜 꿈을 꾼 것만으로도 하루 종일 뒤숭숭하고 불안한 마음이 생기는데 가장 가까운 지인이 투자에 대해 부정적인 의견을 피력한다면 당신이 투자에 정통하지 않은 이상 불안한 맘이 들것이고 더 나아가 시작하는 것조차 포기해 버릴 수도 있다는 것이다.

다른 이의 실패담은 그저 타산지석으로 삼고, 성공한 사람을 곁에 두고 멘토로 삼아라. 투자에 실패한 사람이 아닌, 당신보다 주식투자를 잘하거나 부동산으로 수익을 올린 성공한 투자자의 말을 더 귀담아 들어야 한다. 주위에 이러한 인맥이 골고루 형성되면 자연스럽게 그들과 동화되고 당신이 혼자일 때보다 부자의 길로 가는 것이 더 수월할 것이다.

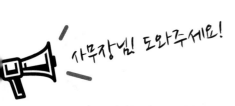

지분부동산의 인도명령이 궁금합니다

1) 다세대주택 지분경매에서 13분의 2지분을 낙찰 받았습니다. 주택 전체 점유자가 채무자(13분의2 지분)이고 나머지 지분은 3명의 형제, 자매들이 나눠가지고 있습니다. 어느 책에선가 본 것 같아 소수지분권자이지만 인도명령을 신청하였는데 기각이 나왔습니다. 다시 항고 해 봐도 되는 사항인지 궁금합니다.

2) 나머지 지분권자중 1명의 채무가 카드회사에 약700만 원 정도 있습니다. 그런데 그 채권 카드 회사로부터 양수받아 공유자에게 구상권을 행사할 수 있는지 법리적인 해석 부탁드릴게요.

3) 타 공유자의 지분에 제한물권(저당,가압류,담보가등기 등)이 있을 때 공유물분할소송에서 경매판결이 나면 이 제한물권이 저의 지분에는 어떠한 영향이 미치는지 책에는 '이기'라는 표현을 썼는데 이해가 잘 안가서요.

답변 부탁드립니다.

1) 대법원은 공유물의 소수지분권자가 다른 공유자와의 협의 없이 공유물의 전부 또는 일부를 독점적으로 점유·사용하고 있는 경우 다른 소수지분권자는 공유물의 보존행위로서 그 인도를 청구할 수는 없다고 판시했습니다. 다만 자신의 지분권에 기초하여 공유물에 대한 방해 상태를 제거하거나 공동 점유를 방해하는 행위의 금지 등을 청구할 수 있다고 보았습니다(대법원2018다287522판결 참조).

따라서 공유물 보존행위로 인한 인도 청구는 불가하고, 다만 소수지분권자의 공유물을 사용하는 것에 대하여 부당이득반환 청구는 가능할 것으로 사료됩니다.

2) 구상권이라 함은 연대채무자나 보증인이 채무자를 대신하여 채무를 변제한 경우에 추후 채무자에게 다시 변제한 비용을 청구하는 것을 말합니다. 경매에서 발생할 수 있는 경우를 예를 든다면 전소유자가 체납한 관리비를 대납했을 경우 전소유자에게 구상권 청구가 가능합니다. 그러나 위 경우는 전소유자도 아니고 또한 굳이 납부해야할 이유가 없음에도 카드값을 대납하고 구상권을 청구한다는 것은 적당하지 않다고 판단됩니다.

3) '이기'라는 표현은 '유지'된다는 의미입니다. 즉, 다른 지분의 제한물건이 새로운 매수자에게 그대로 인수가 된다는 표현입니다. 이는 집행법원에서 경매판결에 의한 형식적경매로 진행할 경우 인수주의를 채택할 것인지 소멸주의를 택할 것인지에 따라 다릅니다. 만약 인수주의를 택할 경우 매각물건명세서 상에 인수될 권리나 하자를 표시할 것이고 그렇지 않으면 배당으로 충족이 될 것입니다. 공유물분할소송에서 경매판결의 의미는 공유부동산을 경매로 매각하여 각 공유자의 지분비율에 맞게 현금으로 나누어주라는 판결입니다. 따라서 대금분할이 결정되고, 타지분에만 채권이 있는 경우에는 매각대금을 각 공유지분비율에 따라 지분권자에게 배당이 되고 그 지분권자에게 배당된 금액에서 지분권자의 채권자 배당순위에 따라 배당이 이루어집니다.

만일 현물분할이 이루어질 경우에는 예로, 일정지분에 설정된 근저당일지라도 분할된 부동산에 각각 지분비율 대로 근저당이 존속하게 됩니다. 이를 이기된다고 표현합니다(대법원92다30603). 이와 같은 이유로 공유물의 일정 지분에 관하여 등기부상 물권, 채권 권리설정이 되어있으면 현물분할 합의가 쉽지 않습니다.

눈에 보이지
않는 함정

    요즘 경매투자로 부자가 되었다는 사람들이 속속 등장했다. 그리고 방송 매체를 통해 경매강좌도 쉽게 접할 수 있게 되어 경매 인구는 빠르게 증가하고 있다. 그러나 성공신화로 포장된 경매시장의 환상에만 사로잡혀 준비 없이 무모하게 뛰어들면 절대 안 된다.

    경매투자는 준비를 마친 사람이 입찰을 해야 뒤탈이 없으므로 안전하게 수익을 올리기 위해선 기초를 탄탄하게 해야 한다. 첫 걸음마 단계는 권리분석이라고 할 수 있는데 이것은 간단한 원리를 이해하면 누구든 쉽게 할 수 있다. 하지만 간단한 원리를 터득하고 끝나는 것이 아니라 추가로 알아야 할 사항이 있다. 경매시장에 등장하는 물건 중 가끔 눈에 보이지 않는 함정이 있기 때문이다. 마치 화려한 꽃잎과 그윽한 향기로 벌레를 유혹하여 집어삼키는 육식식물처럼 경매시장에도 겉보기에는 하자가 없고 수익이 날 듯 보이지만 초보투자자들의 소중한 종자돈을 재물로 삼는 부동산이 있다.

또한 이러한 물건들이 가뭄에 콩 나듯 하지 않고 자주 등장한다. 아무리 맛있고 몸에 좋은 복 요리라도 독을 제거해야 먹을 수 있다. 복이 우습게 생겼다고 얕보면 음식이 아닌 독이 된다.

지금 소개하는 사례는 초보자가 권리분석을 하며 쉽게 간과하는 부분이다.

왜냐하면 이런 유형의 물건은 겉만 봐선 아무런 하자가 없는 깨끗한 물건으로 보이기 때문이다. 권리분석을 할 때 해당부동산에 임차인이 있는 경우 말소기준권리를 기준으로 임차인의 대항력 유무를 판단한다. 즉, 말소기준권리보다 빠르게 전입되어 있으면 대항력이 있고 확정일자까지 빠르다면 우선변제권도 있어서 하자가 없다고 판단한다. 대부분 입찰자들이 여기까지만 판단하고 권리분석을 마친다.

하지만 해당부동산에 대항력 있는 임차인이 있는 경우 반드시 한 가지를 더 체크해야 한다.

중요한 체크포인트는 경매부동산이 낙찰 후 채권자들에게 어떻게 배당될 것인지 판단하고 대항력 있는 임차인의 배당여부까지 확인해야 한다는 것이다. 만약 이런 배당절차를 간과한다면 당연히 배당되리라 여겼던 임차인의 보증금을 추가로 변제해야 하는 경우가 발생하기 때문이다. 말소기준권리보다 임차인의 전입일과 확정일자가 앞 순위에 있어서 다른 채권들보다 우선하여 당연히 배당될 줄 알았던 임차인의 보증금이 배당되지 않는 경우도 있다.

특이한 사례가 아니고 종종 발생하는 사례이므로 이 부분은 확실하게 짚고 넘어가도록 하자(다음 소개되는 사례는 이런 사실을 간과한 입찰자들이 비싼 수업료를 치른 사건들이다. 아마도 제대로 된 교육을 받지 못했기 때문일 것이다. 제대로 된 지식은 자신의 소중한 종자돈을 지켜준다!).

근로복지공단의 압류

경기도의 오피스텔이 경매로 진행 중이다.

물건종별	오피스텔	감정가	55,000,000원
건물면적	전용19.31㎡(5.841평)	최저가	(70%) 38,500,000원
대지권	3.38㎡(1.022평)	보증금	(20%) 7,700,000원
매각물건	토지·건물 일괄매각	소유자	(주)신○○척
사건접수	2008-06-10(신법적용)	채무자	(주)신○○척
입찰방법	기일입찰	채권자	이○호

[입찰진행내용]

구분	입찰기일	최저매각가격	결과
1차	2008-09-25	55,000,000원	낙찰
	낙찰 61,300,000원(111.45%) / 3명 / 미납 (2등입찰가:56,888,000원)		
2차	2008-11-27	55,000,000원	유찰
3차	2008-12-23	38,500,000원	낙찰
	낙찰 52,230,000원(94.96%) / 12명 / 미납 (2등입찰가:48,580,000원)		
4차	**2009-02-26**	**38,500,000원**	
	낙찰 : 50,120,000원 (91.13%) (입찰8명, 낙찰:조○열 / 2등입찰가 49,150,000원) 매각결정기일 : 2009.03.05		

지적도
확대지적도
개황도
위치도
기타1
기타2
현장1
현장2
현장3
전자지도

🏢 건물현황	평형	전용면적	건축용도	감정가격	(보존등기일 :04.08.23)
건물	14층중 5층	19.31㎡ (5.84평)	주거용	38,500,000원	* 지역난방/도시가스 ▶가격시점 :08.06.13/ 바른감정평가
토지	대지권	1400.1㎡ 중 3.38㎡		16,500,000원	

첫 번째 입찰에서 3명이 경합하여 6,130만 원으로 낙찰되었으나 대금미
납이 되었다. 두 번째 입찰에서 한 번 더 유찰이 된 상태로 12명이 경합하여
5,223만 원으로 낙찰되었지만 그 역시 잔금납부를 포기했다. 그런데 세 번째
로 2009.2.26.에 5,012만 원에 낙찰 받은 사람은 과연 잔금을 낼 수 있을까?

일단 등기부등본의 권리관계를 살펴보자.

🏢 임차인현황	· 말소기준권리:2007.01.30 · 배당요구종기:2008.08.18		보증금액 / 사글세 or 월세	대항력 여부	배당예상금액	예상배당표
이○호	주거용 전부	전 입 일:2006.10.04 확 정 일:2006.10.04 배당요구일:2008.07.25	보증30,000,000원	있음	소액임차인	경매신청인
임차인분석	☞임차인 처 소○희 진술 ⑤ 현장조사보고서 ▶매수인에게 대항할 수 있는 임차인 있으며, 보증금이 전액 변제되지 아니하면 잔액을 매수인이 인수함					

건물등기부		권리종류	권리자	채권최고액 (계:180,531,386)	비고	소멸여부
1	2004.10.11	소유권이전(매매)	(주)신○○척			소멸
2	2007.01.30	압류	금천세무서		말소기준등기	소멸
3	2007.04.23	가압류	신용보증기금	119,950,000원		소멸
4	2007.05.21	가압류	우리은행	10,581,386원		소멸
5	2007.07.02	가압류	하나은행	50,000,000원		소멸
6	2007.09.07	압류	국민연금공단			소멸
7	2007.11.13 (148749)	압류	근로복지공단			소멸
8	2007.11.13 (148750)	압류	국민건강보험공단			소멸
9	2008.06.11	강제경매	이○호	청구금액: 30,000,000원	2008타경○○	소멸

위 등기부등본을 보고 권리분석을 해보면 말소기준권리는 2007.1.30.에 기입된 금천세무서의 압류라는 것을 알 수 있다.

그 다음 위 부동산을 점유하는 임차인의 대항력 유무를 따져봐야 할 것인데 말소기준권리인 금천세무서의 압류보다 빠른 날짜인 2006.10.4.에 임차인이 전입했고 확정일자를 받아두었으므로 대항력도 있고 우선변제권도 있다고 판단할 것이다.

그렇게 생각했으니 이 경매물건의 첫 번째 입찰기일에서 3명, 두 번째에서 12명, 세 번째에서 8명이 입찰을 했을 것이 아닌가?

등기부등본을 꼼꼼하게 확인하라

과연 그럴까?

등기부등본의 밑 부분을 보면 말소기준권리인 금천세무서의 압류

(2007.1.30.)보다 늦고 임차인보다 순위가 늦은 2007.11.13.에 근로복지공단의 압류가 기입되어 있다.

아마도 대금미납을 했던 낙찰자뿐 아니라 다른 입찰자들도 이 부분을 간과했을 것이다.

나머지 입찰자들은 오히려 낙찰 받지 못한 것을 운이 좋다고 여겨야 될 것이다.

왜 그런지 그 이유를 살펴보자.

우선 경매의 배당순위에 대해서 정확하게 알아야 한다.

배당 순위	내 용
1 순위	경매비용(경매목적부동산에 투입한 필요비와 유익비를 포함한다)
2 순위	최우선변제(소액임차인, ★임금채권〈근로복지공단 압류〉★)
3 순위	당해세(국세 중 상속세, 증여세, 재평가세, 지방세 중 재산세, 자동차세, 도시계획세, 종합토지세등)
4 순위	우선변제(전세권, 저당권, 담보가등기 등 담보물권과 대항력과 확정일자 있는 임차인, 당해세 이외의 조세들 간의 그 시간의 선후비교)
5 순위	일반임금채권
6 순위	담보물권보다 늦은 조세채권
7 순위	의료보험료, 산업재해보상보험료, 국민연금보험료
8 순위	일반채권

낙찰대금 중 1순위로 경매비용이 배당된다(이것은 초보도 아는 사실!).

중요한 것은 2순위와 3순위 배당순위다.

주택임대차보호법에서 보호를 하고 있는 임차인의 최우선변제금액과 임금채권이 동일한 2순위이다. 그렇다면 위 사건에서 임차인은 임대차보호법상 최우선변제범위(해당물건의 기준이 되는 시기는 과밀억제권역은 4,000만 원 이하의 임차인에게 1,600만 원까지 최우선변제를 해 줌) 내의 보증금이므로 임차인보증금 3,000만 원 중 1,600만 원이 최우선변제금액에 해당된다.

그런데 말소기준권리보다 뒤지고 임차인의 확정일자보다 후순위에 있는 2007.11.13.에 근로복지공단의 압류 또한 최우선변제에 해당되고 그 금액이 무려 8,500만 원이다.

이것이 바로 눈에 보이지 않는 함정이다.

배당절차를 정리해보면 이번에 낙찰된 낙찰대금 5,012만 원에서 1순위 경매비용(약300만 원)이 배당되고 남는 금액(4,712만 원)과 두 번 미납된 입찰보증금(1,320만 원)이 남는데 2순위에서 최우선변제금액(1,600만 원)과 임금채권(8,500만 원)조차 충족할 수 없다.

계산을 해보면 대항력이 있는 임차인에게 약 950만 원 정도 배당이 되고 2,050만 원이 배당되지 않는다. 따라서 낙찰자는 낙찰대금 외 추가로 임차인의 2,050만 원을 인수해야 한다(배당순위표를 참조하여 반드시 연습해봐야 함!).

낙찰대금(5,012만 원)과 인수금액(2,050만 원)을 합하면 7,062만 원에 위 부동산을 매입한 셈이고 법원감정가격 5,500만 원을 훨씬 상회하는 금액이다.

결국 2009.2.26.에 세 번째로 낙찰 받은 낙찰자도 대금미납을 할 것이라 예상이 된다.

따라서 입찰자는 경매물건의 등기부등본에 '근로복지공단의 압류'가 있을 경우 임금채권의 종류와 금액을 정확하게 확인하고 입찰해야 한다. 당해세가 있는 경우에도 낙찰금액에서 대항력이 있는 임차인의 우선변제순위 보다 앞서 배당이 되므로 경매에 진행되는 부동산의 채무자(=소유자)가 법인일 경우 (특히 ○○건설회사, ○○토건 등) 체납된 세금내역을 확인하고 입찰해야 뒤탈이 없다.

완충녹지를 조심하라

충남 아산시의 땅이 경매로 진행 되었는데, 잡종지 252평이다.

감정가격은 6억 6,800만 원이고 최저가격은 2억 2,900만 원이다.

지상에는 컨테이너 박스 두 동이 서있고 아마도 임차인 현황에 등록이 되어있는 사람들은 컨테이너 박스를 빌려 쓰고 있는 사람일 것이다.

그림을 자세히 보면 양쪽도로에 접해있는데, 이런 경우의 토지라면 카센터와 셀프세차장을 겸한 사업을 해볼 수 있다는 생각이 들 것이다.

대략적으로 물건을 보거나 초보의 경우일 때 관심이 가는 물건이다.

(법정지상권이 성립하지 않을 것이므로 일처리의 해결도 어렵지 않다).

그런데 토지이용계획확인원을 살펴보면 '완충녹지'라고 기재되어 있다.

완충녹지란 도시공원법 또는 도시설계에 의해 대기오염, 소음, 진동, 악

목록	지번	용도/구조/면적/토지이용계획	㎡당	감정가	비고
토지	○○동 ○○5	835㎡(252.586평)	*자연녹지지역,완충녹지,도로접합,토지거래허가구역	800,000원	668,000,000원	표준지공시지가:(㎡당)170,000원 *현황:잡종지
감정가	고려감정 / 가격시점: 2007-06-29		합계	668,000,000원	토지 매각
현황위치	*○○초교 동측 인근에 위치,주변은 아파트단지,기존주택,학교,근린생활시설등이 혼재 *차량접근 가능,교통은 보통,가장형의 토지,서측 및 동측으로 약10m도로에 접함
참고사항	*지상에 이동가능한 콘테이너 3동 소재

취, 공해 등과 각종 사고, 자연재해 등을 방지하기 위해 도로와 철도 하천 변에 길게 설치하는 녹지를 말한다. 폭은 도로에 따라 10~30m 정도로 지정된다.

완충녹지지역은 지번으로는 알 수 없고 해당 시청 도시계획과에 준비된 '도시계획 도면'을 직접 확인해야 한다.

완충녹지에는 건물은 당연히 지을 수 없고 건축면적에도 제외되므로 사진으로 보았을 때 현황에 컨테이너 박스가 놓여 있다고 건축을 할 수 있는 땅이라고 생각하면 안 된다. 완충녹지는 자신 소유의 땅이라고 해도 진입로를 낼 수가 없다. 따라서 도로변의 부지에 완충녹지 공사가 완료되기 전까지는 건축을 하는데 많은 어려움이 있어 현실적으로 쉽지가 않다는 것을 감안해야 한다.

완충녹지에 관련된 다음의 기사를 읽어보면 쉽게 이해할 수 있을 것이다.

땅 투자 '장미의 가시', 완충녹지 조심 하세요

땅 투자 '장미의 가시', 완충녹지 조심 하세요
수도권 인기지역 도로변 땅에 많아…맹지나 다름없어 주의해야

2004년 경기도 김포시 걸포동 48번국도 인근의 임야 1,500평을 매입한 윤모(63)씨는 요즘 속이 쓰리다.

올해 6월 이 땅이 김포시 중남부권 도시기본계획상 완충녹지로 편입될 예정이기 때문이다. 이 땅이 완충녹지로 편입되면 주택 건축을 포함한 개발행위가 모두 금지돼 땅값이 크게 떨어진다.

윤씨는 "장기 택지지구에서 가깝고, 도로 변으로 투자성이 좋아 보여 이 땅을

매입했다"며 "하지만 완충녹지로 묶이면 땅이 쓸모없게 돼 투자금(9억 8,000만 원)을 고스란히 날릴 수밖에 없다"고 하소연했다.

완충녹지에 편입되면 땅값 '0원'

완충녹지란 향후 도로확장 등을 대비해 주요 도로의 양쪽 주변을 따라 지정한 폭 10~ 30m의 녹지지역을 말한다. 완충녹지는 주로 국도·지방도, 철도, 하천 주변에 띠 모양으로 길게 지정된다. 이 녹지지역은 땅의 용도지역(도시지역, 관리지역, 농림지역 등)간 경계선(기능 상충지역)에 지정되기도 한다.

전문가들은 완충녹지에 편입되거나 접한 땅은 도로개설, 건물 신축 등이 어려워 시세가 거의 형성되지 않는다고 본다. 용인 중앙토목측량설계사무소 이봉림 대표는 "보통 도로변 땅은 주변에 비해 2~3배 정도 비싸지만 완충녹지에 편입된 도로변 땅은 사겠다는 사람이 없다"고 말했다.

완충녹지에 편입되지는 않았지만 이와 접한 도로변 땅도 사정은 비슷하다. 완충녹지와 접하면 도로개설이 사실상 불가능해 땅 값이 크게 떨어진다는 것.

OK시골 김경래 사장은 "그린벨트와 비슷한 완충녹지에는 진입 도로를 낼 수 없다"며 "우회도로가 없는 한 '맹지'나 다름없게 돼 땅 값이 주변에 비해 크게 싼 편"이라고 말했다.

김포, 용인 등에 완충녹지 많아

이런 완충녹지는 대부분 용인, 김포, 남양주 등 수도권 인기지역에 많다. 인기지역일수록 아파트가 많이 들어서면 교통량이 늘어날 수밖에 없기 때문에 지자체가 미리 도로 확장을 염두에 두고 주요 도로 주변을 완충녹지로 묶어두기 때문이다.

투자전에 도시계획도면 확인해야

땅이 완충녹지로 묶이거나 접하게 되면 값이 크게 떨어지기 때문에 수요자들은 투자할 때 주의가 필요하다. 완충녹지 상태에서는 공공용지 수용에 따른 보상금 지급도 없지만 나중에 실제로 도로확장을 위해 수용당할 때는 보상금을 받는다.

완충녹지는 주민공람공고 등의 절차를 거쳐 땅 소재지 지방자치단체장이 지정하도록 돼 있다. 이 과정에서 지자체는 완충녹지 예정지가 표시된 '도시계획재정비안 도면'을 도시계획과에 비치해 주민들의 의견 수렴을 받는다.

투자자들은 이때 매입하려는 땅이 완충녹지에 편입되거나 접해 있는지 여부를 확인해 볼 수 있다. 확인을 통해 완충녹지로 묶일 가능성이 있는 땅은 매입을 하지 않는 게 좋다. 최근에는 완충녹지로 묶인 것을 알리지 않고 매물을 내 놓는 땅주인도 있어 관련 서류를 반드시 확인한 후 매입 여부를 결정해야 한다.

완충녹지 지정여부는 지번으로는 알 수 없고, 해당 시청 도시계획과에 준비된 '도시계획 도면'을 직접 확인해야 한다.

용인의 한 중개업소 대표는 "요즘 땅 매수 문의가 오면 땅이 완충녹지로 묶였는지 확인하는 게 중개업소의 가장 중요한 일이 됐다"며 "도로변 땅이라고 덜컥 사지 말고 가시가 있는지 반드시 확인해 봐야 한다"고 말했다.

용불용설

J. 라마르크는 "어떤 동물의 어떤 기관이라도 다른 기관보다 자주 쓰거나 계속해서 쓰게 되면 그 기관은 점점 강해지고 또한 크기도 더해간다. 따라서 그 기관이 사용된 시간이 늘어남에 따라 특별한 기능을 갖게 된다. 이에 반해서 어떤 기관을 오랫동안 사용하지 않고 그대로 두면 차차 그 기관은 약해지고 기능도 쇠퇴한다. 뿐만 아니라 그 크기도 작아져 마침내는 거의 없어지고 만다"라고 하였다.

즉, 동물이 오랜 시간 한 기관을 집중적으로 사용하게 된다면 그 기관은 외형적으로, 또 물리적으로 그 기능이 발달이 되고 반대로 그렇지 못한 기관은 쇠퇴한다는 진화설(=용불용설)이다. 만약 인간을 예로 든다면 높이뛰기 선수가 훈련을 통해서 매년 자신이 세웠던 최고기록을 조금씩 갱신하는 것, 역도 선수가 매년 더 무거운 바벨을 들 수 있게 되는 것, 수영 선수의 기록도 계속해서 단축되는 것도 진화의 모습이라 할 수 있다. 스포츠 선수들의 진화는 장시간의 훈련을 통해서 근육이 발달하여 가능하게 된 것이다. 이렇듯 사람도 어떤 기관을 집중적으로 사용하게 되면 그렇지 않은 사람의 그것보다 더 진화하여 우월해진다.

하지만 인간은 용불용설처럼 외형적 부분에서만 진화를 하는 것이 아니다. 인간은 정신적인 부분에서도 진화를 한다. 필자는 이 정신적 진화론을 굳게 믿고 있다. 어떤 분야든 남보다 많이 접하고 노력하는 사람은 다른 사람보다 정신적으로 그 분야에 탁월한 능력과 감각을 갖게 될 수 있다.

우리가 공부하고 있는 경매, 부동산 분야도 마찬가지다.

노력도 제대로 하지 않은 상태에서 책 몇 권과 강의 한 번 들어보고 답이 안 나오면 포기해버리는 사람들이 많다. 부동산 투자를 하려면 선천적으로 특별한 능력을 갖고 태어났어야 된다고 생각할지 모르지만 부동산역시 후천적인 부분이 더 크다. 즉, 부동산에 대한 발품과 이 분야의 여러인맥을 쌓고 노력하면서 서서히 진화하는 것이다. 이 세상에서 하루아침에 이룰 수 있는 것은 아무것도 없다.

경매나 부동산 투자고수가 되는 과정은 책 몇 권을 읽고 현장조사를 몇번 다녀왔다고 부동산에 대한 감각이 생기는 것이 아니다. 그 분야에 입문했다는 것은 진화를 위한 준비에 불과하다. 공부를 시작했지만 대체 무얼해야 할지도 모르고 실력이 느는 것 같지도 않게 느껴질 것이다. 마치 밑빠진 독에 물을 붓는 것 같다는 생각도 들것이다. 하지만 이러한 과정은 아직 진화가 완성되지 않았기 때문에 그러하다. 필자도 많은 공부를 하고 시작했지만 도중에는 아무런 성과 없이 힘들다고 느꼈던 적도 있었다. 하지만 지금 와서 돌이켜보면 그 순간은 진화하는 과정이었을 뿐이었다.

중도에 포기하지 않고 정진한다면 당신도 진화할 것이다.
부동산 시장을 이해하고 용어와 친숙해지는 것부터 시작하라.
진화의 단계는 다음과 같은 과정을 겪어서 완성이 된다.

(경제신문)→(독서)→(이론정립)→(강의)→(인맥형성)→(현장조사)→(실전
경험)→(작은수익)→(투자방향수정)→(공부)······→(고수)

사람에 따라서 순서는 다르겠지만 이 분야에서 진화하려면 거쳐야 되
는 과정들이다.

실전투자를 할 때 위 모든 절차를 거치지 않고 돈을 버는 사람도 있지
만 그것은 운일 뿐이다. 완성되지 않은 단계에서 연속적으로 성공할 수
없을 뿐 아니라 실패할 확률도 높다. 진화 과정을 경험할수록 자신만의
재테크 투자법이 완성이 되고 잃지 않는 게임을 할 수 있으며 점점 수익
률이 높아진다.

부동산 투자를 너무 쉽게 생각해서도 안 되지만 그렇다고 너무 어렵게
생각해서도 안 된다.

제일 중요한 것은 중도에 포기하지 않고 꾸준하게 하나씩 하나씩 습득
해 나가는 것이다.

이러한 과정은 개인에 따라 몇 개월이 될 수도 있고 몇 년이 될 수도
있겠지만 분명한 것은 자신이 집중하고 노력할수록 투자에 대한 감각이
진화한다는 점이다.

꾸준히 노력하라.

이 글을 읽는 당신도 지금 진화하고 있는 중이다. 하지만 관심을 두지
않고 중도에 포기한다면 진화는 멈추게 되고 다시 쇠퇴하게 된다.

사무장님! 도와주세요!

대지권미등기, 토지별도등기 이게 무슨 뜻인가요?

① 대지권 미등기

: 아파트 등 집합건물의 경우 전유부분의 소유자는 아파트 단지 전체 면적 중 일정 면적에 대한 대지 사용권을 가지는데, 이를 대지권이라 하며 등기부상 등기되면 대지권 등기가 되었다고 합니다. 대지권미등기건물은 구분건물에 관하여 등기가 경료되었는데 아직 대지권에 대해서는 그 등기가 정리되지 않은 상황에서 건물만 경매로 진행되는 경우입니다.

이런 대지권미등기 건물은 크게 두 가지로 분류할 수 있습니다.

첫째는 사유지상에 건축된 시민아파트처럼 본래부터 대지사용 권리가 없는 경우로써 경락이후에도 여전히 대지권을 취득할 수 없습니다. 두 번째는 신축아파트처럼 주택단지의 필지 자체가 대규모이거나 토지구획사업 대상이 되어있던 경우 실제 대지 사용권은 있으나 환지 등의 절차 지연으로 등기부상 대지권 등기가 되지 않은 경우입니다.

이런 경우는 대지권미등기임에도 불구하고 실제로는 대지권까지 경매가액에 포함되어 나오는 경우이므로 낙찰을 받게 되면 대지 사용권 역시 낙찰자에게 소유권이 귀속됩니다(대법원 2000.11.16 선고 98다45652판결). 그러나 이런 물건의 경우 통상 대지권등기는 최초 분양받은 사람(수분양자)이나 건축주 명의로 되어있으므로, 대지권등기를 낙찰자에게 이전해 주지 않을 경우 법적절차를 통해 낙찰자 명의로 이전하여야 하는 번거로움은 감수해야 합니다. 또한 수분양자가 토지 부분에 관하여 토지대금을 완납하지 않았을 경우 낙찰 후 그 부분에 관하여 추가

비용이 발생될 수 있으므로 입찰 전에 토지대금 완납여부를 꼼꼼히 확인해야만 합니다.

②토지별도등기

: 토지별도등기란 토지에만 근저당 등 제한물권이 있는 경우를 말합니다. 대부분 건물을 짓기 전 건설회사가 땅을 담보로 설정하고 돈을 빌려 집합건물을 건축하게 되고, 건축 이후 저당을 풀고 각 세대별로 토지등기를 해줘야 하는데 그렇지 못할 경우 토지와 건물의 권리관계가 일치하지 않게 됩니다. 이런 경우에 건물등기부상 '토지별도등기 있음'이라고 표기됩니다.

본래 집합건물은 토지와 건물을 일체로 거래하도록 되어있으나 토지의 채무가 남아 있는 경우 '토지별도등기 있음' 기재로 불완전한 건물임을 표시해두는 것입니다. 하지만 그렇더라도 이 부분이 크게 문제되지 않습니다. 이와 같은 부동산이 경매로 매각될 경우, 구분건물을 경락받더라도 토지의 저당권 및 채권들은 경락 후 배당받고 소멸되는 것이 대부분입니다. 즉, 토지 채권자로 하여금 채권신고를 하게 하여 낙찰 금액 중 구분건물의 대지권 비율에 해당하는 금액을 배당하여 주고 토지저당권 및 가압류 등을 말소시키는 것인데, 실무에서는 별도로 배당요구를 하지 않아도 배당을 해주고 있습니다. 이런 물건에서 주의해야 할 것은 토지의 채권자가 있고, 동시에 해당부동산에 대항력이 있는 임차인이 있는 경우 토지채권자에게 배당 되어도 임차인이 모든 금액을 배당받을 수 있는지의 여부를 확인하여야 합니다. 임차인이 배당받지 못한 보증금은 낙찰자가 추가로 인수를 해야 하기 때문입니다.

전소유자의
가압류 (=할아버지 가압류)

전 소유자의 선순위가압류가 낙찰을 받고 소멸이 되는지에 대한 정확한 판단을 내리지 못하는 경우가 많다. 왜냐하면 경매법원의 실무지침과 등기예규가 서로 혼동되어 상반된 의견이 나왔기 때문이다. 이렇게 애매한 경우엔 예전에 나온 판례를 보면 더욱 헷갈리므로 최신판례를 기준삼아 이론을 정립하자(소개하는 사례는 선순위가압류를 간과하고 입찰하여 낙찰자가 다시 소유권을 빼앗기는 경우이므로 주의를 기울일 필요가 있다).

서울 ○○구 ○○동의 단독주택이 경매와 공매가 동시에 진행되었다. 그런데 경매에선 28억 6,000만 원에 낙찰이 되었고, 공매는 14억 500만 원에 낙찰이 되었는데 공매낙찰자가 2005.5.23.에 잔금을 납부하여 경매는 기각이 되었다(경매가 기각되었으므로 경매낙찰자는 입찰보증금을 법원에서 반환받았을 것이다).

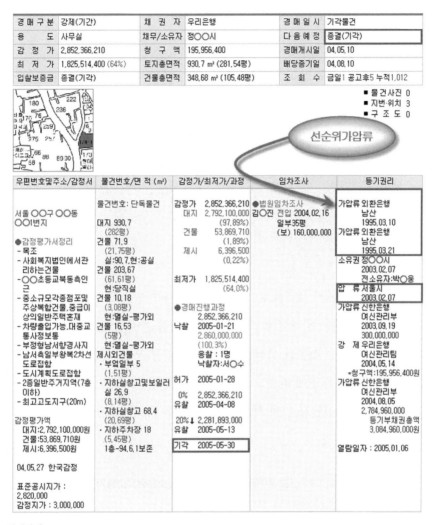

경 매 구 분	강제(기간)	채 권 자	우리은행	경 매 일 시	기각물건
용 도	사무실	채무/소유자	정○○시	다 음 예 정	종결(기각)
감 정 가	2,852,366,210	청 구 액	195,956,400	경매개시일	04,05,10
최 저 가	1,825,514,400 (64%)	토지총면적	930,7 ㎡ (281,54평)	배당종기일	04,08,10
입찰보증금	종결(기각)	건물총면적	348,68 ㎡ (105,48평)	조 회 수	금일1 공고후5 누적1,012

■ 물건사진 0
■ 지번·위치 3
■ 구 조 도 0

선순위가압류

우편번호및주소/감정서	물건번호/면 적 (㎡)	감정가/최저가/과정	임차조사	등기권리
서울 ○○구 ○○동 ○○1번지 ●감정평가서정리 - 목조 - 사회복지법인에서관리하는건물 - ○○초등교북동측인근 - 중소규모각종점포및 주상복합건물, 중급이 상의일반주택혼재 - 차량출입가능,대중교 통사정보통 - 부정형남서향경사지 - 남서측일부왕복2차선 도로접함 - 도시계획도로접함 - 2종일반주거지역(7층 이하) - 최고고도지구(20m) 감정평가액 대지:2,792,100,000원 건물:53,869,710원 제시:6,396,500원 04,05,27 한국감정 표준공시지가 : 2,820,000 감정지가 : 3,000,000	물건번호: 단독물건 대지 930,7 (282평) 건물 71,9 (21,75평) 실:90,7,현:공실 건물 203,67 (61,61평) 현:당직실 건물 10,18 (3,08평) 현:멸실-평가외 건물 16,53 (5평) 현:멸실-평가외 제시외건물 · 부엌일부 5 (1,51평) · 지하실창고및보일러 실 26,9 (8,14평) · 지하실창고 68,4 (20,69평) · 지하주차장 18 (5,45평) 1층-94,6,1보존	감정가 2,852,366,210 대지 2,792,100,000 (97,89%) 건물 53,869,710 (1,89%) 제시 6,396,500 (0,22%) 최저가 1,825,514,400 (64,0%) ●경매진행과정 2,852,366,210 낙찰 2005-01-21 2,860,000,000 (100,3%) 응찰 : 1명 낙찰자:서○수 허가 2005-01-28 0% 2,852,366,210 유찰 2005-04-08 20%↓ 2,281,893,000 유찰 2005-05-13 기각 2005-05-30	●법원임차조사 김○진 전입 2004,02,16 일부35평 (보) 160,000,000	가압류 외환은행 남산 1995,03,10 가압류 외환은행 남산 1995,03,21 소유권 정○○시 2003,02,07 전소유자:박○웅 압 류 서울시 2003,02,07 가압류 신한은행 여신관리부 2003,09,19 300,000,000 강 제 우리은행 여신관리팀 2004,05,14 *청구액:195,956,400원 가압류 신한은행 여신관리부 2004,08,05 2,784,960,000 등기부채권총액 3,084,960,000원 열람일자 : 2005,01,06

실전사례

그렇다면 이 사건의 포인트는 1995년 전소유자 박○웅을 상대로 외환은 행의 선순위가압류(836,657,388원)가 배당이 되어 말소가 되는지 아니면 공매 낙찰자에게 인수가 되는지 여부이다.

우선 경매법원의 업무지침에 대해 알아보자.

민사집행 실무제요 Ⅱ

부동산에 다른 선순위의 부담이 없는 상태에서 가압류등기 후 소유권이 이전
되어 현소유자의 채권자가 경매신청을 하여 매각이 된 경우 전소유자에 대한 가
압류는 말소되어야 하고 다만 그 가압류권자에 대한 배당액은 공탁하여야 한다
는 견해와, 위 가압류채권자는 배당에 가입할 수 없으므로 그 가압류등기는 말소
할 수 없고 또한 현소유자 명의의 이전등기도 말소할 수 없다는 두 가지 견해가
있는데, 전자의 견해에 의하는 것이 타당하다.

위 의미를 풀어서 해석해보면 낙찰 후 선순위가압류 금액만큼 배당을 하
고 말소해야 된다는 전자의 의견과 선순위가압류는 배당에 참가하지 못하므
로 말소가 안 되고 소유권 이전등기도 불가하다는 후자의 의견이다. 그런데
실무에선 전자의 의견에 따르도록 권유하고 있는 것이다.

좀 더 정확한 판단을 위해 최근 대법원판례를 확인해보자.

대법원 2007.4.13. 선고 2005다8682 판결 【소유권말소등기】
[공2007.5.15.(274),686]

【판시사항】
선순위 가압류등기 후 목적 부동산의 소유권이 이전되고 신소유자의 채권자가
경매신청을 하여 매각된 경우, 위 가압류등기가 말소촉탁의 대상이 되는지 여부
의 판단 기준

부동산에 대한 선순위가압류등기 후 가압류목적물의 소유권이 제3자에게 이전되고 그 후 제3취득자의 채권자가 경매를 신청하여 매각된 경우, 가압류채권자는 그 매각절차에서 당해 가압류목적물의 매각대금 중 가압류결정 당시의 청구금액을 한도로 배당을 받을 수 있고, 이 경우 종전 소유자를 채무자로 한 가압류등기는 말소촉탁의 대상이 될 수 있다. 그러나 경우에 따라서는 집행법원이 종전 소유자를 채무자로 하는 가압류등기의 부담을 매수인이 인수하는 것을 전제로 하여 위 가압류채권자를 배당절차에서 배제하고 매각절차를 진행시킬 수도 있으며, 이와 같이 매수인이 위 가압류등기의 부담을 인수하는 것을 전제로 매각절차를 진행시킨 경우에는 위 가압류의 효력이 소멸하지 아니하므로 집행법원의 말소촉탁이 될 수 없다. 따라서 종전 소유자를 채무자로 하는 가압류등기가 이루어진 부동산에 대하여 매각절차가 진행되었다는 사정만으로 위 가압류의 효력이 소멸하였다고 단정할 수 없고, 구체적인 매각절차를 살펴 집행법원이 위 가압류등기의 부담을 매수인이 인수하는 것을 전제로 하여 매각절차를 진행하였는가 여부에 따라 위 가압류 효력의 소멸 여부를 판단하여야 한다.

대법원은 집행법원이 소멸주의를 채택하여 선순위가압류 채권을 배당하는 경우 가압류는 말소가 되고, 인수주의를 채택하여 매각절차를 진행시킨 경우엔 선순위가압류 채권은 배당에서 제외되고 말소도 되지 않는다는 입장을 취하고 있다. 결론은 집행법원 절차에 따라 결과가 달라질 수 있다는 얘기다.

즉, 낙찰자는 입찰물건의 매각물건명세서의 특별매각조건을 반드시 확인하여 선순위가압류를 인수해야 한다는 조건이 없으면 집행법원이 소멸주의를 채택한 것이므로 안전하다고 판단해도 될 것이고, 그것도 불확실하다면 해당 경매계로 문의를 하여 선순위가압류의 배당가능여부를 확인하고 입찰하면 된다.

이게 얼마나 중요한 사안인지 앞서 그림에 소개했던 공매낙찰자의 배

배분순위	채권자	권리관계	등기부상 설정금액(원)	배분금액(원)
1	공매행정비	체납처분비	20,003,150	20,003,150
2	서울특별시	지방세	108,532,020	108,532,020
3	종로구	지방세	10,528,120	10,528,120
4	우리은행	압류채권자	734,995,302	41,583,210
4	신한은행	가압류채권자	2,784,964,986	395,998,440
4	신한은행	가압류채권자	2,356,691,832	500,105,210
4	신한은행	가압류채권자	1,204,684,007	251,855,530
4	(주)더불어사는집	가등기(임차인)	200,000,000	42,441,290
4	소외 3	임차인	160,000,000	33,953,030
?	합계	?	7,580,399,417	1,405,000,000

당표를 확인해보자.

참고로 이 부동산의 공매매각공고엔 '말소되지 않는 선순위가압류는 매수인에게 인수 됨'이라고 기재하며 공매절차에서 '인수주의'를 채택하였다.

과연 공매낙찰대금 14억 500만 원이 어떻게 배당이 되었을까?

위의 배당표를 확인하면 알 수 있지만 외환은행의 선순위가압류에겐 한 푼도 배당되지 않았다. 그 결과 외환은행의 선순위가압류는 등기부등본에서 말소가 안 되었다.

즉, 아직 외환은행의 가압류가 유효하다는 것이다.

황당하게도 공매로 낙찰 받은 낙찰자에게 외환은행이 선순위가압류를 원인으로 또 다시 강제경매를 진행시켰다.

낙찰자는 강제집행정지신청을 하고 본안소송을 제기했지만 패소했고 공매의 다른 채권자들을 상대로 손해배상청구소를 했지만 그 역시 패소하였다.

소 재 지	서울특별시 ○○구 ○○동 ○○1					
물건종별	예정물건	감 정 가		0원	[경매 예정 물건]	
토지면적		최 저 가		0원		
건물면적		보 증 금		(10%) 0원		
매각물건		소 유 자	윤○현,사회복지○○○산			
사건접수	2005-08-11(신법적용)	채 무 자	정○○시			
입찰방법	기일입찰	채 권 자	한국외환은행			
참고사항	○○동 ○○9					

토지이용계획열람

⬛ 임차인현황 [배당요구종기일 : 2005-11-30]

	⬛ 등기부현황	권리종류	권리자	채권최고액	비고	소멸여부
1	2005.08.12	강제경매	한국외환은행	청구금액 : 836,657,388원	2005타경○○3	

　　법원은 낙찰자가 선순위가압류를 인수할 목적으로 낙찰 받았다고 판단을 했기 때문이다(선순위가압류를 쉽다고 간과하면 낙찰 받고 황당하게 다시 경매를 당하는 수도 있다).

　　따라서 선순위가압류가 있는 부동산에 입찰 전에 경매법원에서 '소멸주의'와 '인수주의'에서 어느 것을 택했는지 확인하고 입찰을 해야 한다. 만약 인수주의를 택했을 경우 매각물건명세서에 기재해두므로 그 부분만 확인해보면 된다.

리모델링의
기술

부동산 투자에서

이론만으로는 수익을 올릴 수 없다

　필자가 처음 부동산의 세계를 접한 것은 사회생활을 시작하고 난 이후부터다. 처음 공부를 시작할 때는 전문 서적을 몇 권 읽으면 번쩍하고 세상 돈의 흐름을 모두 꿰뚫어 볼 수 있을 것이라 여겼지만 막상 여러 권의 책을 읽고 나서도 부동산 지식은 여전히 부족했고 실전 투자를 시작하려고 해도 감이 오지 않았다. 부동산 분야가 이렇게 어려운 것인가? 아니면 내가 무언가를 놓치고 있는 것일까? 공부를 할수록 잡다한 생각만 들었고 그러다 자신감을 잃어버려 공부를 그만두었다가 또 누군가 돈을 벌었다는 소식을 들으면 잠깐 자극을 받아 다시 책을 펼치는 과정만 반복할 뿐이었다.

　허나 지금에 와서 돌이켜보면 몇 권의 책을 읽는 것보다 직접 부동산을 찾아가 그 지역 부동산 전문가나 먼저 부동산 투자를 한 선배님들과 이야기를 나누고 현장을 뛰어다녔다면 아마도 더 빠른 시기에 부동산 투자를 시작했을 것이고 나의 투자 감각을 진화시킬 수 있지 않았을까 하는 생각이 든다. 부동산은 절대 이론만으로 투자수익을 거둘 수 없다. 실전에 부딪쳐야 어떠한 이론을 공부해야 할지에 대한 계획도 서는 법이다.

실망스런 경매펀드

수년 전 모 증권사를 통해 경매펀드가 출시되었던 때가 있었다.

많은 투자자들이 새로운 부동산 펀드 상품에 많은 기대를 걸고 투자를 했었다. 약 1,500억 원 정도의 펀드 설정액이 모집 공고일로부터 겨우 3일 만에 모두 팔렸다. 많은 사람들이 부동산 경매에 대해 좋은 인식을 갖고 있다는 것을 유추할 수 있었다. 그러나 이 펀드는 기대와는 달리 투자자들에게 실망만을 안겨주었다. 이는 펀드에서 매입했던 부동산이 변변치 못했고 사후관리 역시 미비했기 때문이다. 상품이 발매된 시기가 부동산의 하락장도 아닌 상승장이었고, 부동산 경매를 통해 수많은 개미 부자들이 탄생했다는 소식이 들려올 때였으므로 더 아쉬움이 컸다.

대체 왜 이렇게 실망스런 결과가 나온 것일까?

이는 부동산 경매는 책상에 앉아서 머리와 펜대만 굴리면서 투자할 수 있는 분야가 절대 아니라는 것을 여실히 보여준 결과라 하겠다. 즉 부동산 펀드를 운용하는 운용자의 실전 경험과 능력이 부족했기에 이러한 결과가 나온 것이다. 운용자의 능력이 얼마나 중요한지 드러나는 대목이다. 경매는 감정가격 200억 원의 물건을 150억 원에 낙찰 받았다고 해서 수익을 낼 수 있는 것이 절대 아니다. 만약 이 펀드가 만족스러운 수익을 투자자들에게 안겨주고 성공적으로 끝마쳐졌다면 현재 직장인 대부분이 가입한 적립식 펀드처럼 부동산 투자도 간접투자문화가 정착될 수 있었을 것이란 생각이 들어 참으로 아쉬움이 많이 남는다.

부동산에 대한 처방전

베테랑 의사가 환자의 상태를 진료하여 적절한 시술과 필요한 약을 처방하는 것처럼 베테랑 경매투자자는 입찰할 부동산을 보고 난 후 어떻게 하면 가치를 최대한 올릴 수 있을지 효과적인 리모델링 처방전(?)을 내릴 수 있어야 한다. 다시 말해 낙찰자는 건물의 내부와 외부를 효과적으로 바꿀 수 있는 능력을 키워야 한다는 것이고 이것은 산뜻한 미적 감각이 요구된다. 효과적인 리모델링은 허름한 부동산에 또다시 생명력을 불어넣을 수 있으며 투자자에게 만족할만한 수익을 안겨줄 수 있다.

경매 진행되는 부동산은 소유자의 채무과다나 상가의 입지가 워낙 좋지 않아서 다시 말해 상권형성이 어렵기 때문인 경우도 있지만, 이와는 반대로 부동산 물건은 좋은데 소유자의 영업수완이 부족하여 장사가 잘 되지 않아 경매로 나오는 경우도 있다(이런 물건은 기회가 될 수 있다).

그리고 이러한 물건은 낙찰자의 역량에 따른 마케팅 전략이나 리모델링을 통해 영업수익을 얼마든지 높일 수 있다.

필자는 경매를 전업으로 하기 전 사업(장사)를 하려고 생각했던 적이 있었기에 음식점 등 가게나 상가에 가게되면 그 곳의 장단점을 체크하고 메모하는 습관이 있다. 이런 작은 습관과 더불어 틈틈히 사업에 관련된 서적을 읽고 그 원리를 공부했었기에 실제 장사를 하진 않았어도 경매로 나온 상가물건을 임장할 때 많은 도움이 되었다. 하여 다른 이에게는 치유하기 힘든 하자가 필자에게는 오히려 그것을 해결하여 수익을 올릴 수 있는 기회가 된 경우가 있었다.

모텔 낙찰기

모텔 역시 입찰 전에 시세를 가늠하기가 매우 어려운 물건이다.

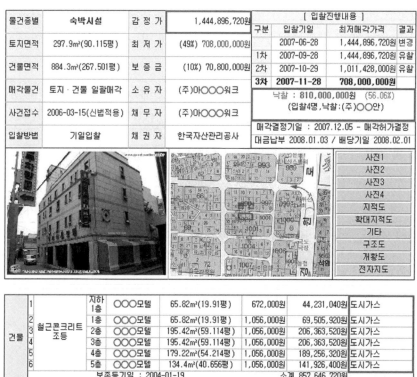

물건종별	숙박시설	감정가	1,444,896,720원		[입찰진행내용]		
토지면적	297.9m²(90.115평)	최저가	(49%) 708,000,000원	구분	입찰기일	최저매각가격	결과
					2007-06-28	1,444,896,720원	변경
건물면적	884.3m²(267.501평)	보증금	(10%) 70,800,000원	1차	2007-09-28	1,444,896,720원	유찰
매각물건	토지·건물 일괄매각	소유자	(주)아○○○워크	2차	2007-10-29	1,011,428,000원	유찰
				3차	2007-11-28	708,000,000원	
사건접수	2006-03-15(신법적용)	채무자	(주)아○○○워크	낙찰 : 810,000,000원 (56.06%)			
				(입찰4명,낙찰:(주)○○안)			
입찰방법	기일입찰	채권자	한국자산관리공사	매각결정기일 : 2007.12.05 - 매각허가결정			
				대금납부 2008.01.03 / 배당기일 2008.02.01			

사진1
사진2
사진3
사진4
지적도
확대지적도
기타
구조도
개황도
전자지도

건물	1	철근콘크리트 조등	지하1층	○○○모텔	65.82m²(19.91평)	672,000원	44,231,040원 도시가스
	2		1층	○○○모텔	65.82m²(19.91평)	1,056,000원	69,505,920원 도시가스
	3		2층	○○○모텔	195.42m²(59.114평)	1,056,000원	206,363,520원 도시가스
	4		3층	○○○모텔	195.42m²(59.114평)	1,056,000원	206,363,520원 도시가스
	5		4층	○○○모텔	179.22m²(54.214평)	1,056,000원	189,256,320원 도시가스
	6		5층	○○○모텔	134.4m²(40.656평)	1,056,000원	141,926,400원 도시가스
		보존등기일 : 2004-01-19				소계 857,646,720원	
제시외건물	1	철근콘크리트	지하	물탱크실	25.6m²(7.744평)	300,000원	7,680,000원 매각포함
	2		옥탑	계단실등	22.6m²(6.836평)	600,000원	13,560,000원 매각포함
		제시외건물 포함 일괄매각				소계 21,240,000원	
감정가	대일에셋감정 / 가격시점 : 2006-04-11					합계 1,444,896,720원	일괄매각
현황위치	* ○○초등교 남동측 인근에 위치, 주위는 숙박시설, 업무시설, 대중음식점등 각종 유흥시설이 밀집						
	* 본건까지 차량접근이 용이, 인근에 버스정류장이 소재, 제반 대중교통수단은 보통						
	* 가장형의 평지, 북측으로 로폭 약6미터, 동측,서측으로 로폭약3미터의 도로에 접함						

[토지이용계획열람] [감정평가서] [점유관계조사] [매각물건명세] [문건접수내역] [건물등기부] [토지등기부1]

[토지등기부2] [입찰가분석표]

🔒 임차인현황		* 말소기준권리 :2004.01.19 * 배당요구종기 :2006.07.10	보증금액 / 차글세 or 월세	대항력여부	배당예상금액	예상배당표
박○현	영업소 전부 (방30칸)	사업자등록:2006.02.09 확 정 일:2006.02.10 배당요구일:2006.05.25	보125,000,000원 월300,000원	없음	배당순위있으나 순위늦어 배당여부불투명	*환산보증금: 15,500만원

　더군다나 장사가 시원치 않은 곳이라면 인근 중개업소를 방문한다고 해도 시세에 대해 명쾌한 답변을 듣지 못할 것이다. 2007년 겨울 비교적 깔끔한 외관의 모텔이 경매로 나왔다. 현장조사를 해보니 대형나이트 클럽과 유

홍주점 장사가 잘되는 지역에 있어 어느 정도 상권이 형성 된 지역이었고 주위에 이 물건 외 많은 모텔들이 즐비하게 들어서 있는 이른바 모텔촌 안에 위치하고 있었다.

경매로 낙찰 받은 이 모텔의 영업상황은 평일에 방 2~3개 정도만 손님이 들어오는 수준이었다. 모텔에 총 30개의 방이 있었는데 평일에 겨우 2~3개의 방 정도만 손님이 입실한다는 것은 기존 임차인의 영업력이 거의 제로에 가까운 수준이라는 뜻이다.

이 모텔은 철근콘크리트로 지어졌고 외관도 대리석으로 깔끔하게 마무리되어 경매로 진행되는 물건치곤 괜찮은 편에 속했다. 또한, 2004년에 준공된 신축건물이었고 게다가 기름보일러가 아닌 도시가스로 시공되어 있었다(기름보일러는 도시가스와 비교해 볼 때 겨울에 더 많은 유지비가 소요된다). 무엇보다 내 맘에 든 것은 영업을 할 수 있는 방이 무려 30개나 된다는 점이었다(다가구와 단독주택도 가구 수가 많은 것이 임대수익률이 더 좋은 것처럼 모텔도 영업을 할 수 있는 방 개수가 많을수록 수익률이 좋아지므로 나는 기왕이면 방이 작더라도 개수가 많은 것을 선호한다).

하지만 이렇게 좋은 물건도 영업이 제대로 안된다면 이자부담을 이겨낼 순 없다. 등기부등본을 확인해보면 저축은행의 10억(채권최고액은 13억 원이나

1	2004.01.19 (5034)	소유권보존	(주)마○○○워크		구,(주)주○○○크	소멸
2	2004.01.19 (5035)	근저당	에이치케이상호저축은행	1,300,000,000원	말소기준등기	소멸
3	2004.03.08	소유권이전 청구권가등기	강○숙		매매예약	소멸
4	2005.05.30	압류	강남세무서			소멸
5	2006.01.02	가압류	이○옥	5,473,740원		소멸
6	2006.03.21	임의경매	에이치케이상호저축은행	청구금액 : 1,301,933,498원	2006타경○○0	소멸
7	2006.04.07	압류	서울특별시		세무과-7739	소멸
8	2006.04.26	가압류	김○현	30,700,000원		소멸
9	2006.05.24	가압류	이○옥외10	50,500,000원		소멸

은행은 보통 실 융자금*130%를 설정하므로 원금을 가늠할 수 있다)에 대한 근저당과 압류와 가압류 등이 덕지덕지 붙어있는 것을 확인할 수 있다.

그런데 세심하게 등기부등본을 살펴보니 모든 채무를 합해도 필자가 현장조사를 하며 확인되었던 모텔의 매매가격에 비하면 그리 큰 금액이 아니었다. 즉, 이 모텔이 많은 채무 때문에 경매에 진행되었다고 단정 지을 수 없다는 것이다. 나중에 사연을 들어보니 이 모텔이 처음 지어졌을 땐 주위에 동일업종이 없었지만 바로 이 모텔 맞은편에 2배 크기의 더 큰 모텔을 포함하여 대형 모텔이 우후죽순 생겨나면서 장사가 시원치 않게 되었다고 했다. 게다가 대형모텔들은 건물의 외관도 훨씬 멋지고 내부시설과 옵션이 더 고급이어서 낙찰 받은 모텔과는 비교가 되지 않을 수준을 겸비하고 있었다.

상가 매출과 명도의 난이도는 반비례 한다

낙찰을 받고 모텔을 방문했다. 노부부가 영업을 하고 있었는데 이미 많이 지친 듯 했고 모텔영업에 대한 기대조차 없어보였다. 처음 방문한 필자에게 예전에는 장사가 잘 되었는데 최신 시설을 갖춘 큰 모텔들이 들어서면서 어려워지기 시작했다는 푸념을 하셨다. 장사도 안 되고 영업수익도 크지 않아서 노부부는 이미 마음속으로 지긋지긋한 이곳을 떠날 채비를 끝내고 있었다. 멋진 새 차는 주인에게 매일매일 세차를 받으며 사랑받지만 세월이 지나 잔고장이 많은 차는 푸념만 듣기 일쑤고 버림받을 준비를 해야 한다. 오히려 잘 되었다고 생각했다. 만약 모텔 장사가 잘 되었다면 명도가 꽤 힘들었을 것이다(점유자 입장에서는 명도를 몇 개월 지연하면 그만큼 영업이익을 추가로 얻을 수 있으므로…). 적절한 이사비를 지급하고 모텔 내부의 집기들 일체(침대, TV, 에어컨, 드라이 등 유체동산)를 양수받았다. 명도는 입찰 전에 생각했던 것 보다 훨씬 수월했다. 노부부께 예의를 갖추고 대했기 때문에 숙박업에 관한 영업자 지위승계까지 원활하게 마칠 수 있었다(매너가 깔끔한 점유자를 만나는 것도 낙찰 자 운이다).

리모델링

2008.1.3.에 잔금을 치른 후 22일(2008.1.25.)만에 초스피드로 명도를 마쳤다. 그러나 이 모텔은 이제부터가 시작이었다. 우선 현 상태의 문제점을 파악하여 제대로 된 처방전을 내려야 했다. 사실 모텔 리모델링은 아파트나 빌라 내부를 공사하는 것보다 더 많은 비용이 지출되므로 더욱 신중하게 판단해야 했다.

우선 우리 모텔의 영업상황을 지켜보니 주변 모텔의 모든 방이 다 찬 후에야 손님이 들어오기 시작하는 수준이었다. 즉 다른 모텔의 빈방이 없을 시각, 약 2~3시나 되어야 그것도 만취손님이 2~3팀 들어오는 수준이었다. 갈 곳이 없어서 어쩔 수 없이 들어오는 사람밖에 없었다.

이렇게 장사가 심하게 안 되는 이유는 쉽게 찾을 수 있었다.

간판 불을 켠 사진을 보면 답을 알 수 있다.

밤이 되어 간판조명을 켰을 때 낮에는 멀쩡했던 모텔이 거의 귀곡산장 수준으로 변했다. 오히려 대낮에 대리석으로 있는 모습이 훨씬 나아보였다. 모텔의 얼굴 격인 간판은 군데군데 조명이 나갔고 외곽라인을 싸구려 전선으로 돌렸는데 그것도 중간에 끊긴 상태여서 차라리 없는 것이 훨씬 나을 듯했다. 또한 전체적으로 모텔외부의 조명이 너무 어두워서 밖에 서서 보면 3류 여인숙처럼 보였다. 정말 멀쩡한 손님이라면 이 모텔로 절대 발길을 돌리지 않을 듯했다.

낙찰 받은 후 모습

경매투자자는 허름한 부동산을 보고 어떤 방향으로 리모델링해야 할지 정확히 판단할 수 있어야 한다. 예전에 한참동안 유행했던 '러브하우스'라는 TV프로그램에서 장사가 안 되는 영세한 상가나 비좁고 허름한 주택인데도 공간을 최대한 활용하고 미관을 살려 전혀 다른 모습으로 탈바꿈시켰던 것을 기억할 것이다.

리모델링을 하는 것은 꼭 건축전문가가 아니더라도 공사업자에게 제대로 지시를 내릴 수 있는 수준이면 가능하다. 사실 난 손재주가 없어서 못질도 서투른 편이다. 그리고 무엇보다 중요한 것은 최소한의 공사비용으로 최대의 효과를 내는 것이다. 리모델링에 너무 많은 비용이 지출되어도 제대로 된 처방전은 아니라고 생각한다.

모텔에 오는 손님들은 대부분 저녁에 입실한다. 여름날 저녁 형광등에 끌리는 불나방처럼 손님들도 화려한 모텔 불빛에 현혹되어 들어오는 것이다. 그러므로 일단 모텔의 외부는 무조건 밝고 화려해야 한다고 판단했다. 기존에는 벽에 돌출간판 1개만 외롭게 매달려 있었지만 필자는 새로운 돌출간판 뿐 아니라 어두운 모텔외벽을 채우기 위해 추가로 4개의 간판을 주문해서 주차장입구까지 간판을 설치했다. 간판사장님과 맘에 드는 간판이 될 때까지 계속해서 메일을 주고받으며 수정했다.

간판 뿐 아니라 흰색과 파란색 네온등 250개를 추가로 주문하여 모텔 외벽을 따라서 달아 달라고 했다. 간판 사장님께서 너무 주문이 많아 힘들다고 하셔도 크레인 비용을 추가로 지급해가면서까지 모텔 외관을 바꾸려고 했다.

메일로 주고받은 간판시안

그리고 노력 끝에 드디어 내가 구상했던 대로 모텔의 얼굴이 바뀌었다.

간판과 추가조명 모두 필자가 직접 디자인하고 골랐다.

공사를 모두 마치고 조명을 켜는 순간 현장에 있던 지인들 뿐 아니라 시공했던 사람들까지도 모두 놀라워했다. 더욱 기분이 좋은 것은 이렇게 공사를 하는데 많은 비용이 투입되지 않았다는 것이다. 다른 모텔의 화려한 돌출간판 1개 수준보다 더 저렴한 비용이었다.

외관을 고쳤으니 이제 두 번째로 건물내부를 손봐야 했다. 겉만 화려하게 해놓는다면 입실한 손님들의 역성을 들을 것이 분명하고 화려한 겉모습에 한 번은 속아서 와도 절대 재방문은 하지 않을 것이다.

카운터 옆에 보일러실로 연결되는 계단을 보니 도시가스 배관이 그대로

〈조명 교체 후〉

드러나 있었고 잡다한 집기와 짐들이 쌓여져 있었다. 이는 입실하는 손님들이 미간을 찌푸릴 만한 수준이었다. 게다가 바닥도 딱딱한 시멘트 바닥이어서 낭만(?)을 꿈꾸며 입장하는 손님들이 어떤 기분이 들었을지 절로 상상이 되었다. 그리고 복도에 화려한 장식은커녕 카페트조차 깔려 있지 않고 칙칙했다.

방 내부를 들어가면 더욱 가관이었다. 내부는 베이지색 계통의 도배와 밝은 형광등으로 마치 평범한 아파트의 거실분위기 같았다. 베이지색 도배지는 때가 잘 안타서 노인들이 선호하는 계열인데 아마도 노부부 역시 이런 이유로 선택했을 것이라 생각했다.

방 내부사진 1

모텔 계단(보일러실)

방 내부사진 2

내부공사 전

모텔에 입실하는 손님들은 뭔가 근사한 분위기를 원할 것이 분명한데 이 모텔은 밖은 어두침침하고 내부는 평범한 아파트 거실수준이었으니 모텔을 둘러본 후에는 그나마 리모델링 전에 2~3팀의 손님이 들어오는 것도 황송하다고 여길 따름이었다.

곧바로 내부 공사를 시작했다.

보일러실로 내려가는 계단은 문을 만들어서 지저분한 부분은 가리고 폭신한 카페트를 카운터 입구에 깔았다. 방 도배지는 깨끗한 편이어서 천정은 그대로 두고 벽만 포인트 벽지와 꽃 도배지로 화사하고 황홀한(?) 분위기를 만들어 보았다. 그리고 환한 형광등을 떼어내어 조명커버를 씌우고 무드 등을 교체하는 것으로 내부 분위기를 살려 보았다. 벽지와 조명을 고르는 일은 생각보다 쉽지 않았으나 주의를 기울여 설치하였고 그 결과 이 두 가지만으로도 방 내부가 180도 바뀐 매혹적인 분위기를 연출 할 수 있었다.

방 내부사진 1

모텔 계단(보일러실)

방 내부사진 2

내부공사 후

사진에서는 조명이 환해서 도배지상의 무늬가 눈에 도드라져 보이지만 무드등을 예쁜 것으로 교체했기에 켜놓으면 제법 운치가 있었다.

뿐만 아니라 수건, 이불 등 손님들 피부에 직접 닿는 것은 제일 좋은 제품으로 교체했고 수건도 넉넉하게 비치했다(리모델링 비용은 예상보다 저렴하게 마무리했다).

추가공사를 했음에도 모텔 입실 비용을 인근대형모텔보다 5천원 저렴하게 받았고 추가로 서비스를 제공하여 한 번 이 모텔에 입실했던 손님은 다른 모텔보다 저렴하고 편안하다고 느낄 수 있게끔 하였다.

그 결과 우리 모텔의 영업 성적이 쑥쑥 향상되었다.

낙찰 이전에는 평일 2~3개의 방만 찼으나 리모델링 후 평일에 13개의 방에 손님이 입실했고 금요일과 토요일엔 모든 방을 꽉 채울 수 있었다. 그리고 나중에는 오히려 우리 모텔 주변의 대형모텔보다 더 일찍 손님이 차기 시작했다.

상가는 외형이 훌륭해서 높은 가격을 받는 것이 아니고 영업이 잘 되어야만 그 가치를 인정받는다. 그런데 우리 모텔 건물이 겉보기에도 좋고 게다가 장사까지 잘 되면 매매도 당연히 높은 가격에 이루어지지 않겠는가. 모텔의 경우 매출과 매매가격이 연동되므로 매출이 올라갈수록 매매가격은 계속해서 상승한다.

비단 이 물건 뿐 아니라 빌딩과 다가구주택도 효과적으로 리모델링하여 좋은 상품으로 만들어서 많은 수익을 남길 수 있는 금액으로 매매하였다.

즉 필자가 하고 싶은 말은 "부동산의 시세는 부동산중개업소에서 정하는 것이 아니라 영업이익을 높이거나 리모델링을 통해서 투자자가 만드는 것이다. 다시 말해 리모델링 기술과 상상력이 좋으면 남들이 놓치는 부분을 잡아 기회로 만들 수 있다"라는 것이다.

조급증을 버려라

요즘 경매장에 다녀오는 많은 투자자들이 혀를 끌끌 차는 경우를 자주 본다.

"아니 저 가격에 가져가서 뭐 어쩌자고 그러는 거야?"
"더 싼 급매물도 있는데…."
"경매도 맛이 갔군."

언제부턴가 경매법정에서 쉽게 들을 수 있는 말들이다. 2008년 금융위기와 2012년 유럽발 재정위기로 인해 국내 부동산 시장에서도 투자심리가 위축되었지만 이런 조건에서도 주거형 물건의 경우 위와 같은 상황들이 종종 발생한다(이러니 호황기에는 오죽 하겠는가).

그리고 실제로 고가 낙찰된 부동산이 소재한 인근 중개업소에 방문을 해보면 인터넷에 올라와 있는 시세보다 싼 매물이 있는 경우가 많다(예전엔 중개업소 홈페이지 방문자의 시선을 끌기 위해 시세보다 싸게 보이는 미끼, 허위(?)매물을 올려놓는 경우도 많았지만 요즘은 시세보다 높게 올려놓은 경우도 많아졌다).

대체 왜 이런 현상이 발생하는 것일까?

현재 직장이 있는 사람들이 본인의 업무가 바쁜 관계로 인터넷으로만 시세조사를 하여 착각하는 것일까? 물론 시세를 오인하고 입찰하는 경우도 있다. 고가낙찰로 인한 대금미납사례도 많아졌으니 말이다.

하지만 고가낙찰의 또 하나의 이유는 수익을 너무 낮게 책정하고 들어가는 사람들도 많아졌기 때문이다.

예전엔 주거형 물건 한 건을 낙찰을 받았을 경우 1,000~3,000만 원의 수익을 미리 책정하고 입찰했으나 요즘은 300~500만 원의 최저수익을 감안하고 입찰하는 전업(?)투자자들도 생겨났다.

그러나 그런 적은 수익에 포인트를 맞추고 낙찰 받는 투자는 부동산 하락기나 횡보하는 장세라면 경락을 받았어도 손실을 볼 확률도 높다(낙찰 후 추가로 납부해야 하는 대출이자, 명도비, 수리비를 미리 알 수 없기 때문이다).

그런데 이렇게 적은 수익을 책정하고 입찰하는 것은 다음 물건에 대한 낙찰을 기다리지 못하는 인간 본연의 조급증이 작용된 것이라고 할 수 있다.

투자에 대한 조급증을 버려라!

어떤 투자든지 인내심이 없는 자는 제대로 된 수익을 올릴 수 없다.

내가 언급하는 인내심은 여러 가지다.

첫째, 이 물건이 아니면 안 된다는 생각 즉, 미련을 버려야 한다.

현장조사에서 입찰할 물건에 매료되어 다른 것은 보지 않고 반드시 낙찰 받아야 한다는 사람도 있다. 마치 포커에서 초구에 A투페어가 되면 막판까지 레이스를 외치며 플레쉬나 스트레이트에 밟히는 것처럼 말이다(상대방에게 좋은 패가 뜰 수 있는 것처럼 그 물건 주위에 당신이 레이스를 외치는 금액보다 더 저렴한 부동산이 있을 수 있다).

이런 조급증 때문에 단독입찰인데도 무리한 베팅을 하여 낙찰 받은 날에 쓴 소주잔을 기울이는 경우를 자주 보았다. 성공적인 투자를 위해선 이 물건이 아니어도 다른 물건으로 충분한 수익을 올릴 수 있다는 생각을 갖고 마음을 비워야 한다.

둘째, 명도를 할 때 조급증을 버려라.

초보자의 경우 낙찰을 받고 바로 다음날부터 고민에 빠진다. 하루밖에 지나지 않았지만 경매부동산에 살고 있는 점유자를 어떻게 내보낼 것인지 걱정이 앞서는 것이다. 하지만 낙찰자가 점유자에게 조급한 모습을 비추면 오히려 명도는 지연되는 경우가 더 많다.

또한 일반물건은 잔금납부를 하고 인도명령결정이 나오면 낙찰일로부터 늦어도 2-3개월 내에 명도가 가능하지만 유치권, 지분, 대항력 있는 세입자의 경우 여유 있는 게임을 할 준비가 되어 있어야만 빈틈없는 명도가 가능하다.

셋째, 부동산 매매를 할 때 조급증을 버려라.

어떤 사람은 운이 좋아서 낙찰물건의 명도를 마치고 나서 곧바로 매매가 되기도 한다. 하지만 반대로 의외로 매매가 되지 않는 경우도 있다(부동산 투자로 몇 개월 안에 고수익을 장담하는 사람은 오히려 경험이 없는 사람이다).

매도가 지연이 될 때 여유가 있는 사람은 그나마 괜찮지만 낙찰가격의 70-80%대출을 받은 사람은 매달 지불해야 되는 대출이자 때문에 점점 마음이 조급해지기 시작한다.

그래서 거래가 활성화되는 시점에 부동산중개업소의 낮은 가격의 매도권유에 쉽게 던져버리고 그 다음은 올라가는 수익을 보고 후회하며 가슴앓이 하는 사람도 있다.

부동산은 심리적인 영향이 매우 강하므로 한번 거래가 활성화되면 가격은 상상했던 것 이상으로 치솟기 시작한다. 그러면서도 매물은 부족하기에 상승세의 브레이크가 쉽게 걸리지 않는다.

이런 상승장 타이밍을 접하게 되면 투자의 묘미를 제대로 만끽할 수 있는데 이런 묘미를 만끽하는 투자자들은 보통 조급증을 버리고 여유를 갖고 투자하는 사람들이다.

반대로 부동산 투자 시 인내심이 없는 사람은, 3채를 사고팔아도 느긋하게 한 채를 파는 사람보다 수익이 적을 수 있다. 즉, 부동산 투자는 여유를 즐길 수 있는 사람이 큰 수익을 얻는 경우가 많다.

따라서 안정적인 투자를 하려면, 조급증으로 인해 어느 단계든 실수를 범하지 않도록 자신의 마음을 잘 다스려야 할 것이다.

전업투자를 고려중입니다

나름대로 책과 동영상강좌를 통해 경매를 배우고 있는 경매 새내기입니다.

뒤늦게 돈에 대한 소중함을 알았고 경매의 매력에 빠져서 늦게나마 경매에 올인 할까 심각하게 고려중입니다.

제 소개를 간단히 하자면 30대 후반이며 미혼입니다. 외국(뉴욕)에서 7년 정도 유학 겸 생활을 하다 2년 전쯤에 한국으로 돌아와 살고 있습니다. 지금 하는 일은 사진일인데 생계형밖에 되지 못하고 저도 요즘은 힘이 듭니다. 하루 12시간 정도의 업무시간과 주6일을 근무하는 것이 솔직히 너무 시간을 낭비하는 것 같아 많은 고민을 하던 중 경매를 알게 됐고, 지금은 하루하루 경매내공을 높이고 있는 중 입니다. 경매에 제 나머지 삶을 걸까합니다.

저보다 먼저 걸어온 선배이자 선생님으로서 방법 및 경험담을 알려주신다면 훗날에는 그에 대한 보답을 하고 싶습니다.

30대 중반을 보낸 남자가 자신의 직장을 바꾼다는 것은 정말 큰 변화를 선택하는 것입니다. 그래서 더욱 신중하게 고민을 해야 하며 과연 그 세계에서 살아남을 수 있는지 따져봐야 합니다. 경매를 하면 돈을 벌 수 있는 것은 맞습니다. 그러나 성공신화도 있지만 실패를 하는 경우도 있습니다. 즉, 어느 시기에 어떻게 진입하느냐에 따라 선택한 길이 순탄할 수도 있고 아니면 고생이 될 수도 있습니다.

일단 경매로 전업할 경우 매월 고정수입이 없어진다는 것을 감안해야 합니다.

봉급생활자로 매달 200만 원의 급여를 고정적으로 받는 것과 경매를 업으로 하는 것은 큰 차이가 있습니다. 경매를 직업으로 갖는 것은 매달 고정 수입이 없다는 뜻과 같습니다. 저 역시 처음 경매시장에 입문하여 겪었던 어려움입니다. 만약 빌라 한 채를 낙찰 받아서 1,000만 원 정도의 이익이 예상된다고 해도 최소한 그 이익금이 회수될 때까지는 빠르면 6개월에서 1년 정도가 소요됩니다. 또한 낙찰 받은 부동산에 대출을 받았을 경우 매달 이자까지 부담을 해야 합니다.

이런 경우 경매를 통해 부동산을 아무리 싸게 매입했을지라도 매달 이자를 지불할 돈과 생활비가 충분히 없다면 부동산이 매매가 될 때까지 불안한 마음을 갖고 생활하게 됩니다. 또한 고정수입이 없으므로 심적 부담이 크기에 부동산을 좋은 가격이 될 때까지 기다릴 여유가 없어 적은 이익에도 매도를 해버리는 경우도 발생합니다.

따라서 경매로 전업을 하려면 매달 고정수익을 확보하는 것이 우선이라고 생각합니다. 만약 경매와 관련된 직장 즉, 법무사, 변호사 사무실에서 적은 월급이라도 받으면서 경매에 관련된 일을 한다면 더할 나위 없이 좋겠습니다. 컨설팅 사무실에 입사할 경우 단순 업무를 하는 곳보다 체계적으로 배울 수 있는 곳을 선택하는 것이 좋습니다. 하지만 현실적으로 자신의 입맛에 맞는 직장을 찾는 것은 매우 어려울 것입니다. 그래서 마지막 방법으로 수익형 부동산을 보유하신 후에 전업을 하는 방법이 있습니다. 예를 들어 월세가 50만 원씩 나오는 오피스텔이나 상가를 3채 보유했을 경우 매월 150만 원의 수익이 생깁니다. 제 주위에도 직장을 다니면서 한 채 한 채씩 수익형 부동산을 매입하여 현재 자신의 연봉보다 매달 임대수익이 더 많아진 분들도 더러 계십니다. 그런 분들은 경매로 전업을 한다고 해도 마음 편히 투자를 할 수 있을 것입니다.

전업을 하면 경매를 더 잘할 수 있을 것이라 생각이 들겠지만 직장을 유지하면서도 잘할 수 있습니다. 따라서 수익형 부동산 몇 채를 보유하고 그 다음에도 전업에 대한 의지가 확고하다면 경매투자 직업을 가지셔도 좋겠습니다.

유치권
완전정복

Ultimate Auction

유치권자
너희들 대체 어디 있니?

물건검색

　부동산 경매의 기본은 권리분석이다. 그러나 말 그대로 권리분석은 기본일 뿐이다. 실제 수익을 올리려면 현장에 가서 부동산의 가치를 제대로 분석해야 하고 또한 권리관계에 하자가 있는 물건의 경우 해결할 수 있는 능력이 있어야 한다. 경매법원에서 선순위임차인, 유치권 등 하자가 있는 물건에 관해 입찰자에게 제공되는 정보는 매우 일반적인 것이어서 경매고수일지라도 서류만으로 정확한 판단을 내리는 것은 힘들다. 가끔 무모하게 '감'과 여러 가지 '정황'만으로 투자를 하는 사람도 있지만 경매는 큰돈이 투입되는 게임이므로 확실한 해결방안을 얻게 되었을 때 입찰하는 것이 좋다. 3번의 성공보다 1번의 실패로 더 큰 손해를 입을 수도 있기 때문이다. 그래서 권리분석을

물건종별	다세대(빌라)	감정 가	240,000,000원	[입찰진행내용]

물건종별	다세대(빌라)	감정 가	240,000,000원
건물면적	전용73.14㎡(22.125평)	최저 가	(64%) 153,600,000원
대 지 권	57.77㎡(17.475평)	보증금	(10%) 15,360,000원
매각물건	토지·건물 일괄매각	소유자	박○배
사건접수	2008-04-14(신법적용)	채무자	박○배
입찰방법	기일입찰	채권자	○○○동 새마을금고

[입찰진행내용]

구분	입찰기일	최저매각가격	결과
1차	2008-09-22	240,000,000원	유찰
2차	2008-11-03	192,000,000원	유찰
3차	2008-12-15	153,600,000원	

낙찰 : 153,600,000원 (64%)
(입찰1명,낙찰:임○마)
매각결정기일 : 2008.12.22 - 매각허가결정
대금납부 2009.01.20 / 배당기일 2009.02.27

사진1 / 사진2 / 사진3 / 사진4 / 지적도 / 확대지적도 / 구조도 / 개황도 / 위치도 / 전자지도

건물현황	평형	전용면적	건축용도	감정가격	(보존등기일:06.04.12)
건물	4층중 1층	73.14㎡(22.12평)	방3,욕실2등	120,000,000원	★가스보일러 난방 ▶가격시점:'08.05.16/
토지	대지권	1770.8㎡ 중 57.77㎡		120,000,000원	대성감정평가
현황·위치 주변환경	★○○회관 남서측 인근에 위치, 주위는 다세대, 연립주택, 다가구주택, ○○회관등 소재 ★ 동측으로 약 6미터, 남서측 약4미터 포장도로와 접하고 있음				

임차인현황	·말소기준권리 :2007.01.15 ·배당요구종기 :2008.07.21	보증금액/사글세 or 월세	대항력여부	배당예상금액	예상배당표
고○정	주거용 전부	전 입 일:2007.03.29 확 정 일:미상 배당요구일:없음	보19,000,000원	없음	배당금 없음
기타참고	☞임차인 고○정 진술/☞세대주 서○일이 등재되어있음 [S 현장조사보고서]				

건물등기부		권리종류	권리자	채권최고액(계:592,920,541)	비고	소멸여부
1	2007.01.15	소유권이전(매매)	박○배		거래가액 금198,000,000원	소멸
2	2007.01.15	근저당	○○○동새마을금고	161,000,000원	말소기준등기	소멸
3	2007.02.12	근저당	승○업(주)	50,000,000원		소멸
4	2007.04.03	압류	광진구청		세무2-6438	소멸
5	2007.04.11	가압류	고○정	19,000,000원		소멸
6	2007.06.05	가압류	유○평	300,000,000원		소멸
7	2007.09.18	가압류	국민은행	62,920,541원		소멸
8	2008.04.15	임의경매	○○○동 새마을금고	청구금액 : 122,729,508원	2008타경○○	소멸
9	2008.08.07	압류	서울시광진구			소멸
주의사항	☞유치권신고 있음 - 2008.08.20 유치권자 조○호외5명 유치권신고서 제출(금액 불분명)이나, 그 성립 여부는 불분명함 ☞2008.09.09 채권자 ○○○동 새마을금고 유치권권리신고에대한배제신청서 제출					

공부하는 단계를 마치고 나면 정확한 판단을 위해 현장조사를 철저하게 하는 기술을 익혀야한다.

초보자들은 현장으로 출발하기 전에 도대체 무엇을 준비해야 하며 또 어

떻게 답사를 해야 하는지 몰라서 헤매는 경우가 많다. 또한 이때는 긴장과 두려움이 많아 기껏 해보는 것이 무작정 물건 주소지에 가서 초인종을 눌러보거나 인근 부동산 한 곳만 대충 방문하고 오는 정도다. 그래서 이번 사례는 임장하는 과정을 상세히 풀어 소개할 것이다.

검색을 하다가 한 물건이 눈에 띄었다. 다른 호수는 이미 꽤 높은 가격에 낙찰된 기록이 있었다(일단 긍정적인 신호다).

기존 낙찰가를 보니 이 물건의 시세가 감정가와 크게 다르지 않을 것이란 생각이 들었다. 그리고 비슷한 평형대의 빌라 시세를 조사해보니 부동산 활황기 때엔 감정가를 웃돌았고 검색당시엔 부동산 가격이 떨어지는 시점이어서 시세가 감정가보다 조금 낮았다.

이 물건의 매력 포인트

이 빌라는 ①전철역과 가까운 곳에 위치한 역세권의 빌라였고, ②2006년도에 건축된 신축건물이었다. ③또한 역에서 도보로 10~15분 거리에다 강남까지 지하철로 30~35분 정도로 강남진입이 용이한 지역에 위치하고 있었다. 고로 앞으로 경기가 좋아지지 않는다 해도 시세가 많이 떨어지지 않을 것이란 생각이 들었다.

④게다가 전세가격이 부동산 활황기에 현재 유찰된 최저가와 비슷했다. ⑤또한 다세대인데도 주차공간이 세대 당 2대였다. ⑥주위에 유흥업소가 없고 재래시장과 유치원, 학교가 바로 인근에 있어 생활 인프라가 잘 갖춰졌다. 이런 빌라는 교통여건이 제일 우선이고 그 외 조건이 맞춰지면 수요가 충분하므로 임대나 매매가 어렵지 않을 것으로 판단되었다.

현장에 답이 있다

신축빌라에 유치권이 신고 된 경우엔 서류나 정황만으로 판단해선 안 된다. 이런 경우 경매정보지만 봐서는 유치권자가 어떠한 공사를 했고 무슨 사유로 유치권 신고를 했는지 도무지 알 수가 없기 때문이다. 다만 현재 전입된 사람과 유치권자의 이름이 다르므로 유치권이 성립하지 않을 수도 있다는 생각이 들었다. 현장조사만 제대로 한다면 설령 유치권자가 점유를 하고 있을지라도 허점을 찾아내면 승산이 있을 것이라는 생각에 서류상으로는 애매했지만 일단 현장에 가보기로 결정했다.

이 사건의 채권자인 새마을금고에서 법원에 유치권배제신청을 접수했다(유치권배제신청서란 채권은행이 작성한 유치권이 성립하지 않는다는 의견서다. 유치권이 성립되지 않으므로 채권자가 입찰자에게 높은 가격에 응찰하라는 손짓으로 보면 된다). 이런 경우 채권은행 담당자를 만나 문의하면 유치권에 대해 힌트를 얻을 수도 있다.

하지만 유치권 배제 신청서가 접수되었다고 하여 모든 유치권이 성립하지 않는다는 것은 아니다. 또한 이것은 의견서에 불과하므로 그 자체로는 법률적인 효력이 없다(채권자가 유치권부존재소송에서 승소한 것을 확인 후 낙찰을 받았음에도 고생하는 경우도 보았다). 따라서 경매 투자 할 때는 여러 가지 자료를 분석하고 모든 판단은 투자자인 낙찰자가 내려야 한다. 그래서 입찰 전 반드시 현장을 확인하는 절차를 거쳐야 하는 것이다. 은행에 전화를 걸어 담당자와 상담하고 그와 약속시간을 정했다(부동산 활황기엔 입찰자들의 문의전화가 빗발쳐서 짜증을 내거나 답변을 거부하는 경우가 많은데 하락기에 채권회수가 걱정되었는지 매우 호의적이었다. 조류독감이 발생했을 때 오리백숙을 먹으러 가면 황제대접을 받는 것과 비슷하다). 담당자를 만나기 전에 우선 현장부터 들러보기로 했다.

현장에 도착하여 인근 부동산을 5군데 정도 방문했다. 대략 시세는 2억 3,000만 원에서 2억 4,000만 원 사이였으나 예상대로 현재 매수세는 없다고 했다(당연히 없겠지). 한 공인중개사 사장님의 도움으로 이 빌라의 다른 호수를 방문할 수 있었는데, 내부를 보니 거실과 방을 포함하여 구조(방3, 욕실2)도 좋았고 건물도 매우 깨끗했다.

이 지역이 약간 고지대임에도 불구하고 겨울에는 난방이 잘 되고 여름에는 창문을 열어놓으면 시원하다고 했다. 또한 인근에 나무가 많은 공원이 있어 공기도 쾌적하고 5분 거리의 동산에 올라가면 한강이 보인다고 했다(다른 임차인과의 대화에서 좋은 점을 몇 가지 더 듣게 되었다).

그리고 요즘 월세를 사는 사람도 자동차 1대는 기본적으로 갖고 있어서 주차장시설도 매우 중요한데 이 빌라는 200% 주차공간이 확보되어 있었다. 이 정도면 A급 물건에 속한다.

유치권자 너희들 대체 어디 있니?

동사무소에 방문하여 전입세대를 열람한 후 다시 이 물건지로 향하였다. 우편함을 보니 매각물건명세서에 등재되어있는 부부의 우편물이 모두 있었다.

초인종을 눌렀다. 딩동~딩동~!

"누구세요~?"

"부모님 안계시니?"

어린 꼬마아이였다(혹시 꼬마가 유치권자?).

"안 계시는데요…누구세요?"

"이 앞에 부동산에서 왔는데…."

여기까지 왔는데 그냥 돌아갈 수도 없고 그렇다고 아이에게 상세하게 물어볼 수도 없었기에 조금 당황했다.

"누구세요?"

"어머니 존함이 고○○씨 맞지?"

"네…."

"알겠어…잘 있으렴…나중에 다시 올게(낙찰 받고~)."

임차인을 만나보고 싶었지만 은행직원과 약속이 되어 있어서 우선 우편물을 모두 확인했다. 그러나 우편물에도 유치권자의 이름은 찾을 수 없었다.

곧바로 은행담당자를 만나러 갔다.

"안녕하세요? 전화 드린 송사무장입니다."

"네… 그런데 무슨 일로 오셨나요~?(무슨 일이라니?)"

"다름이 아니라 ○○동의 ○○홈타운이 경매 진행 중인데 이번에 입찰하려고 합니다. 헌데 이 물건에 유치권 신고가 되어있네요. 새마을금고는 이해관계인이시고 또 현재 유치권 배제 신청서도 제출하셨으니 입찰 전에 문의드리려고 왔습니다."

보통 금융권 대부계 담당자들은 두 부류다. 내가 찾은 이 새마을금고 담당자처럼 채권회수를 위해 질문에 잘 설명해주는 사람이 있는 반면에 아무에게나 이런 말을 맘대로 해줄 수 없다며 얘기조차 들으려 하지 않는 사람도 있다. 필자가 찾은 이곳 담당자는 유치권신고가 되어있는데다 현재 부동산 경기가 좋지 않아 채권회수의 어려움이 예상되었는지 질문에 친절하고 상세하게 답변해주었다.

그의 말에 따르면 현재 이 빌라에는 매각물건명세서에 등재되어 있는 임차인이 거주하고 있고, 현재 유치권자가 점유하고 있지 않음을 이유로 유치권 부존재소송을 준비한다고 했다. 관련 서류를 보여 달라고 하자 조금 꺼려했으나 간곡히 부탁하자 서류를 내주었다(큰돈이 오고가는 게임인데 구두 상으로 전해들은 것만 가지고 돈을 배팅할 수는 없지).

역시나 서류를 뒤져보니 유치권이 확실하게 성립하지 않음을 확신할 수 있었다.

우선 유치권자가 조○○씨로 되어있었는데 이 사람은 이 빌라를 건축한 시공사의 직원이었고 이 시공사의 대표가 바로 소유자겸 채무자인 박○○였다. 그리고 이 박○○ 역시 유치권자 중 한명으로 유치권자가 모두 이 회사의 직원이거나 하청업체였다. 거두절미하고 유치권자들은 아무도 점유를 하고 있지 않았다(점유하지 않는 공사대금은 채권일 뿐이다). 게다가 은행에서 이 빌라의 거주자에게 현재 점유 중이라는 각서까지 받아 둔 상태였다.

이런 것을 누워서 떡먹기라고 하던가.

서류를 모두 확인 후 그 중에 필요한 서류를 복사해달라고 부탁하면서 담당자에게 슬쩍 물었다.

"이 사건에 대해서 문의하는 사람이 많았나요?"

"아니요. 예전에 진행된 호수에 대해서 문의한 사람은 많았는데, 이번에는 처음 문의하셨네요(어쩐지 친절하더라)."

입찰 일이 이틀 밖에 남지 않았으므로 이번에 경쟁자는 없을 것이란 확신이 들었다. 왜냐하면 이 물건은 서류상으로 유치권금액이 얼마인지도 모르고 공사내역도 판단할 수 없었기 때문이다.

입찰 당일에 인근 부동산과 새마을금고에 한 번 더 연락해서 다른 경쟁자들이 다녀갔는지 확인해보았으나 아무도 문의한 사람이 없다고 하였다. 재차 확인을 하니 입찰가격이 머릿속에 정해졌다. 최저가 단 10원도 올리지 않은 가격 그대로를 적어내기로 했다.

현재는 부동산 하락기이므로 무리하지 않더라도 얼마든지 다른 물건을 낙찰 받을 수 있다. 물건번호 순대로 입찰표를 개봉하고 집행관이 외친다.

"사건번호 2008타경 ○○○ 입찰자 ○○○씨 단독입찰입니다."
"최저가에서 10원도 안올려 쓰셨네요? 대단하십니다(10원 더 쓸걸 그랬나?)."

명도

이제 명도를 해야 할 시간이다. 이 사건은 유치권이 신고 되어 있을지라도 유치권자는 현장에 없다. 그냥 보통물건처럼 명도하면 된다.

임차인 고○○씨는 이 빌라를 분양받으려고 한 사람이라고 했다. 그런데 계약금 10%(1,900만 원)를 내고 중도금을 준비할 때 이 빌라가 경매로 넘어가게 된 것이다. 건축주가 도주하여 계약금을 환불받지도 못했기에 울며 겨자 먹기로 그냥 이 집에 들어와 지금까지 약 2년 동안 산 것이다. 임차인 내외는 계약금 1,900만 원을 날렸으니 이사비로 1,500만 원을 달라고 했다. 하지만 그것은 단지 임차인의 계산법일 뿐이다. 송사무장 계산은 임차인은 약 2년 동안 1,900만 원만 내고 월세도 없이 산 것이다. 이 빌라의 전세가가 약 1억 2,000만 원이므로 월세로 환산하면 1년에 1,440만 원씩 2년 동안 2,880만 원인데도 말이다. 따라서 오히려 임차인은 득을 본 것이다(원래 사람은 자기 입장만 생각한다).

잔금납부와 동시에 인도명령을 신청했고, 약 일주일 후에 인도명령결정이 인용되었다. 유치권자들은 점유도 안하고 있으므로 신경 쓰지 않았다.

그녀를 잘 타일러서 이사비 250만 원에 두 달을 더 살게 해주고 마무리했다(낙찰가격이 전세가격보다 낮았기에 후하게 인심을 쓸 수 있었다).

경매투자 시 하자가 있는 물건에 대해 서류 및 권리분석만으로 명확한 답을 얻을 수 없는 경우에는 현장에서 결정적인 단서를 찾아야 한다. 만약 내가 이 물건을 서류만으로 판단하려 했다면 어쩌면 확인되지 않은 유치권 때문에 입찰하지 않았을지도 모른다. 하지만 현장에서 적극적으로 이해관계인들을 만났기에 답을 얻을 수 있었고 저렴한 가격에 낙찰까지 받을 수 있었던 것이다.

사건일반내역		사건진행내역		≫ 인쇄하기	≫ 나의 사건 검색하기
▶ 사건번호 : 서울○○지방법원 2009타기○○					

기본내역	≫ 청사배치		
사건번호	2009타기○○	사건명	부동산인도명령
재판부	경매1계 (전화:02-○○-○○)		
접수일	2009.01.20	종국결과	2009.02.03 인용
항고접수일		항고인	
항고종국일		항고결과	
송달료,보관금 종결에 따른 잔액조회		≫ 잔액조회	

실전에서 알아두어야 하는 유치권 이론

◆

낙찰자는 기본에 충실하고 법에 대해 잘 숙지해야만 어떤 상황에 처해도 슬기롭게 대처가 가능하다. 무식한 사람도 경매로 돈 버는 시대는 이젠 지나갔다고 봐도 무방하다.

1. 유치권의 정의

유치권은 타인의 물건 또는 유가증권을 점유하는 자가 그 물건 또는 유가증권에 관하여 생긴 채권을 가지는 경우에, 그 채권을 변제받을 때까지 그 목적물을 유치할 수 있는 권리이고 채무자의 변제를 간접적으로 강제하고 당사자의 의사와는 관계없이 법률상 당연히 인정되는 담보물권이다(민법 320조 1항). 또한 유치권은 물권이므로 대세적 효력을 갖기 때문에 채무자가 아닌 제3자가 유치물의 소유자일지라도 제3자에게 대항이 가능하고 경매절차에서 경락을 받은 매수인에게도 대항이 가능하다. 경매법원에 접수된 유치권 신고서의 금액이 적법한 공사대금이라면 낙찰자는 유치권자의 공사대금을 변제해야만 경매 부동산을 인도받을 수 있다. 또한 유치권은 법원에 신고해야만 인정되는 권리가 아니므로 낙찰자는 현장조사를 철저하게 해야 한다.

2. 유치권에 관한 기본법리

1) 해당물건에 유치권이 발생한 경우 유치권은 다른 권리에 비해 배타적인 권리를 갖게 된다(이런 이유로 해당물건이 여러 번 유찰되게끔 하여 본인들이 낙찰 받기 위해 경매법원에 허위유치권 신고를 남발하는 것이다).

2) 유치권은 우선적 효력이 있다. 민법에서 경매의 배당절차에서 근저당권처럼 유치권에 대한 우선변제권을 규정하고 있지 않지만 유치권은 채권을 변제받을 때까지 유치할 권리가 있으므로 사실상 우선변제권이 있는 것으로 봐야한다.

3) 유치권은 피담보채권(공사대금)의 전부가 변제될 때까지 유치물의 전부에 대하여 효력이 미친다(민법 321조). 유치권은 유치하고 있는 목적물에 부속되는 종물에도 영향을 미치지만 종물을 유치(점유)하고 있는 경우에 한한다(단, 유치물과 채권의 견련성이 있는 한도 내에서 효력을 미친다).

4) 유치권은 당사자 사이의 특약에 의하여 미리 유치권이 발생되는 것을 배제할 수 있다. 예를 들면 상가임대차계약 시 임대기간이 만료되어 임대인에게 반환할 때 원상회복 조항을 넣는 부분, 은행에서 리모델링 공사를 할 때 공사대금을 추가로 지출하더라도 유치권을 주장하지 않겠다는 각서도 효력이 발생한다(그래서 최근에 은행에서 대출을 해줄 때 유치권에 관한 포기각서를 미리 받아두고 실행하는 경우도 많아졌다).

5) 유치권은 해당물건에 채권이 발생되어야 한다(상사유치권은 견련성 부분에 관해 차이가 있으므로 따로 정리하기로 한다). 따라서 채권이 존재하지 않으면 유치권이 존재하지 않고 채권이 소멸한 경우에도 유치권은 소멸한다.

6) 유치권은 등기를 필요로 하지 않고 피담보채권과 점유가 이전되면 유치권의 양도가 가능하다.

7) 채권자의 '유치권배제신청서'는 참고사항일 뿐 법적효력은 없다(유치권배제신청서가 긍정적인 신호인 것은 맞지만 무조건적인 신뢰는 금물이다).

3. 유치권의 성립

가. 유치권의 성립 요건
①【대상】물건과 유가증권을 대상으로 하고,
②【견련성】채권이 유치권의 목적물에 관하여 생긴 것이어야 하며,
③【변제기】채권이 변제기에 있어야 하고,
④【유치물】유치권자는 타인의 물건 기타 유가증권의 점유자이어야 하며,
⑤【유치권배제특약】유치권의 발생을 배제하는 법령상·계약상의 사유가 없어야 한다는 것,
⑥【점유 및 점유시기】해당부동산에 압류의 효력이 발생하기 전에 지속적으로 점유를 해야 하고(취득 및 존속요건을 갖춰야 함), 채무자의 물건에 대한 점유가 불법행위에 기인한 것이 아니어야 하고(민법 320조 2항),
⑦【점유자】실제 공사를 했던 공사업자 내지 간접점유자를 통해 점유를

해야만 그 성립요건으로 하고 있다.

⑧【소멸시효】공사대금채권의 소멸시효는 3년이며, 소멸시효가 경과한 채권으로 유치권 주장을 할 수 없다.

⑨【유치권포기각서】공사도급계약의 수급인이나 하도급업자가 근저당권자에게 '유치권포기각서'를 제출한 경우 신의칙 원칙상 유치권이 인정되지 않고, 위 근저당권에 기한 경매에서 낙찰 받은 매수인에게도 주장할 수 없다.

⑩【선관주의의무】유치권자는 채무자(소유자)의 동의 없이 유치물을 타에 임대하거나 담보제공할 수 없고, 그 경우 채무자의 유치권 소멸청구에 의해 유치권은 소멸된다(민법 제324조).

나. 유치권자의 점유

유치권자가 목적물의 점유를 잃으면, 유치권은 당연히 소멸한다(민법 제328조). 그런데 유치권자의 점유는 직접점유 뿐만 아니라 간접점유도 포함하며, 다만 채권자의 점유가 불법행위에 기인하여 개시되었다면 인정되지 않는다(민법 제320조 제2항).

불법점유란?

침탈, 사기, 강박이나 점유자가 권원 없이 타인의 물건을 점유하는 행위, 예를 들면 임대차계약, 분양계약, 공사도급계약 없거나 적법한 절차를 거치지 않고, 점유자가 임의로 필요비, 유익비를 지출한 경우, 공사대금채권이 있으나 이미 제3자가 점유하고 있어서 불법으로 목적물을 탈취한 경우, 타인의 토지 위에 무허가 건물을 지은 자가 그 건물의 존재와 점유자체가 토지소유주에게 불법행위가 된다.

대법원 2009.9.24. 선고 2009다39530 판결 【유치권부존재】

【판시사항】

[1] 물건에 대한 점유의 의미와 판단 기준

【판결요지】

[1] 점유라고 함은 물건이 사회통념상 그 사람의 사실적 지배에 속한다고 보여지는 객관적 관계에 있는 것을 말하고 사실상의 지배가 있다고 하기 위하여는 반드시 물건을 물리적, 현실적으로 지배하는 것만을 의미하는 것이 아니고 물건과 사람과의 시간적, 공간적 관계와 본권관계, 타인지배의 배제가능성 등을 고려하여 사회관념에 따라 합목적적으로 판단하여야 한다.

다. 유치권과 낙찰자

목적물에 대한 경매가 있을 때에는 채권자는 유치권에 기하여 경락인에게 대항할 수 있으므로(민사집행법 제91조 제5항), 경락인은 채권을 변제하지 않으면 유치물(경락부동산)을 인도받지 못한다. 따라서 유치권자는 낙찰자에게 대항할 수 있는 권원을 가진 자라고 할 것이다.

낙찰자는 유치권자에게 그 유치권으로 담보하는 채권을 변제할 책임이 있다(민사집행법 제91조 제5항)고 규정하고 있다. 그러나 '변제할 책임이 있다'는 의미는 전 채무자의 부담을 승계한다는 의미일 뿐 인적 채무까지 인수한다는 취지는 아니므로 유치권자는 낙찰자에게 공사대금(피담보채권)을 변제할 때까지 경락부동산(유치목적물)의 인도를 거절할 수 있을 뿐이고 변제를 청구할 수 없다. 즉, 유치권자가 경락부동산에 유치권을 취득하였다고 할지라도 낙찰자에게 공사대금을 청구할 수 없고 다만 공사대금이 변제될 때까지 부동산의 인도를 거절할 수 있을 뿐이다.

183

라. 경매절차에서 유치권으로 인한 문제점

집행법원이 집행사건을 처리함에 있어 유치권의 신고가 있어도 그 유치권이 실제로 성립되어 존재하는 것인지에 대하여 명확한 결론을 내지 못하는 경우가 자주 있다. 또한 유치권자의 신고가 없다면 집행법원으로서는 유치권이 있는지 여부, 언제 성립하였는지를 알지도 못한 채 매각절차를 진행하기도 한다. 이와 같은 이유로 유치권의 존재가 매각결정 이후에 밝혀지는 경우, 유치권으로 인하여 경매절차에서 이해관계인은 매각절차가 지연된다거나 물건 가격이 하락하는 손해를 입을 수 있고, 매수인으로서도 미리 예상하지 못한 유치권을 인수해야 하거나 유치권자라고 주장하는 자에 대하여 명도소송을 제기해야 하는 등으로 분쟁에 휘말리게 될 수도 있다.

경우에 따라서는 유치권신고가 경매에 참여하려는 제3자를 배제하고 저가에 물건을 매수하는 방법으로 악용될 수도 있다. 이러한 문제들은 유치권의 성립에 대한 학설의 대립으로 인하여 실무에서 유치권의 존부를 쉽게 판단하기가 어렵다는 점, 부동산에 대한 각종 물권은 등기에 의하여 공시됨에도 불구하고 유치권만은 점유라고 하는 불확실한 공시방법으로 성립한다는 점, 그리고 민사집행법이 유치권에 대하여 인수주의를 채택(민사집행법 제91조 제5항)하고 있다는 점 등으로 말미암아 발생한다.

즉, 집행법원은 낙찰자가 유치권을 인수할 목적으로 낙찰 받았다고 판단하므로 유치권의 존부여부에 크게 개의치 않고 경매절차를 진행하는 것이다.

마. 유치권 신고에 대한 집행법원의 처리 실무

유치권의 신고가 있는 경우 이에 대하여 집행법원이 처리하는 실무는 신고의 시점, 유치권의 성립 여부에 대한 명확성 등에 따라 다음과 같은 기준으로 처리한다.

①매각기일 이전에 접수되는 경우에는 유치권자 등에게 점유개시시기, 피담보채권액 등을 소명하도록 한 후 물건명세서에 유치권 신고가 있으나 그 성립 여부는 명확하지 아니하다는 내용을 기재하여 매각을 하게 된다(앞으로 경매법원에서 유치권의 존부가 불명확한 경우 정확한 소명자료를 제출하게 하는 것을 의무화해야만 원활한 경매진행을 할 수 있을 것이다).

②매각기일부터 매각허가기일까지 접수되는 경우에는 매각물건명세서 작성에 중대한 하자가 있는 것으로 보아 매각을 불허가 하고 재매각을 한다(민사집행법 제121조 제5호).

③매각허가기일부터 매각허가 여부 확정시까지 접수되는 경우 최고가매수신고인으로부터 매각허가에 대한 이의신청(민사집행법 제121조 제6호) 또는 매각허가결정에 대한 항고(민사집행법 제129조)를 받아 매각허가결정을 취소하고 다시 매각을 한다.

④매각허가결정 확정 후부터 대금 지급 시까지 접수되는 경우 매각허가결정의 취소신청(민사집행법 제127조 제1항)을 받아 매각허가결정을 취소하고 다시 매각을 한다.

⑤대금 지급 시부터 배당 시까지 접수되는 경우는 최고가매수신고인이 민법 제575조 제1항에 따른 담보책임을 묻는 경우에 한하여 매각허가결정을 취소한다.

부도임대주택을 낙찰 받았습니다.

　　충북 청주에 사는 ○○입니다. 이번에 제가 동네에 있는 아파트를 낙찰 받았는데 이 아파트가 부도공공건설임대주택에 속합니다. 현재 기존의 임차인이 점유를 하고 있고 명도협상에 앞서 송사무장님의 조언을 구하고자 메일을 보냅니다.

　　부도공공건설임대주택은 일반 경매부동산과 달리 '부도 공공임대주택 임차인 보호를 위한 특별법'의 적용을 받습니다. 또한, '임대주택법' 제25조 1항에 의해 주택매입사업시행자 이외의 자가 부도임대주택을 매입한 경우에는 당해 부도임대주택의 임차인에게 2년의 범위 이내에서 임대하여야 한다고 규정하고 있습니다(첨부된 법령 참조). 따라서 기존의 적법한 임차인이 점유하고 있다면 낙찰자는 2년 동안은 의무적으로 임대를 해야 합니다. 이 법조항에 따른 임대의무가 있으므로 낙찰자는 기존의 임차인과 임대차계약을 체결하기 전에 법원에 인도명령을 구할 수 없습니다.

　　하지만 이 법조항이 낙찰자에게 일방적으로 불리한 상황에서 임대차계약을 맺어야 한다는 것은 아닙니다. 제25조 2항에는 재계약 시 기존 임대금액과 동일한 조건으로 계약을 체결해야 된다고 명시되어 있으므로 임차인이 법원에 신고한 금액으로 임대차계약을 체결하시면 되겠습니다. 위 조건을 제시했는데 임차인이 너무 무리한 요구를 할 경우 또한 그러한 사정이 확실하다면 이를 입증하여 인도명령 신청을 할 수 있습니다. 따라서 이런 부분을 임차인에게 명확하게 고지하신 후 원만하게 협의하여 마무리하시면 되겠습니다. 이와 관련된 판례와 법령을 첨부하오니 참고하시기 바랍니다.

대법원 2011.9.8. 선고 2011다54 판결【건물명도등】

【판시사항】

부도임대주택을 매입한 자가 '부도공공건설임대주택 임차인 보호를 위한 특별법' 제10조 제4항에 따라 임차인에게 종전 임대조건으로 임대차계약을 체결할 것을 청약하였음에도 이를 거절하는 등으로 임차인이 종전 임대조건으로는 임대차계약을 체결하지 아니할 뜻을 명확히 한 경우, 위 조항에 따른 임대차계약 체결의무가 소멸하는지 여부(적극)

【판결요지】

'부도공공건설임대주택 임차인 보호를 위한 특별법' 제10조 제4항은 "주택매입사업시행자 외의 자가 부도임대주택을 매입한 경우에는 당해 부도임대주택의 임차인(임대주택법 제19조를 위반하지 아니한 임차인으로 동일 임대주택에의 계속 거주를 희망하는 경우에 한한다)에게 3년의 범위 이내에서 대통령령으로 정하는 기간 동안 종전에 임차인과 임대사업자가 약정한 임대조건으로 임대하여야 한다."라고 하여, 주택매입사업시행자 외의 자가 부도임대주택을 매입한 경우에 부도임대주택을 매입한 자에게 임차인과 사이에 그 주택을 종전 임대차계약과 동일한 조건으로 임대할 의무를 부과하고 있을 뿐, 당해 부도임대주택에서 거주하는 임차인의 요구에 따라 임대차계약이 당연히 성립한 것으로 보도록 규정하거나, 임차인에게 종전 임대조건보다 유리한 조건으로 임대하도록 요구할 권리를 부여하고 있지 않다. 따라서 부도임대주택을 매입한 자는 임차인이 임대주택에서 계속 거주하기를 희망하는 경우에 한하여 임차인과 3년의 범위 내에서 종전 임대조건으로 임대차계약을 체결할 의무가 있으나, 부도임대주택을 매입한 자가 임차인에게 종전 임대조건으로 임대차계약을 체결할 것을 청약하였음에도 이를 거절하는 등으로 임차인이 종전 임대조건으로는 임대차계약을 체결하지 아니할 뜻을 명확히 하였다면 부도임대주택을 매입한 자의 위 조항에 따른 임대차계약 체결 의무는 소멸한다고 보아야 한다.

부도공공건설임대주택법 중 낙찰자가 알아두어야 할 조항 〈출처 : 법제처〉

제1조(목적)

이 법은 임대주택의 건설·공급 및 관리와 주택임대사업에 필요한 사항을 정하여 임대주택 건설을 촉진하고 국민의 주거생활을 안정시키는 것을 목적으로 한다.

제2조(정의) 이 법에서 사용하는 용어의 뜻은 다음과 같다.

〈개정 2009.3.25, 2011.8.4, 2012.1.26〉

1. "임대주택"이란 임대 목적에 제공되는 건설임대주택 및 매입임대주택을 말한다.
2. "건설임대주택"이란 다음 각 목의 어느 하나에 해당하는 주택을 말하며, 그 종류는 대통령령으

로 정한다.

가. 임대사업자가 임대를 목적으로 건설하여 임대하는 주택

나. 「주택법」 제9조에 따라 등록한 주택건설사업자가 같은 법 제16조에 따라 사업계획승인을 받아 건설한 주택 중 사용검사 때까지 분양되지 아니한 주택으로써 제6조에 따른 임대사업자 등록을 마치고 국토해양부령으로 정하는 바에 따라 임대하는 주택

3. "매입임대주택"이란 임대사업자가 매매 등으로 소유권을 취득하여 임대하는 주택 [「주택법」 제2조제1호의2에 따른 준주택 중 대통령령으로 정하는 오피스텔(이하 "오피스텔"이라 한다)을 포함한다]을 말한다.

3의2. "장기전세주택"이란 국가, 지방자치단체, 「한국토지주택공사법」에 따른 한국토지주택공사(이하 "한국토지주택공사"라 한다) 또는 「지방공기업법」 제49조에 따라 주택사업을 목적으로 설립된 지방공사(이하 "지방공사"라 한다)가 임대할 목적으로 건설 또는 매입하는 주택으로서 20년의 범위에서 전세계약의 방식으로 공급하는 임대주택을 말한다.

4. "임대사업자"란 국가, 지방자치단체, 한국토지주택공사, 지방공사, 제6조에 따라 주택임대사업을 하기 위하여 등록한 자 또는 제7조에 따라 설립된 임대주택조합을 말한다.

5. "임대주택조합"이란 주택을 임대하고자 하는 자가 임대주택을 건설하거나 매입하기 위하여 제7조에 따라 설립한 조합을 말한다.

6. "분양전환"이란 임대주택을 임대사업자가 아닌 자에게 매각하는 것을 말한다.

제16조(임대주택의 매각 제한 등)

① 임대주택은 다음 각 호의 기간(이하 "임대의무기간"이라 한다)이 지나지 아니하면 매각할 수 없다. 〈개정 2009.3.25〉

1. 건설임대주택 중 국가나 지방자치단체의 재정으로 건설하는 임대주택 또는 국민주택기금의 자금을 지원받아 영구적인 임대를 목적으로 건설한 임대주택은 그 임대주택의 임대개시일부터 50년

2. 건설임대주택 중 국가나 지방자치단체의 재정과 국민주택기금의 자금을 지원받아 건설되는 임대주택은 임대개시일부터 30년

2의2. 장기전세주택은 그 임대주택의 임대개시일부터 20년

3. 제1호와 제2호 외의 건설임대주택 중 제26조에 따라 임대 조건을 신고할 때 임대차 계약기간을 10년 이상으로 정하여 신고한 주택은 그 임대주택의 임대개시일부터 10년

4. 제1호부터 제3호까지의 규정에 해당하지 아니하는 건설임대주택 및 매입임대주택은 대통령령으로 정하는 기간

② 임대주택을 매각하는 매매계약서에는 임대주택을 매입하는 자가 임대주택을 매각하는 자의 임대사업자로서의 지위를 승계한다는 뜻을 분명하게 밝혀야 한다.

③ 제1항에도 불구하고 임대의무기간 이내에 임대사업자 간의 매매 등 매각이 가능한 경우와 매각요건 및 매각 절차 등에 필요한 사항은 대통령령으로 정한다. 〈개정 2009.12.29〉

④ 부도임대주택등을 다른 임대사업자가 매입하려면 임대주택의 향후 관리계획, 「주택법」 제60조에 따른 국민주택기금 융자금의 변제계획 등 대통령령으로 정하는 요건을 갖추어 시장·군수·구

청장에게 매입허가를 신청하여야 하며, 시장 · 군수 · 구청장이 매입허가신청을 받은 경우에는 제33조에 따른 임대주택분쟁조정위원회의 심의를 거쳐 부도임대주택등의 매입허가 여부를 결정하여야 한다. 〈개정 2009.12.29〉

⑤ 오피스텔은 임대의무기간 이내에 주거용이 아닌 다른 용도로 사용할 수 없다. 〈신설 2012.1.26〉

제20조(임대주택의 임대 조건 등)

① 임대주택의 임차인의 자격, 선정 방법, 임대보증금, 임대료 등 임대 조건에 관한 기준은 대통령령으로 정한다. 〈개정 2012.1.26〉

② 임대주택의 임대사업자가 임대보증금 또는 임대료의 증액을 청구하는 경우에는「주택임대차보호법」으로 정한 범위에서 주거비 물가지수, 인근 지역의 전세가격 변동률 등을 고려하여야 한다. 〈개정 2012.1.26〉

③ 국가 · 지방자치단체 · 한국토지주택공사 · 지방공사가 공급하는 임대주택의 임대보증금 및 임대료 등 임대조건을 정하는 경우에는 임차인의 소득수준 및 임대주택의 규모 등을 고려하여 차등적으로 정할 수 있다. 〈개정 2011.8.4, 2012.1.26〉

[제목개정 2012.1.26]

제22조(부도임대주택등의 경매에 관한 특례)

① 임대주택을「민사집행법」에 따라 경매하는 경우 해당 임대주택의 임차인은 매각 기일까지 같은 법 제113조에 따른 보증을 제공하고 최고매수신고가격과 같은 가격으로 채무자인 임대사업자의 임대주택을 우선매수하겠다는 신고를 할 수 있다. 〈개정 2011.3.9〉

② 제1항에 따라 우선매수신고를 할 수 있는 자는 제21조제1항의 건설임대주택의 경우에는 같은 조에 따라 우선 분양전환을 받을 수 있는 임차인에 한하며, 그 외의 임대주택의 경우에는 임대차계약의 당사자에 한한다. 〈신설 2011.3.9〉

③ 제1항의 경우에 법원은 최고가매수신고가 있더라도 제1항의 임차인에게 매각을 허가하여야 한다. 〈개정 2011.3.9〉

④ 제1항에 따라 임차인이 우선매수신고를 하면 최고가매수신고인을「민사집행법」제114조의 차순위매수신고인으로 본다. 〈개정 2011.3.9〉

제25조(매입 부도공공건설임대주택의 임대의무)

① 부도등이 발생한 공공건설임대주택을 매입 또는 낙찰받은 자는 당초 입주자 모집공고에서 정한 임대의무기간 동안은 매입 또는 낙찰 당시의 임차인(제19조를 위반하지 아니한 임차인으로 동일 임대주택에의 계속 거주를 희망하는 경우에 한한다)에게 임대하여야 한다. 이 경우 잔여 임대의무기간이 2년 미만인 경우는 최소 2년간 임대하여야 한다.

② 제1항의 경우 매입 또는 낙찰받은 자는 매입 또는 낙찰 당시의 잔여계약기간에는 매입 또는 낙

찰 당시의 임대조건으로 임대하여야 하고, 그 밖의 임대의무기간에는 제20조에서 정한 임대보증금 및 임대료에 관한 기준을 따라야 한다.

제27조(임대차계약의 갱신거절 등)
① 임대사업자는 해당 임대주택에 거주 중인 임차인이 거짓이나 그 밖의 부정한 방법으로 임대주택을 임대받는 등 대통령령으로 정하는 사항에 해당하는 경우에는 임대차계약을 해제 또는 해지하거나 임대차계약의 갱신을 거절할 수 있다.
② 임대주택에 거주 중인 임차인은 시장ㆍ군수ㆍ구청장이 임대주택에 거주하기 곤란할 정도의 중대한 하자가 있다고 인정하는 경우 등 대통령령으로 정하는 사항에 해당하는 경우에는 해당 임대주택 임대사업자와의 계약을 해제 또는 해지하거나 임대차계약의 갱신을 거절할 수 있다.

제32조(표준임대차계약서 등)
① 임대주택에 대한 임대차계약을 체결하려는 자는 국토해양부령으로 정하는 표준임대차계약서를 사용하여야 한다.
② 제1항의 표준임대차계약서에는 다음 각 호의 사항이 포함되어야 한다.
 1. 임대보증금
 2. 임대료
 3. 임대차 계약기간
 4. 임대사업자 및 임차인의 권리ㆍ의무에 관한 사항
 5. 임대주택의 수선ㆍ유지 및 보수에 관한 사항
 6. 그 밖에 국토해양부령으로 정하는 사항
③ 임대사업자와 임차인은 제1항에 따른 표준임대차계약서를 사용하여 체결된 임대차계약을 지켜야 한다.
④ 임대사업자가 임대차계약을 체결할 때 임대차 계약기간이 끝난 후 임대주택을 그 임차인에게 분양전환할 예정이면 「주택임대차보호법」 제4조제1항에도 불구하고 임대차 계약기간을 2년 이내로 할 수 있다.

임차인유치권

이젠 아파트, 빌라, 상가 등 경매가 진행되는 물건들 중에서 유치권 신고가 된 사건을 발견하는 것은 그리 어렵지 않다. 말 그대로 경매시장에서 아무나 유치권 신고를 남발하고 있는 것이다.

이런 현상이 만연한 것은 유치권 진위(실제 공사했는지)여부와 관계없이 별다른 형식을 갖추지 않아도 경매사건을 관할하는 집행법원에서 손쉽게 유치권 신고를 받아 준다는 점과, 또 허위 유치권 신고자에 대한 법원의 솜방망이 처벌이 그 주된 원인이다(10개월-1년의 징역형을 구형받는 경우도 있지만 그것은 허위유치권으로 실제 입찰을 하여 다른 채권자들에게 상당한 손해를 입히고 허위유치권자가 이득을 많이 본 경우에 한한다. 최근 본래 공사금액보다 부풀려서 유치권신고를 하는 경우에도 실형으로 처벌되는 추세다).

그렇다고 이런 현실을 탓할 수는 없다. 투자자는 그에 맞게 진화를 해야 한다. 이제 유치권은 경매고수만 접근하는 것이 아니다. 경매로 안정적인 수익을 올리려 한다면 누구든 유치권의 벽을 뛰어넘어야 할 것이다.

물건검색

많은 투자자들은 경매 고수는 어떤 생각을 하며 물건검색을 하는지 궁금해 할 것이다. 특히 상가의 경우 어떠한 기준으로 접근하는지 아직 명확한 기준이 없어서 더 그럴 수도 있다. 어떤 것이든 모르면 두려운 것이고, 습득하면 기회로 만들 수 있고 반가운 법이다. 부동산에 대한 제대로 된 안목과 자신의 확고한 투자관을 갖춘다면 부동산 경기가 좋지 않을 때에도 오히려 좋은 기회로 만들 수 있다. 다음은 필자가 이 상가에 대해 긍정적으로 평가했던 것들을 나열한 것이다(이 사례 말미에 상가투자를 할 때 유용한 팁들을 정리하였다).

이 물건의 장점

① 본 상가 주위는 대규모 아파트단지(4,300세대)와 여러 개의 오피스텔(3,000세대)로 둘러싸여있어 유동인구가 월등히 많음.

② 본 상가 바로 앞에 버스정류장과 횡단보도가 있어 상가노출이 잘되므로 영업효과 극대화 가능(상가의 경우 일방통행 도로에 위치한 것보다 양방향 통행로에 있는 것이 좋고 횡단보도의 위치에 따라 영업에 영향을 받는다).

③ 주요편의시설(은행, 대형휘트니스센터, 각종학원, 중.고등학교, 대학, 북카페, 각종업무시설)이 본 건물에 밀집되어 상권이 활성화 되어있고 생활 편의성과 공동 상권을 형성하기 좋음.

④ 본 상가에 공실이 없고 이 때문에 관리비가 다른 상가보다 훨씬 저렴(

타 상가 동일 평형 70%정도의 수준임).

⑤ 본 건물은 신축건물(2003년 8월 준공)로 시설이 깔끔하며 지하주차장이
완비 되어있음.

상가투자에서 우선 확인해야 할 것은 기본적인 상권이 형성되어 임대가
용이하고 월세가 높은지 가늠해보는 것이다. 이 상가는 이 두 가지 요건을 만
족할 뿐 아니라 주변여건까지 제대로 갖추고 있었다. 이런 매력에 끌려 201
호부터 204호까지 총 4개 호수를 모두 최저가에서 입찰했는데 201호와 202

물건종별	근린상가	감 정 가	283,000,000원				[입찰진행내용]		
건물면적	전용127.6㎡(38.6평)	최 저 가	(49%) 138,670,000원		구분	입찰기일	최저매각가격	결과	
대 지 권	26㎡(7.9평)	보 증 금	(10%) 13,870,000원		1차	2008-09-25	283,000,000원	유찰	
매각물건	토지·건물 일괄매각	소 유 자	유○창		2차	2008-10-23	198,100,000원	유찰	
사건접수	2008-05-29(신법적용)	채 무 자	유○창		3차	2008-11-27	138,670,000원		
입찰방법	기일입찰	채 권 자	한국스탠다드차타드제일 은행		낙찰 : 138,999,000원 (49.12%)				
					(입찰1명,낙찰:(주)케이알리츠)				
					매각결정기일 : 2008.12.04 - 매각허가결정				

	사진1
	사진2
	사진3
	사진4
	지적도
	확대지적도
	위치도
	기타1
	기타2
	전자지도

📋 건물현황		평형	전용면적	건축용도	감정가격	(보존등기일 :03.08.21)
건물	9층중 2층		127.6㎡ (38.6평)	나다웨쓱효소방	198,100,000원	* 사용승인 :2003.07.18 ▶가격시점 :08.06.19/ 서일감정평가
토지	대지권		1437.7㎡ 중 26.001㎡		84,900,000원	
현황·위치 ·주변환경		* 6S백화점 남서측 인근 위치, 주위는 각종 근린·편의시설, 업무시설, 아파트단지 소재 * 남측, 동측, 북측으로 폭 약25미터, 10미터, 15미터의 포장도로와 3면이 접함				

토지이용계획열람	감정평가서	점유관계조사	매각물건명세	문건접수내역	건물등기부	입찰가분석표

📋 임차인현황	· 말소기준권리:2006.12.26 · 배당요구종기:2008.08.06		보증금액 / 사글세 or 월세	대항력 여부	배당예상금액		예상배당표
김○자	점포 전체	사업자등록:2007.08.02 확 정 일:미상 배당요구일:2008.08.05	보20,000,000원 월1,000,000원	없음	배당금 없음		*환산보증금: 12,000만원

건물등기부		권리종류	권리자	채권최고액 (계:910,000,000)	비고	소멸여부
1	2006.12.26	소유권이전(매매)	유우창			소멸
2	2006.12.26	근저당	한국스탠다드차타드제 일은행 (두산타워지점)	910,000,000원	말소기준등기	소멸
3	2008.05.22	압류	부천시원미구		세무1과7456	소멸
4	2008.05.30	임의경매	한국스탠다드차타드제 일은행	청구금액: 767,167,767원	2008타경○○○	소멸

주의 사항	☞유치권신고 있음.-2008.11.04 임차인 김○자 유치권신고서 제출

호는 기존 임차인이 나보다 높게 적어내어 낙찰을 받았고 나는 203, 204호만 낙찰 받았다(사실 난 최저가격에서 30만 원씩 더 적었다).

경매가 진행되는 부동산의 기존 임차인이 입찰을 한다는 것은 장사가 되고 상권이 형성되어있는 건물이라고 해석해도 되지 않을까? 201호와 202호는 비록 떨어졌지만 기존의 임차인 두 명이 나란히 낙찰 받아 가는 것을 보니 기분이 좋아졌다(이런 지역은 임차인의 수완만 좋다면 충분히 장사로 승부를 걸 수 있는 곳이다).

현장방문

낙찰을 받고 상가에 방문을 했다. 일단 유치권이 신고 된 204호로 먼저 향했다. 노크를 하고 안으로 들어갔다. 상가내부를 보니 임차인이 쑥으로 마사지 숍을 하기위해 여러 가지 시설을 해 놓은 상태였다. 쑥 냄새가 코에 진동했다. 현장 방문 전에 네이버 블로그 검색을 하여 미리 상가임차인의 인상착의와 내부를 확인해두었다(상가의 경우 인터넷 검색으로 내부시설과 임차인의 영업정보를 알 수 있는 경우가 더러 있다). 유치권 신고를 한 아줌마와 그녀의 남편 그리고 웬 젊은 사내가 앉아 있었다.

"안녕하세요. 송사무장입니다(분위기가 어색해서 일부러 큰 목소리를 냈다)."

"네…누구시죠?"

"낙찰자입니다."

"그래요? 그런데 무슨 일로?"

"무슨 일이라뇨? 임차인을 뵈러 왔죠. 그냥 편하게 방문한 것이니 부담은 갖지 마십시오."

"네…."

"장사는 잘 안되죠? 요즘 경기가 안 좋아서요."

"네, 안돼요. 그래도 이 분야의 특허를 갖고 있어서 앞으론 유망할겁니다."

"사모님이 법원에 유치권 신고 하셨죠?"

"(자신감 있는 목소리로)네…시설비가 많이 투입이 됐기에 유치권 신고를 했습니다."

"아~네. 그런데 유치권이 하나도 인정 안 되는 것은 아세요?"

"네? 뭐라고요?"

"임차인이 자신의 영업을 하기 위해 투입된 시설비는 낙찰자에게 인정 못 받아요."

"그래도 버틸 때까지는 버텨야죠(내가 제일 싫어하는 말을 어김없이 내뱉는다)."

"그래요? 그렇게 감정적으로 말씀하셔서 사모님께 좋을 것이 아무것도 없을 텐데요."

"그런데 도대체 무슨 생각으로 여기를 낙찰 받으신 건가요?"

"아~이 상가요. 다 철거하고 미용실 할 겁니다(나도 겁을 한번 준다. 내가 싫어하는 말을 했으므로)."

"(움찔 놀라며) 뭐라고요?"

"일단 오늘은 돌아가겠습니다. 다음 주에 다시 뵙죠"

"저, 저기요~! 혹시 이 상가 저희한테 팔면 안 되나요?"

"글쎄요. 다른 용도로 사용하려고 낙찰 받았기에 되팔 일은 없을 것 같은데요. 생각은 한번 해보죠. 가겠습니다."

"생각해보시고 연락 해주세요."

배웅하는 유치권자를 뒤로하고 상가를 빠져 나왔다.

낙찰 받은 부동산을 임차인이나 소유주가
재매입 의사를 비칠 때

낙찰 받은 후 방문하여 점유자에게 이런 얘기를 듣게 되면 기분이 좋아진다.
그러나 그런 달콤한 말에 절대 기대하지 마라~!
그들이 제시하는 금액은 낙찰자가 생각했던 수익에 전혀 미치지 못한다.
정말 수고비도 안 나오는 금액을 제시하는 경우가 대부분이다.
왜냐하면 그들은 이미 낙찰가를 알고 있으므로…!

상가 문을 닫고 나오는데 내부에서 큰 소리가 들린다. 유치권 아줌마와
남편의 목소리다.

"거봐~! 내가 이번에 낙찰받자고 했잖아요. 내가 못살아~!"
"누가 이렇게 될 줄 알았겠어."
"뭐요? 정말 원수 같은 인간 제대로 하는 것이 하나도 없어~!"
"……."

유치권 아줌마가 남편을 이 잡듯이 바가지를 긁는 소리가 멀리서도 들려
왔다. 이들 부부는 상가에 시설비로 유치권 신고를 하고 다음 매각기일에 저
가에 낙찰 받을 요량이었던 것이다(나중에 알고 보니 뒤에서 도와주는 경매컨설팅
업체가 있었다. 경매를 하며 제대로 된 컨설팅 업체가 아니라면 오판을 할 수 있고 오히
려 큰 피해를 입을 수 있다).

유치권 부동산 대출

유치권이 신고 된 경매물건을 낙찰 받으면 대부분 은행에서 대출을 꺼려한다. 낙찰자가 또 한 번 넘어야 되는 산이다. 은행담당자의 경매지식이 뛰어난 것이 아니어서 군이 유치권의 성립유무를 판단해가며 대출해주려고 하지 않는다.

이 시점은 낙찰자가 은행대출을 위해 힘들게 은행 이곳저곳을 돌아다녀야 되므로 유치권자가 이유 없이 미워지고 괜히 감정상하는 때다.

유치권이 신고 된 부동산의 경락잔금대출

하자가 없는 일반물건은 낙찰가의 60~80%정도의 대출을 받을 수 있다. 그러나 유치권이 신고 된 물건은 허위유치권인지 진정한 유치권인지 여부와 관계없이 은행에서 아예 취급조차 하지 않는 경우가 있다. 그렇지만 허위유치권이나 유치권으로 낙찰자에게 대항할 수 없는 경우 낙찰자가 유치권이 인정되지 않는 부분에 대해 자료를 첨부하여 담당자를 설득하면 축협, 수협, 새마을금고, 신협에서 대출을 받을 수도 있다. 능력이 되면 1금융권도 충분히 가능하다. 최악의 경우 유치권이 신고 된 금액만큼 은행에 예치하고 인도명령결정이나 강제집행 즉, 점유자를 명도 완료하고 다시 나머지 금액을 대출받을 수도 있다. 저축은행은 금리가 매우 비싸므로 잘 안되었을 경우에만 이용해야 한다.

은행에선 '유치권포기각서'나 '유치권합의서'를 제출하라고 하지만 잔금도 납부하기 전에 유치권자가 낙찰자가 제시하는 적은 이사비에 이것을 해줄리 만무하다.

필자는 이 상가에 대해 유치권 신고금액 7,000만 원을 은행에 예치하고 인도명령결정을 받아낸 후 나머지 대출을 실행했다(대출받는 것도 낙찰자의 능력이다!).

수협담당자에게 유치권이 인정되지 않는 부분과 대법원 판례를 첨부하여 설명하였으나 상사의 반대로 유치권이 신고 된 금액만큼 예치를 하고 '인도 명령결정'이 나오면 나머지 금액에 대해 대출을 해주기로 합의를 보았다.

대출이 원활하게 안 되니 괜히 유치권자(임차인)에게 짜증이 났다. 다시 한 번 임차인을 찾아갔으나 예상했던 대로 그녀가 요구하는 매매금액은 터무니없는 가격이었고 그녀는 어설픈 경매컨설팅만 믿고 이른바 내가 제일 싫어하는 '버티기' 용어를 계속해서 남발했다. 이래서 이 상가의 결말도 대략 어떻게 될 것인지 감이 왔다.

인도명령신청 그리고 압박…

경매를 하면서 수많은 점유자를 상대할 때마다 그 사람의 '기'를 느낄 수 있다. 아마도 그 사람도 나와의 만남에서 나의 '기'를 충분히 느낄 수 있을 것이다. 나는 보통의 사건에선 초반에 기를 꺾어 놓는다. 점유자에게 큰 목소리를 내거나 욕을 하는 것이 절대 아니다. 대화 도중에 낙찰자가 법적으로 우위에 있다는 것을 상대방에게 자연스럽게 주지시키는 것이다.

효과적인 명도에 관한 사항은 필자가 집필한 세 번째 저서《송사무장의 부동산 공매의 기술》에 자세하게 나와 있다. 이 사건의 임차인은 많은 피해를 보았다. 시설비에 막대한 돈을 지출했고 또한 보증금도 약간 손해를 본 상태다. 그렇기 때문에 웬만하면 적당한 선에서 재계약을 하려고 했었다.

그러나 어찌 하리~ 이런 상황이 우리를 대치하게 만드는 것을….

다시 본론으로 돌아와서….

이 물건의 임차인은 경매법원에 배당요구서도 제출을 했고 유치권신고서도 제출을 했다. 그런데 이렇게 임차인이 유치권신고를 한 경매물건은 법원

임대인과 임차인 쌍방은 아래 표시 부동산에 관하여 다음 계약내용과 같이 임대차계약을 체결한다.

1. 부동산의 표시

소 재 지	경기도 부천시 ○○구 ○동 1002 ○○○빌딩		
임대부분	204호	구조. 용도	근린생활시설
임대면적	207.92㎡(62.90평)공유포함	상 호	

2. 계약내용

제1조 임차인은 상기 표시 부동산에 대한 임대보증금 및 차임(월세)을 아래와 같이 임대인에게 지불한다.

보 증 금	이천만 원정(₩20,000,000)
계 약 금	이백만 원정(₩2,000,000)은 계약시 지불하고 영수함.
중 도 금	오백만 원정은 2007년 6월 18일에 지불한다.
잔 금	천삼백만 원정(₩,000,000)은 2007년 7월 15일에 지불한다.
차임(월세)	일백만 원정(₩1,000,000)은 매월20일에 지불(후불)한다.

제2조 임대인은 상기 부동산을 임대차 목적대로 사용. 수익할 수 있는 상태로 하여 2007년 7월 15일까지 임차인에게 인도하며, 임대차 기간은 인도일로부터 2년으로 한다.

제3조 임차인은 임대인의 동의 없이 상기 부동산의 용도나 구조 등을 변경하거나 전대, 임차권 양도 또는 담보제공을 하지 못하며 임대차목적 이외의 용도에 사용할 수 없다.

제4조 임차인이 차임(월세)을 계속하여 2개월 이상 연체하거나 제3조를 위반하였을 경우 임대인은 즉시 본 임대계약을 해지할 수 있다.

제5조 임대 계약기간이 종료한 경우 임차인은 상기 부동산을 원상으로 복구하여 임대인에게 변환한다. 임대인은 임대보증금을 임차인에게 반환하고, 연체임대료 또는 손해배상금액이 있을 때는 이를 제하고 그 잔액을 반환한다.

제6조 임차인이 임대인에게 중도금(중도금이 없으면 잔금)을 지불하기 전까지, 임대인은 계약금의 2배액을 상환하고 임차인은 계약금을 포기하고 본 계약을 해제 할 수 있다.

제7조 임대인 또는 임차인이 본 계약상의 내용에 대하여 불이행이 있을 경우 그 상대방은 불이행한 자에 대하여 서면으로 최고하고 본 계약을 해제할 수 있다. 그리고 계약 당사자는 계약 해제에 따른 손해배상을 각각 상대방에 대하여 청구할 수 있으며, 손해배상에 대하여 별도의 약정이 없는 한 계약금을 손해배상의 기준으로 본다.

특약사항 : 1.계약일 현재 등기부등본상 (제일은행 채권최고액 금910,000,000원 채무자 유○창) 근저당 설정되있는 상태임 (공동담보201,202,203,204,205,206,208,209호)

　　　　2.월임차료는 부가세별도이며,임대인 유○창 계좌(○○○-○○○○-○○○○)로 입금한다.

　　　　3.실내공사시작일 이전의 관리비는 임대인 부담이며,이후의 선수관리비및 관리비는 임차인이 부담한다

본 계약에 대하여 계약당사자가 확인하고 각자 서명. 날인한다.

2007년 6월 07일

임대인	유 ○창	경기도 수원시 ○○구 ○○동 1006	유 ○창(6○○○-1○○○)	
대리인	전 ○수	인천시 ○구 ○○○동 ○○2 801호	전 ○수(5○○○-1○○○)	
임차인	주 소	인천시 ○○구 ○○○동 5○○1 ○○아파트 ○○-○○		
	주민등록번호	6○○○-2○○○	전화 010-○○○-○○○ 성명 김 ○자	

에 제출한 임대차계약서만 꼼꼼히 살펴봐도 쉽게 결론을 얻을 수 있다.

　　임대차계약서를 살펴보면 제5조에 임차인의 '원상회복 반환의무'가 기재되어 있다. 이처럼 임차인이 임대인과 임대차계약을 맺을 당시 원상회복반환에 관해 약정을 한 경우엔 임대인과 낙찰자에게 유치권을 주장할 수 없다.

하지만 이처럼 명백하게 유치권이 성립하지 않는 경우에도 인도명령서 한 장만 제출해선 절대 안 된다.

낙찰자가 신경 쓰지 않는다면 이러한 경우라도 인도명령이 기각될 수도 있고 또는 인도명령신청에 대한 판단이 즉시 이루어지지 않고 인도명령심문기일을 거쳐 판단이 될 수도 있기에 그만큼 명도를 마치는데 시간이 지연된다.

필자도 임차인이 허위유치권 신고를 했다고 얕보고 접근을 했다가 인도명령결정을 받아내는데 애를 먹었던 기억이 있다. 그 당시 경매판사는 인도명령심문기일에 출석하여 우는 연기를 하는 유치권자가 약자라고 느껴 인도명령에 대해 빠른 판단을 하지 않고 보류를 했었다(실수를 해본 사람이 더 조심하는 법! 나의 이러한 경험에서 나오는 충고로 독자는 시행착오를 줄일 수 있을 것이다).

임차인이 유치권 신고를 했던 경우 유치권을 인정하지 않았던 대법원판례와 임대차계약서, 그리고 낙찰자의 애절한(?) 사연을 담아서 인도명령신청서를 작성하고 잔금을 납부함과 동시에 접수를 했다.

부동산인도명령신청서

사　　건 : 2008타경1○○○○호 물건번호(4) 부동산임의경매
채권자 : 한국스탠다드챠타드제일은행
채무자 겸 소유자 : 유○창

신청인 : 주식회사 케이알리츠
부천시 ○○구 ○○동 1○○8 ○○ A-○02

피신청인 : 김○자
부천시 ○○구 ○○동 1○○-○, ○○빌딩 ○○○호

신청취지

피신청인은 신청인에게 인천지방법원 부천지원 2008타경 1○○○○호 물건
번호(4) 부동산 임의경매사건에 관하여 별지목록 기재 부동산을 인도하라
라는 재판을 구합니다.

신청이유

1. 당사자의 지위

신청인은 인천지방법원 부천지원 2008타경 1○○○○호 물건번호(4) 부동
산 임의경매사건에 관하여 별지목록기재부동산을 낙찰 받아 매각대금을 납부하
고 소유권이전등기를 경료한 소유자이고, 피신청인은 귀원에 임차인으로서 배당
요구를 하였고 또한 유치권신고를 한 자입니다.(갑 제1호증 부동산경매사건검색,
갑 제2호증 유치권신고서)

2. 피신청인은 유치권자로서 낙찰자에게 대항 불가.

가. 피신청인은 대항력이 없는 임차인에 불과함.

피신청인은 2007.6.7.에 이 사건의 채무자 유○창과 보증금 이천만원
(20,000,000원)과 월차임 일백만원(1,000,000)으로 하는 임대차계약을 하고
2007.7.25.에 '○○○효소방'이란 상호로 사업자등록을 하였습니다.(갑 제3호증
임대차계약서, 갑 제4호증 사업자등록증)

그런데 피신청인이 귀원에 제출한 임대차계약서 제5조에 '임대 계약기간이

종료한 경우 임차인은 상기 부동산을 원상으로 복구하여 임대인에게 반환한다'라고 원상회복 조항이 기재되어 있습니다. 건물의 임차인이 임대차관계 종료시에 건물을 원상으로 복구하여 임대인에게 명도하기로 약정한 것은 임차인이 건물에 지출한 각종 유익비 또는 필요비의 상환청구권을 미리 포기하기로 한 취지의 특약이라고 볼 수 있어 임차인은 낙찰자에게 유치권을 주장할 수 없다(대법원 1975.4.22. 선고 73다2010 판결)라고 하였습니다. 또한 이와 같은 경우에 법원은 유치권을 명백하게 부정하고 있습니다.

서울지법 남부지원 1984.11.15. 선고 84가합837

【판시사항】

1. 원상회복의무자의 필요비 및 유익비상환청구
2. 민법 제646조의 부속물의 예

【판결요지】

1. 임대차계약당시 임대기간이 만료되면 철거하여 원상회복하기로 약정하였고, 그 후 계약이 갱신되면서도 그 조건이 존속되었던 사실이 인정되는 한 필요비 및 유익비의 상환청구권은 포기하기로 약정된 것이다.
2. 임대인의 동의아래 건물의 상용편익을 위하여 한 전기시설, 환기시설 및 냉방장치를 위한 냉각탑과 그 배관시설은 부속물이다.

이렇듯 법원은 임대차계약서에 원상회복 조항이 있는 경우엔 확실하게 임차인의 유치권을 인정하지 않고 있습니다.

나. 피신청인이 제출한 유치권 신고서에 관하여

피신청인은 2008.5.30.에 이 사건에 임의경매기입등기가 되고 2008.8.6.의 배당요구종기일도 훨씬 지난 시점인 2008.11.4.에 귀원에 유치권신고서를 제출하였습니다. 유치권신고서를 살펴보면 공사도급계약서도 아닌 ○○○호의 내부시설 및 인테리어 공사대금 칠천일백육십만원(71,600,000원)이라고 네 줄로 적어진 종이 한 장만 제출하였습니다. 유치권신고서의 내용을 보더라도 건물의 객관적 가치를 증가시킨 유익비가 아니라 임차인의 영업을 위해 지출된 내용이고 그 금액도 터무니없음을 알 수 있습니다. 즉, 실제로 공사를 하였다면 갖추고 있어야할 최소한의 증빙자료인 공사비지출내역서, 거래명세서 및 세금계산서, 세무서에 부가가치세를 신고하면서 제출하였을 매출처별세금계산서합계표 등 증빙자료가 전무합니다.

진정한 유치권자면 배당요구종기일전에 법원에 유치권신고를 하였거나, 이 사건부동산을 점유하면서 유치권자라는 현수막등 표시를 하였거나 이 사건부동산의 시건장치를 관리하면서 배타적, 독자적으로 점유를 하였을 것이지만 피신청인은 어느 것도 한 것이 없습니다. 피신청인은 부천지원 집행관이 현황조사서 작성을 위해 현장에 방문했을 때에도 유치권자로 주장을 하지 않았기에 법원의 '부동산의 현황 및 점유관계 조사서'에도 단순히 '임차인(별지) 점유'라고만 기재되어 있습니다.(갑 제5호증 부동산의 현황 및 점유관계 조사서)

신청인이 낙찰을 받은 후 이 사건 부동산을 방문했을 때 피신청인은 이 사건 부동산에 유치권신고가 되어 있어서 아무도 입찰하지 않을 것이라 확신했었고 다음매각기일에 피신청인이 입찰을 하려고 했었다고 신청인에게 말한 바 있습니다(이 사건 외 물건번호(1),(2)모두 기존의 임차인이 낙찰 받은 것을 알 수 있습니다).

3. 결론

그렇다면 피신청인은 이 사건 부동산에 관하여 진정한 수급인으로서 어떠한 공사를 하였다거나 실제로 공사비를 지급받지 못한 자가 아니라 이 사건 부동산을 유찰시켜 저가낙찰을 노렸거나 낙찰자에게 명도를 지연시키기 위해 허위의 유치권을 주장하는 자라고 보여지며, 가사 피신청인이 실제로 공사를 하였다고 하더라도 피신청인은 임대인에게 원상회복을 해야만 하는 대항력 없는 임차인으로 유치권자로서 낙찰자에게 대항할 수 없다고 할 것입니다.

신청인은 피신청인의 허위 유치권신고로 인하여 제1금융권으로부터는 대출을 받지 못하고 그나마 제2금융권인 수협으로부터 높은 금융이자로 대출을 받으면서 유치권이 신고된 금액인 칠천일백육십만원(71,600,000원) 만큼 은행에 예치해 두고 대출을 받아야 했기 때문에 낙찰대금을 마련하는데 사금융을 이용해야 하는 어려움을 겪고 있습니다.

이에 신청인은 조속히 이 사건 부동산을 인도받고자 이 사건 신청을 하기에 이른 것입니다.

소 명 방 법

1. 소갑 제1호증 대법원경매사건검색
1. 소갑 제2호증 유치권신고서
1. 소갑 제3호증 임대차계약서
1. 소갑 제4호증 사업자등록증
1. 소갑 제5호증 부동산현황 및 점유관계 조사서

첨 부 서 류

1. 대법원 판례(대법원 1975.4.22. 선고 73다2010 판결) 1부
1. 하급심 판례(서울지법 남부지원 1984.11.15. 선고 84가합837) 1부

2009. 1. 2.
신청인 주식회사 케이알리츠 (인)

인천지방법원 부천지원 경매○계 귀중

별지

부동산 목록

(1동의 건물의 표시)

경기도 부천시 ○○구 ○○동 1○○-○ ○○빌딩

철근콘크리트조 슬래브지붕 9층 제1,2종 근린생활시설 및 업무시설

지하2층 1,240.00㎡

지하1층 1,312.73㎡

1층 950.015㎡

2층 972.015㎡

3층 997.20㎡

4층 997.20㎡

5층 997.20㎡

6층 997.20㎡

7층 997.20㎡

8층 997.20㎡

9층 997.20㎡

(대지권의 목적인 토지의 표시)

경기도 부천시 ○○구 ○○동 1○○-○ 대 1435.7㎡

(전유부분의 건물의 표시)

제○층 제○○○호 철근콘크리트조 127.60㎡

(대지권의 표시)

소유권대지권 1435.7분의 26.001 끝.

역시 결과는 공들인 만큼 신속하게 결정이 되었다.

2009.1.2.에 접수했다. 접수할 때 경매계장님께서 아마도 심문기일이 잡

힐 것 같다고 말씀하셨으나 심문기일 없이 4일 만에 인도명령이 결정되었다.

마지막으로 임차인을 설득해보다

낙찰을 받고 점유자와 명도협의가 결렬되어 강제집행을 해 본 사람은 알 것이다. 강제집행이 결코 낙찰자에게 유쾌한 일이 아니라는 것을! 그래서 필자는 법적으로 점유자보다 유리한 위치에 있다고 할지라도 항상 마지막까지 점유자를 설득하고 달래며 강제집행은 피하려고 한다. 이 상가도 진정 강제집행은 피하고 이사비를 손에 쥐어주고 내보내고 싶었다. 그래서 다시 한 번 임차인에게 방문을 하여 재계약을 하거나 이사비를 지급받고 명도를 해주는 방향으로 대화를 나누었으나 임차인은 이젠 효용가치가 없어져버린 '유치권'

에 대한 엄청난 합의금을 요구할 뿐이고, 재계약 조건도 필자가 낙찰 받았을 때 잔금을 대출받았던 은행이자도 낼 수 없을 수준의 금액만을 고집했다.

협의가 결렬되면 앞으로 어떻게 진행할 것인지 상세하게 설명을 해도 막무가내다. 필자가 진행했던 다른 유치권 사건의 경우 '형사고소'도 함께 병행했지만 이번엔 고소장을 미리 작성만 해두었을 뿐 경찰서에 접수하지 않았다.

그냥 상가의 인도만 원활하게 건네받고 마무리 할 생각이었고, 최악의 경우 상가를 강제집행 하더라도 임차인에게 추가로 상처를 주고 싶지 않았기 때문이었다.

세상엔 '모르쇠~'로 해결되는 것은 아무것도 없다. 임차인은 그 상황에서 최선의 선택이 무엇인지를 판단하면 좋으련만… '모르쇠~'로 일관했다. 유치권을 주장하는 그녀에게 내가 해줄 수 있는 것은 아무 것도 없었고 더 이상 기다려줄 수도 없었다.

강제집행계고 그리고…

강제집행을 실시하기 10일 전에 집행관과 함께 상가에 방문하여 며칠 후면 집행을 실시할 것이라는 '집행계고'까지 했다. 그런데도 임차인은 여전히 꿈쩍하지도 않고 '모르쇠'만 외칠 뿐이다. 그리고 드디어 강제집행 당일이 되었다. 상가에 도착했는데 임차인이 아직 출근을 하지 않은 상태였다. 임차인에게 전화를 걸었다.

"지금 어디십니까?"

"집인데요."

"빨리 나오십시오. 법원에서 강제집행 나왔습니다."

"야! 누구 맘대로 강제집행이야! 나는 못 가! 맘대로 해!"

"안 나오셔도 관계없습니다. 안에 있는 짐은 모두 창고로 가져갈 것이니 그렇게 아세요."

"야~!"

임차인이 오지 않아서 어쩔 수 없이 동반한 열쇠아저씨가 상가를 강제개문하고 들어갔다.

집행을 시작하기 전 유치권자와 그녀의 시동생이 현장에 도착했다.

그리고 나와 정면으로 마주쳤다.

집행관이 어쩔 수 없이 강제집행을 실시할 것이라고 경고를 했고 나는 그 상황을 조용히 바라보았다. 하지만 임차인은 상황을 받아들이려 하지 않았다.

    집행관의 명령과 함께 대기하고 있던 노무인원이 입장하여 강제집행이 시작되었고 상가 내부에 있는 짐들을 빠른 속도로 치우기 시작했다. 상가에 고정된 물건을 제외한 모든 유체동산을 미리 준비해온 자루와 박스에 담기 시작했다(많은 노무인원이 투입되었고 법원에서 강제집행을 실시하는 날은 여러 건이 잡혀져 있기에 다음 강제집행 장소를 제 때에 가기 위해서라도 집행을 서두르는 편이다).

    박스에 담은 짐들은 바깥에 대기하고 있는 화물차로 옮겨져 보관창고로 떠나갔다.
    이렇게 떠나보내는 것이 한편으론 기분이 좋지 않지만 유치권자(임차인)의 욕심으로 인한 어쩔 수 없는 마지막 선택이었다.

좋은 상가 고르는 방법과
상가 매매가격 산정요령

상가투자의 허와 실

경매투자는 법원감정가격에서 유찰된 가격으로 낙찰 받았다고 하여 모두 수익을 올릴 수 있는 것이 아니다. 왜냐하면 경매로 매각되는 물건의 감정평가금액은 대부분 실제 시세보다 높게 책정되어 있기 때문이다(통상 분양당시의 분양가나 거래호가 중에서 최고가로 감정되는 경우가 많다).

이렇게 경매물건이 높게 감정평가 되는 이유는 감정평가사가 경매 감정평가를 할 때는 채권자들의 채권회수를 원활하게 하는 것을 염두에 두고 있기 때문이다. 반대로 은행에서 돈을 빌려줄 때 하는 감정평가는 해당부동산을 시세보다 보수적으로 감정해 담보가치를 낮게 평가하는 것이 관례다.

따라서 낙찰자는 절대 법원의 감정가를 맹신해서는 안 된다. 아파트, 오피스텔처럼 인터넷으로 쉽게 시세를 확인할 수 있는 물건의 경우 해당 물건의 감정평가금액과 실제 시세의 오차가 크지 않지만 그 외 빌딩, 상가, 모텔, 근린시설 등은 실제 시세와 오차범위가 큰 편이다(어떤 경우에는 저평가되는 경우가 있지만 그런 사례는 매우 드문 케이스다). 결국 상가투자를 위해서 해당 물건의 적정시세를 파악하는 것은 입찰자의 몫이다. 따라서 투자를 하려면 법원의 감정가격이 아닌 실제 임대 가능한 가격과 매매시세를 정확하게 파악해야 할 것이다.

그렇다고 상가투자를 너무 어렵다고 생각해선 안 된다. 어떤 일이든 어려움이 있으면 그와 동시에 기회도 함께 있는 법이다. 그리고 이런 이유로 상가물건의 경우 주거형 물건보다 좀 더 저렴한 가격에 낙찰을 받을 수 있는 것이다. 필자 역시 지금까지 상가투자로 큰 수익을 냈고, 현재도 좋은 조건에 임대를 주고 있는 물건들을 보유하고 있다(필자가 보유한 아파트, 빌라, 오피스텔에 비해 임대수익률이 높은 편이다). 또한 최근 상가물건의 경락잔금대출도 제1금융권에서 좋은 조건으로 해주고 있다. 그리고 상가는 임차인이 바뀔 때 임차인의 비용으로 수리 및 시설을 하고 들어오므로 주거형 물건처럼 도배 및 장판 등 기타 시설의 유지보수에 신경 쓰지 않아도 되는 장점도 있다(어떤 일이든 긍정적으로 사고하려고 노력하라).

좋은 상가 고르는 방법

상가의 경우 낙찰가격만 저렴하다고 안심할 수 없기 때문에 깐깐하게 자신만의 조건에 충족되는 상가를 찾아야 한다. 아래 방법은 이론을 늘어놓은 것이 아니라 필자가 실전투자를 하며 얻은 노하우를 하나씩 정리한 것이니 여러 번 읽어서 본인의 것으로 만들기 바란다.

좋은 상가 고르는 방법

1. 상가는 첫째도 임대, 둘째도 임대수익이 좋아야 한다(두 번 강조해도 될 정도로 머릿속에 염두해둬야 한다). 그런데 역세권이나 1층 상가처럼 입지가 좋은 상가일수록 매매가격에 비해 임대수익률은 낮다. 따라서 투자자의 감각이 요구되는데 A급물건이 아닌 B,C급 지역에서 임대가 수월한 상가를 찾는 것이 포인트다.

2. 지적도상의 길보다 실제 사람들이 다니는 동선을 파악하라.

사람들은 매번 같은 길로 출·퇴근하는 경향이 있다. 익숙한 길이 편하고 빠르다고 느끼기 때문이다. 따라서 해당상가가 사람들의 동선에 있는지 반드시 확인해야 한다.

3. 상가 주변의 주거형 건물에 사는 세대에 관한 특징을 파악해야 한다.

어차피 상가를 이용하는 것은 주변세대에 사는 사람들이다. 그러므로 주변 세대의 거주형태는 어떻게 되는지 소형 평형인지 대형 평형인지 확인하고 그에 맞게 소비패턴을 확인해야 한다. 예를 들어 소형 평형이 많은 경우 신혼부부 및 젊은 세대가 많을 것이므로 그들의 소비패턴과 연관이 많은 업종이 유망하다.

4. 임대인이 아닌 임차인의 입장에서 입찰상가를 체크하라. 대부분 입찰자들은 낙찰 후 받을 수 있는 임대수익에 초점을 두고 상가의 주변사항들의 체크를 소홀히 하는 경향이 있다. 그러나 임차인의 입장에서 파악해야 임대를 수월하게 놓을 수 있다. 겉보기엔 비슷한 상가라도 주차장 관리정도, 관리비, 보안 및 청소상태가 천차만별이기 때문이다. 이런 조건이 잘 갖춰진 상가는 임차인이 오랜 기간 머무를 것이고 그렇지 않다면 단기계약이 잦다.

5. 상가 공급이 과잉된 지역은 입찰을 피해야 하지만 공실률을 감안하여 입찰해야 한다(초보인 경우 공실이 많은 지역은 피하는 것이 좋다).

6. 신도시 상가투자를 할 때는 주변 주거형 건물의 입주율이 80% 수준이 되었을 때 매입을 하는 것이 좋다. 이때부터 상권이 형성되기 시작하기 때문에 그전에는 공실로 방치될 가능성이 높기 때문이다(이런 이유로 입지가 형성된 지역이 아니고선 신도시 상가를 분양받아선 안 되는 것이다).

7. 기존 상권이 다시 활성화되거나 침체되는 것은 1~2년 주기로 비교적 길게 진행되므로 매수타이밍과 매도타이밍을 충분히 감지할 수 있고, 그에

맞게 움직이는 것이 좋다.

8. 해당 지역의 전면이 아닌 구석상가, 후면에 입점할 수 있는 업종, 이면 도로 및 골목상가에 맞는 업종이 무엇인지 파악한다.

9. 입찰하려는 상가가 유흥업소 및 밤에 영업을 해야 하는 호프, bar, 식당 등일 경우에는 반드시 저녁 시간에 현장조사를 해야 한다. 저녁 7–9시 사이에 도보로 그 지역의 1층 상가만 둘러보더라도 답이 나온다.

10. 고시텔, 커피전문점, 골프연습장 등 입찰 물건이 유행 업종일 경우 기존의 경쟁업소를 체크해야 하고, 새롭게 들어설 곳이 있는지도 확인해야 한다. 또한 이런 업종의 경우 시설이 노후될수록 추가비용이 발생하므로 추가공사를 해야 하는지 여부도 미리 확인하고 입찰하는 것이 좋다.

11. 입찰물건의 임차인이나 점유자가 현재 영업을 하고 있는 경우 블로그, 홈페이지 등 인터넷 검색을 통해 임차인의 영업현황, 상가내부현황 등에 관해 미리 파악이 가능하다(의외로 좋은 정보를 얻을 수 있는 경우가 많다).

12. 초보자의 경우 입찰물건을 현장조사할 때 예전에 인근에 낙찰되었던 사례를 검색하여 그 물건이 어떻게 변했는지 체크해보는 것도 많은 도움이 된다.

13. 상가투자를 잘하려면 한 지역을 집중적으로 공략하는 것이 효율적이다.

영업이 잘 되거나 상권형성이 된 상가를 찾아라!

상가의 경우 입지가 좋지 않거나 하자가 있어 경매로 넘어간 물건이 아닌, ①현재 장사가 잘 되고 있음에도 경매물건으로 나온 물건이나 ②

기본 입지가 좋음에도 불구하고 영업을 하고 있는 소유자나 임차인의 영업능력 부족으로 경매대상이 된 물건을 낙찰 받는다면, 이것 역시 높은 수익을 얻을 수 있는 좋은 기회가 된다. 이런 부동산은 투자자의 철저한 현장조사를 통해서만 발견할 수 있다.

상권형성이 잘 되어 있는데도 경매가 진행되는 경우

1. 호황기에 대출을 받은 업종

은행도 영리를 목적으로 하는 곳이므로 돈이 되는 곳에 투자를 하고 대출을 실행한다. 그래서 호황을 맞이하는 업종이 있을 때 은행에서는 그 업종에 대해 공격적인 대출을 해준다. 예를 들면, 성매매 단속이 강화되기 전 모텔 같은 경우는 은행들이 대출을 해주지 못하여 안달이었다. 이런 곳이 경매로 나오는 이유는 처음부터 무리하게 대출 받아서 사업을 시작했기 때문이다. 모텔, 사우나, 찜질방은 시세가 높게 책정이 되므로 최초대출금액이 많다. 그래서 장사가 잘 되는 곳일지라도 최초대출금액이 워낙 많다보니 이자부담을 견디지 못하여 경매로 넘어가는 경우가 있다.

2. 엔화로 융자를 받은 부동산

한동안 엔화대출이 유행이었다. 국내은행에서 발행한 대출보다 저금리였던 일본 엔화 대출은 약 3~4% 수준의 대출금리 정도만 부담하면 되었다. 그런데 갑자기 엔화가치가 상승하여 대출 금리는 그대로인데 대출원금이 두 배로 불어나는 현상이 일어난 것이다. 그래서 엔화대출을 받았던 상가나 공장이 졸지에 경매로 넘어가게 되었다. 이런 곳은 수익을 높일 수 있는 좋은 기회가 될 수 있다. 왜냐하면 기존에 엔화대출이 가능했던 곳은 매출이 많이 나오는 신용이 좋은 기업이나 자영업자가 대부분이기 때문이다.

3. 법원감정가가 높은 부동산

전체가 7층 건물인데 각 층별로 따로 따로 등기가 없고 1층부터 7층까지 전체가 하나의 등기로 된 건물의 경우 감정가격이 매우 높다. 이런 곳은 의외로 영업은 잘 되는데 소유자의 무리한 사업으로 경매로 넘어가는 경우가 있다. 장사가 잘 되는 임차인에겐 억울하지만 낙찰자에겐 이런 케이스 역시 기회가 될 수 있다.

4. 소유자(채무자)가 법인인 경우

최근 웅진홀딩스와 극동건설이 법정관리를 신청했다. 웅진그룹은 무리한 사업확장으로 인해 '웅진코웨이'의 성적은 좋지만 다른 계열사의 성적이 좋지 않아 그룹 전체가 위기를 겪게 된 경우다. 마찬가지로 경매물건 중에서도 채무자 또는 소유자가 법인인 경우 해당부동산의 가치가 없어서가 아니라 법인의 다른 사업이 부실해져서 보유한 부동산이 경매에 매각되는 경우도 있다.

그러나 상가투자가 기회가 될 수도 있지만 반대로 리스크 역시 크다는 것도 염두에 두어야 한다. 주거용 건물의 경매는 입찰 전부터 비교적 명확하게 수익을 계산할 수 있지만 상가의 경우엔 시세와 상권형성여부 파악을 잘 못했을 경우 낙찰가격이 낮더라도 대박이 아니라 쪽박이 될 수도 있다. 이것이 초보 투자자들이 상가 입찰시 잦은 실수를 하고 또 어려워하는 이유다.

상가는 주거형 물건에 비해 정확한 시세를 책정하고 임대 및 매매까지 마무리 하는 것이 몇 배 더 어렵기 때문에 상가에 입찰하려고 하는 사람은 무엇보다도 부동산을 보는 안목을 먼저 길러야만 한다. 주거형 물건은 반지하일지라도 세가 저렴하다면 임차인을 구할 수 있지만 상가는 그렇지 않다.

상권이 죽은 상가의 경우 몇 년 동안 관리비만 납부하고 공실로 버텨야 하는 경우도 생긴다. 법원 감정가 3억 원의 물건을 1억 5,000만 원에 낙찰 받았다고 할지라도 손해를 볼 수도 있다는 것이다. 그러므로 상가는 단순히 감정가보다 낮게 낙찰 받았다고 해서 수익을 극대화 할 수 있는 것이 아님을 명심해야 한다. 매매가 빈번하게 이뤄지지 않아 시세파악이 어려운 경우, 임대가격이라도 정확하게 조사해야 한다. 정확한 임대가격을 바탕으로 매매가격을 산출할 수 있기 때문이다.

상가 매매가격 산출하는 방법

1. 평당가격으로 매매가격을 산출하는 방법

주변 상가들의 평수당 매매가를 알게 되면, 해당 경매물건의 매매가격 산출이 용이해진다. 이를 위해 기본적으로 전용률을 알아두어야 하는데, 상가의 전용률은 평균적으로 60% 정도이다. 예를 들면 전용 30평 상가의 분양 평형은 50평형이 된다(30평*100/60=50평). 그런데 만일 이 상가를 1억 원에 낙찰 받았다고 한다면, 평당가격 200만 원이 되는 셈이다(1억 원/50평형).

그리고 주변의 비슷한 상가의 평당 매매가가 300만 원으로 조사되었다면, 이 상가의 적정 매매가는 1억 5천만 원이 되는 것이다(300만 원*50평형).

단, 상가는 층마다 매매가격이 다르고 건축시기에 따른 감가상각도 따져봐야 하므로 주변 상가의 매매가격을 참고 시에는 비슷한 상가건물과 비교해야 함을 유의해야 한다.

2.임대가격으로 매매가격을 산출하는 방법

신문광고에 자주 등장하는 매매가격 산정방법이다.

신문을 볼 때 '1억 투자로 매월 9%의 임대수익을 받을 수 있다'라는 종류의 광고지면을 쉽게 접할 수 있다. 즉, 보통 은행에 1억 원을 예치하면 4.5%의 예금이자를 받는데 위 물건을 매입하면 은행수익보다 많은 9%의 임대수익을 얻는다는 뜻이고, 위 물건에 실제 투입하는 현금은 1억 원이라는 것이다. 이처럼 경매로 매입한 상가 역시 중개업소에 몇%의 수익을 거둘 수 있는 상품으로 만들어 내놓으면 된다. 임대수익으로 매매가격을 산정하는 방법을 알아보자.

예를 들어 2억 8,000만 원에 감정이 된 상가가 1억 4,000만 원까지 유찰되었다고 가정해보자. 만약 이 상가의 임대가격이 보증금 2,000만 원/월차임 130만 원 이라고 하면 적정매매가격은 어떻게 산정할 수 있을까?

① 1억 5,000만 원에 낙찰을 받을 경우 낙찰가의 70%를 은행에서 6%로 대출을 받을 수 있다. 1억 500만 원(낙찰가70%)이 융자금액이고, 매달 약52만 원(융자금의 6%금리 적용시)의 이자를 부담해야 한다. 그리고 취득세가 690만 원 정도 지출이 된다.

실제현금투입액
= 낙찰가(1억 5,000만 원) - 융자(1억 500만 원) + 취득세(690만 원)
= 5,190만 원이 지출됨(이사비, 관리비, 법무비 등은 일단 제외함)

② 낙찰 후 보증금 2,000만 원/월차임 130만 원으로 임대할 경우

낙찰 후 투입된 현금(5,190만 원) - 회수된 보증금(2,000만 원)
= 낙찰 후 최종 투입된 현금(3,190만 원)이고,
낙찰 후 임대수익 = (월차임 130만 원 - 월이자 52만 원) = 78만 원이 된다.

즉, 최종 투입된 현금은 3,190만 원이고, 1년 총 임대수익은 78×12 = 936만 원이다.
그렇다면 이 물건의 최종 현금대비수익률은 29%정도 된다.
보통 매수자들은 8%정도의 수익률을 원한다.
이 물건을 8%수익으로 맞추려면 얼마의 현금이 필요할까?

매매가격을 산정하는 방법을 방정식으로 만들었다.

해당부동산의 대출금액과 매수자가 원하는 수익률에 따라 조건을 입력하면 적정 매매가격을 산정할 수 있을 것이다.

방정식으로 계산하는 법

적정매매가 : x라고 하고(단위: 만 원)

대출가능액 : $0.7x$

현금투입액 : $0.3x$ 으로 표현할 수 있다.

그렇다면, $(0.3x - 2000) \times 0.08 = 1560 - (0.7x \times 0.06)$

| 현금투입액 | 보증금 | 수익률 | 1년총월세 | 대출액 | 대출연이율 |

$0.024x - 160 = 1560 - 0.042x$

$0.024x + 0.042x = 1560 + 160$

$0.066x = 1720$

$\therefore x = 26060$(만 원)

즉, 대략 2억 6,060만 원이 적정 매도가격이 되는 것이다.

유익비, 필요비에 관한 판례

◆

경매 물건 중에서 공사업자가 유치권을 신고한 경우도 있지만 해당 건물의 임차인이 유치권 신고를 하는 경우도 더러 있다. 임차인이 유치권 신고를 한 경우 대부분 주장하는 내용이 필요비 또는 유익비다. 필요비와 유익비에 대해 정확하게 이해하고 어떻게 효과적으로 유치권을 해결할 수 있는지 살펴보자.

첫째, 필요비.유익비 상환청구권이 발생하는 법률적 원인은 무엇인가?

→ 임대인과 임차인의 임대차계약이 이루어졌을 경우 임차인은 보증금과 차임을 지불해야 하는 의무가 생기고 임대인은 임대목적물에 대해 임차인이 원활하게 사용할 수 있도록 수선의무를 부담한다. 그런데 임대인의 부담인 임차목적물의 보존에 필요한 비용을 임차인이 대신 지출한 경우에는 필요비에 해당하고 임차인은 그 비용의 상환을 청구할 수 있으며(민법 626조 1항) 또한 임차인의 비용지출에 의해 임차 목적물이 개량되어 그 건물의 가치가 증가된 때에는 유익비에 해당되고 임대인은 임차인에게 이를 상환할 의무를 부담한다(민법 626조 2항).

1)필요비란?

필요비는 수선비, 보존비 등과 같이 물건의 보존에 필요한 비용과 조세. 공과금과 같이 관리에 필요한 비용 등 선량한 관리자의 주의로서 물건을 보관하는데 불가결한 비용을 말한다.

예를 들어 주택의 경우 기본적인 수도설비나 전기인입시설, 보일러 등 주거의 목적으로 쓰일 때 필요한 상태를 갖추는데 지출된 비용이다. 필요비로 지출된 경우 임차인은 필요비로 지출한 비용전액을 임대인에게 청구할 수 있다.

2)유익비란?

유익비는 물건의 본질을 변화시키지 않고 이용 및 개량하기 위하여 지출된 비용을 말한다. 하지만 임차인의 개인적 취미나 특수목적을 위해 유익비를 지출했을지라도 건물가액의 증가가 현존하지 않는 경우에는 유치권자가 임의로 지출한 것에 불과하므로 그 비용을 낙찰자에게 청구할 수 없다. 유익비상환청구를 하는 임차인은 비용지출액과 건물가치증가액 양자에 대하여 모두 입증을 해야만 하고 그 금액의 입증이 없으면 유치권이 성립하지 않는다. 유치권자가 입증하는 비용지출액과 건물가치 증가액 중에서 낙찰자는 액수가 적은 것을 선택하게 된다(대법원 2002. 11. 22. 선고 2001다40381 판결). 결론은 유익비는 지출된 비용의 전액상환이 보장되지 않는다.

3)임차인의 부속물매수청구권이란?

건물의 임차인이 그 사용의 편익을 위해 임대인의 동의를 구하고 임차한 부동산에 설비 및 부속물을 공사한 경우에는 임대차 종료 시 임대인에게 그 부속물의 매수를 청구할 수 있다(민법 646조). 또한 임차인의 부속물매수청구권은 민법의 강행규정으로써 당사자 간의 특약으로 이를 배제할 수는 없다(단, 유치권으로써 인정이 되려면 임대인의 동의를 얻어 객관적으로 건물 사용의 편익을 위하여 부속되었고 건물의 객관적 가치가 증대했다는 것을 입증해야 한다. 따라서 임차인의 영업을 위한 시설은 이에 해당되지 않는다).

또한 임차인이 차임(=월세)을 연체하여 채무불이행을 한 경우 부속물매수청구권을 행사할 수 없다.

대법원 판례를 살펴보면 예전의 판례(1980년 이전)는 유치권에 대해 인정을 해준 사건이 많았고 최근 판례일수록 유치권의 범위에 대해 엄격하게 판단을 하고 있다. 가장 큰 이유는 예전엔 선량한 임차인과 공사업자(피해자)가 많았지만 갈수록 경매사건과 일반사건에서 이해관계인들이 유치권을 악용하는 사례가 많아졌기 때문이다.

일단 임차인의 유익비를 인정해주었던 판례를 살펴보자.

〈대법원 1967.11.28. 선고 66다2111 손해배상〉

【판시사항】
임차인의 점유가 적법한 유치권행사로 인정되는 사례

【판결요지】
기초공사 벽체공사 옥상스라브공사만이 완공된 건물에 전세금을 지급하고 입주한 후 소유자와 간에 위 건물을 매수하기로 합의하여 자기 자금으로 미완성 부분을 완성한 자는 위 건물에 들인 금액 상당의 변제를 받을 때까지 위 건물의 제3취득자에 대하여 유치권을 행사할 수 있다.

이 판례의 포인트는 소유자와 임차인이 건물을 매수하기로 합의가 되었다는 점이다. 하지만 실례에선 임차인이 건물을 매수하기 위해 임차하는 경우는 드물다.

둘째, 낙찰자를 상대로 한 임차인의 유익비 청구를 배척한 사례

1) 점유자가 임대차계약 등에 의해 적법한 계약관계 등에 의해 점유권원을 가지고 있고, 유익비를 지출하여 임대차종료시에 그 가액의 증가가 현존한 때에는 민법 제626조 2항에 의거하여 유익비상환청구를 할 수 있다. 그러

나 점유자가 적법한 점유권원이 없는 경우에는 민법 제203조 2항에 의해 점유자의 회복자에 대하여 유익비상환청구권을 청구를 해야 한다. 그런데 다음 판례는 적법한 계약관계가 있음에도 민법203조 2항에 의거하여 유익비를 청구한 것은 잘못된 것이고, 또한 볼링장을 운영하기 위해 설치한 벽면로고, 광고 핀, 외벽간판 및 신발장 등은 건물의 부합되어 건물의 객관적 가치를 증대시킨 것이라 할 수 없다는 판결이다.

대법원 2003. 7. 25. 선고 2001다64752 판결【유익비】

【판시사항】

점유자가 유익비를 지출할 당시 계약관계 등 적법한 점유권원을 가진 경우 계약관계 등의 상대방이 아닌 점유회복 당시의 상대방에 대하여 민법 제203조 제2항에 따른 지출비용의 상환을 구할 수 있는지 여부(소극)

【판결요지】

민법 제203조 제2항에 의한 점유자의 회복자에 대한 유익비상환청구권은 점유자가 계약관계 등 적법하게 점유할 권리를 가지지 아니하여 소유자의 소유물반환청구에 응하여야 할 의무가 있는 경우에 성립되는 것으로써, 이 경우 점유자는 그 비용을 지출할 당시의 소유자가 누구이었는지 관계없이 점유회복 당시의 소유자 즉 회복자에 대하여 비용상환청구권을 행사할 수 있는 것이나, 점유자가 유익비를 지출할 당시 계약관계 등 적법한 점유의 권원을 가진 경우에 그 지출비용의 상환에 관하여는 그 계약관계를 규율하는 법조항이나 법리 등이 적용되는 것이어서, 점유자는 그 계약관계 등의 상대방에 대하여 해당 법조항이나 법리에 따른 비용상환청구권을 행사할 수 있을 뿐 계약관계 등의 상대방이 아닌 점유회복 당시의 소유자에 대하여 민법 제203조 제2항에 따른 지출비용의 상환을 구할 수는 없다.

즉, 점유자가 나중에 유익비 명목으로 유치권을 주장하는 것보다 최초의 계약관계가 더 우선한다는 말이다. 가끔 전 소유자에 대한 채권(비용상환청구권)으로 유치권을 주장하는 경우가 있는데 이러한 경우는 유치권이 인정되지 않는다.

2) 임대차계약서에 원상회복 조항이 있는 경우

임대차 계약 당시에 원상회복을 하기로 약정을 한 경우 이 부동산이 경매가 진행되어 낙찰이 되었을 때 임차인은 낙찰자에게 유치권을 주장할 수 없다(앞서 소개되었던 사례다).

서울지법 남부지원 1984.11.15. 선고 84가합837 점포명도청구사건】

【판시사항】

1. 원상회복의무자의 필요비 및 유익비상환청구
2. 민법 제646조의 부속물의 예

【판결요지】

1. 임대차계약당시 임대기간이 만료되면 철거하여 원상회복하기로 약정하였고, 그 후 계약이 갱신되면서도 그 조건이 존속되었던 사실이 인정되는 한 필요비 및 유익비의 상환청구권은 포기하기로 약정된 것이다.
2. 임대인의 동의아래 건물의 상용편익을 위하여 한 전기시설, 환기시설 및 냉방장치를 위한 냉각탑과 그 배관시설은 부속물이다.

3) 건물주가 건물명도청구시 임차인의 유익비와 임료상당의 부당이득금을 상계할 수 있는지?

유치권 신고가 된 부동산을 낙찰 받았을 경우 낙찰자가 유치권 신고금액을 공탁하고 명도를 청구할 순 없다. 그러나 낙찰자가 명도 청구 시 해당부동산의 잔금납부일 기준으로 임차인이 부동산을 사용할 때 임대인에게 지급해야 되는 임료(부당이득금)와 유치권 금액을 상계처리 할 수 있다. 즉, 건물을 명도 받을 때까지 임차인이 주장하는 유치권 금액에서 월세부분을 차감할 수 있다는 것이다.

부산지법 동부지원 2004. 3. 11. 선고 2003가합652 판결 【건물명도등】확정

【판시사항】

[1] 상가 건물의 임차인이 전 소유자인 임대인에게 가지는 유익비상환채권을 위하여 경락인에게 유치권을 행사하는 경우, 경락인이 유익비 상당의 금전 공탁을 조건으로 유치권의 소멸 청구를 할 수 있는지 여부(소극)

[2] 경락인이 건물에 대한 매각대금을 모두 지급한 이후 발생한 임차인에 대한 임료 등 채권으로 임차인의 전 소유자인 임대인에 대한 유익비상환채권과 상계할 수 있는지 여부(한정 적극)

[3] [2]의 경우, 경락인이 유익비를 지급하는 것과 동시에 임차인에 대하여 건물을 명도하라는 내용의 판결을 구할 수 있는지 여부(한정 적극)

【판결요지】

[1] 담보를 위한 공탁은 그 근거법령에서 이를 규정하고 있는 경우에 허용되는 것인데, 타담보제공에 의한 유치권 소멸 청구의 근거법령인 민법 제327조는 담보를 위한 공탁을 규정하고 있지 아니하므로 유익비 상당의 금전을 공탁하는 것을 조건으로 하는 유치권의 소멸 청구는 허용될 수 없다.

[2] 임차인의 유익비상환청구권은 임대인과의 임대차계약에 기한 것이어서 경락인에 대한 채권이 아니라 전 소유자인 임대인에 대한 채권이므로 경락인이 임차인에 대한 임료 등 채권과 임차인의 전 소유자에 대한 유익비상환청구권을 상계하는 것은 원칙으로 허용되지 아니한다고 할 것이나, 경락인이 임차인의 유치권의 대상이 되어 있는 건물을 임의경매절차에서 경락으로 취득함으로써 구 민사소송법(2002. 1. 26. 법률 제6626호로 전문 개정되기 전의 것) 제735조, 제608조 제3항에 의하여 건물에 관한 임차인의 유치권이라는 부담을 승계한 경우에는, 경락인으로 하여금 임차인에 대한 임료 등 채권과 위 유치권의 피담보채권인 임차인의 전 소유자에 대한 유익비상환청구권을 상계할 수 있도록 허용하는 것이 형평의 원칙상 타당하다.

[3] [2]의 경우, 경락인으로서는 건물에 대한 임차인의 유치권이라는 부담을 승계한 것일 뿐, 전 소유자의 임차인에 대한 유익비상환채무 자체를 승계한 것은 아니므로 원칙으로는 임차인에 대하여 경락인으로부터 유익비를 지급받음과 상환으로 경락인에게 건물을 명도할 것을 명하는 취지의 판결을 할 수 없으나, 경락인이 그와 같은 판결을 원하고 있고, 임차인도 위와 같은 판결에 적극적으로 반대의 의사를 표명하지는 아니하고 있으며, 위와 같은 취지의 판결을 하더라도 경락인이 임차인에 대하여 직접 유익비상환채무를 부담하거나 임차인이 경락인에 대하여 직접 유익비의 상환을 구할 수 있게 되는 것도 아니고, 임차인의 전 소유자에 대한 유익비상환채권에 어떠한 영향이 있는 것도 아닌 경우에는 분쟁의 신속하고 공평한 해결이라는 측면에서 이를 허용함이 상당하다.

또한 이 판례를 살펴보면 법원에서 인정해주는 임차인의 유익비의 범위는 외부담장 설치공사, 도로복개공사, 외부석재 마감공사, 고정창문 및 출입문 설치공사, 옥상 원형철제계단 설치공사, 화장실, 일반설비시설, 일반전기

시설 설치공사, 철골골조보강 및 보수공사, 벽면 도장공사, 옥상바닥 방수공사 등 건물의 객관적 가치를 증가시킨 부분만을 인정하였고, 배면 벽면시설, 매장 내 타일, 천장 텍스, 지붕 아스팔트슁글 등 임차인의 영업을 하기 위한 공사부분은 인정하지 않았다.

4) 임차인의 영업을 위해 지출된 비용은 유익비에 포함되지 않는다.

음식점 외 학원이나 볼링장 등 임차인의 영업을 목적으로 지출된 비용은 건물의 객관적 가치를 상승시켰다고 볼 수 없으므로 유익비를 주장할 수 없다.

대구고법 1980.7.3. 선고 79나1082(본소), 1083(반소) 【건물명도청구사건】

【판시사항】
음식점 경영을 위한 시설비가 유익비 또는 필요비에 해당하는지 여부

【판결요지】
음식점 경영에 필요한 시설을 하기 위하여 지출한 비용은 임대인이 상환의무를 지는 유익비 또는 필요비에 해당하지 않는다.

셋째, 필요비에 대한 판례

1. 모든 권리는 당사자의 약정이 우선한다.

유익비의 경우와 마찬가지로 임대인에게 시설비를 청구하지 않기로 약정하였다면 유치권을 주장할 수 없다.

·

대법원 1992.9.8. 선고 92다24998, 92다25007 판결 【건물명도, 매매대금】

【판시사항】

건물 임대인이 임차보증금과 임료를 저렴하게 해 주는 대신 임차인이 부속물에 대한 시설비, 필요비, 권리금 등을 일체 청구하지 않기로 약정하였고, 임차권양수인들도 시설비 등을 청구하지 않기로 약정하였다면 임차인이나 양수인 등은 매수청구권을 포기한 것이고, 위 약정이 임차인에게 일방적으로 불리한 것이라고 볼 수 없다고 한 사례

【판결요지】
갑이 을에게 건물부분을 임대할 때 그 임차보증금과 임료를 시가보다 저렴하게 해 주고 그 대신 을은 임대차가 종료될 때 그가 설치한 부속물에 대한 시설비나 필요비, 유익비, 권리금 등을 일체 청구하지 아니하기로 약정하였고 병 등이 을로부터 위 임차권을 양수할 때에도 갑에게 위 시설비 등을 일체 청구하지 아니하기로 약정하였다면 을이나 병 등은 매수청구권을 포기하였다 할 것이고 또 위와 같은 약정이 임차인에게 일방적으로 불리한 것이라고 볼 수도 없다고 한 사례.

2. 임대차에 있어서 임차인이 임대인에게 교부한 보증금의 반환청구권은 민법 제320조에 명시한 그 물건에 관하여 생긴 채권이 아니므로 이와 같은 채권을 가지고 임차목적물에 대하여 유치권을 주장할 수 없다(대판 1977.12.13. 77다115).

3. 권리금반환청구권

임대인과 임차인 사이에 건물을 명도 할 때 권리금을 반환하기로 하는 약정이 있었다고 할지라도 권리금반환청구권은 건물에 관하여 발생한 채권이 아니므로 건물에 대한 유치권을 행사할 수 없다(대판 1994.10.14. 93다62119).

4. 건물 기타 공작물의 소유 또는 식목, 채염, 목축을 목적으로 한 토지임대차의 기간이 만료한 경우에 그 토지 지상에 건물, 수목 기타 지상시설이 현존하는 경우엔 민법 제283조의 규정을 준용한다. 즉, 위와 같은 상황에서 임대인이 계약의 갱신을 원하지 않는 경우 임차인은 상당한 가액으로 공작물이나 수목의 매수를 청구할 수 있다(민법 643조).

사무장님! 도와주세요!

대항력 있는 임차인이
일부만 배당을 받았습니다.

사무장님 안녕하세요. 대구에 살고 있는 ○○○입니다. 다름이 아니오라 이번에 대항력이 있는 임차인이 점유하고 있는 아파트를 낙찰 받았습니다. 그런데 저의 낙찰가격이 낮아서 대항력 있는 임차인의 보증금 전액이 배당되지 않았습니다. 차후에 어떻게 처리해야할까요?

대항력과 우선변제권을 모두 갖춘 임차인이 배당요구종기일 내에 배당요구를 하였으나 일부만 배당받은 경우에 해당되는군요. 이런 경우엔 임차인이 낙찰자의 명도확인서가 없어도 배당금을 수령할 수 있습니다.

하지만 임차인이 법원에서 배당금을 받은 금액에 상응하는 부분은 낙찰자로부터 부당이득을 취하고 있는 것입니다. 따라서 임차인은 배당받은 부분에 관하여 사용. 수익을 할 경우 낙찰자에게 그에 상응하는 임료를 지급해야 합니다.

대법원 1998. 7. 10. 선고 98다15545 판결

【판시사항】

[1] 대항력과 우선변제권을 겸유하고 있는 임차인이 배당요구를 하였으나 보증금 전액을 배당받지 못한 경우, 그 잔액에 대하여 경락인에게 동시이행의 항변을 할 수 있는지 여부(적극)

[2] 임대차 종료 후 임차보증금을 반환받지 못한 임차인이 동시이행의 항변권에 기하여 임차목적물을 계속 점유하는 경우, 손해배상의무의 존부(소극) 및 부당이득반환의무의 존부(한정 적극)

[3] 대항력과 우선변제권을 겸유하고 있는 임차인이 배당요구를 하였으나 보증금 중 일부만을 배당받은 후 임차목적물 전부를 계속하여 사용·수익하는 경우, 배당받은 보증금에 해당하는 부분에 대한 부당이득반환의무의 존부(적극)

【판결요지】

[1] 주택임대차보호법상의 대항력과 우선변제권이라는 두 가지 권리를 겸유하고 있는 임차인이 먼저 우선변제권을 선택하여 임차주택에 대하여 진행되고 있는 경매절차에서 보증금 전액에 대하여 배당요구를 하였다고 하더라도, 그 순위에 따른 배당이 실시된 경우 보증금 전액을 배당받을 수 없었던 때에는 보증금 중 경매절차에서 배당받을 수 있었던 금액을 공제한 잔액에 관하여 경락인에게 대항하여 이를 반환받을 때까지 임대차관계의 존속을 주장할 수 있다고 봄이 상당하고, 이 경우 임차인의 배당요구에 의하여 임대차는 해지되어 종료되고, 다만 같은 법 제4조 제2항에 의하여 임차인이 보증금의 잔액을 반환받을 때까지 임대차관계가 존속하는 것으로 의제될 뿐이므로, 경락인은 같은 법 제3조 제2항에 의하여 임대차가 종료된 상태에서의 임대인의 지위를 승계한다.

[2] 임대차 종료 후 임차인의 임차목적물 명도의무와 임대인의 연체임료 기타 손해배상금을 공제하고 남은 임차보증금 반환의무와는 동시이행의 관계에 있으므로, 임차인이 동시이행의 항변권에 기하여 임차목적물을 점유하고 사용·수익한 경우 그 점유는 불법점유라 할 수 없어 그로 인한 손해배상책임은 지지 아니하되, 다만 사용·수익으로 인하여 실질적으로 얻은 이익이 있으면 부당이득으로서 반환하여야 한다.

[3] 주택임대차보호법상의 대항력과 우선변제권을 겸유하고 있는 임차인이 배당요구를 하였으나 보증금 전액을 배당받지 못하였다면 임차인은 임차보증금 중 배당받지 못한 금액을 반환받을 때까지 그 부분에 관하여는 임대차관계의 존속을 주장할 수 있으나 그 나머지 보증금 부분에 대하여는 이를 주장할 수 없으므로, 임차인이 그의 배당요구로 임대차계약이 해지되어 종료된 다음에도 계쟁 임대 부분 전부를 사용·수익하고 있어 그로 인한 실질적 이익을 얻고 있다면 그 임대 부분의 적정한 임료 상당액 중 임대차관계가 존속되는 것으로 보는 배당받지 못한 금액에 해당하는 부분을 제외한 나머지 보증금에 해당하는 부분에 대하여는 부당이득을 얻고 있다고 할 것이어서 이를 반환하여야 한다.

    그러므로 이러한 부분을 임차인에게 인지시켜서 합의가 되는 시점에 낙찰자가 인수해야 할 금액과 임차인의 부당이득부분을 상계하여 처리하시는 것이 좋겠습니다.

점유자의
첫인상에 속지마라

부동산을 낙찰 받고 처음 방문 할 때 늘 이번 물건엔 어떤 사람이 점유를 하고 있을까라는 기대감을 갖고 향한다(솔직히 경매를 처음 시작했을 땐 두려움도 있었지만 지금은 오히려 점유자가 겁을 먹고 있을 것이라 여기고 방문을 한다).

그런데 첫 번째 방문이나 전화통화에서 점유자에게 좋은 느낌을 받았을 경우 낙찰자는 금세 긴장을 풀고 상대방을 호의적으로 대하게 된다. '공매아파트'에 소개했던 47세 아가씨도 몇 번의 전화통화를 마치고 이틀 후에 이사를 간다고 해서 당연히 긴장을 풀고 믿게 되었다.

그러나 현장에 방문하여 이사 가기 전에 미리 아가씨의 계좌로 이사비 200만 원을 송금하고 나니 내가 상상도 못했던 상황이 벌어졌다. 그 점유자가 아파트 49평 전체를 이사하는 것이 아니고 방 1개만 빼겠다고 한 것이다.

낙찰자가 예견하지 못한 이런 상황은 언제라도 발생된다는 것을 알아야 한다. 필자는 점유자가 대항할 모든 상황에 대해 법적절차를 미리 준비해 놓고 있으므로 어떤 공격이든 법적으로 대응할 자신이 있지만 자신이 아직 준비가 덜 된 사람은 필자보다 더 긴장을 하고 점유자를 만나야 한다.

경매를 하며 점유자를 대할 때 절대 긴장을 놓아선 안 된다(두려움을 가지란 얘기가 아니다).

낙찰자가 점유자에게 열쇠를 받고 부동산에서 내보내기 전까진 모든 경우의 수를 감안하며 긴장을 놓지 말아야 한다는 뜻이다.

설령 첫 만남에 점유자가 미소를 띠거나 착한 사람처럼 비쳐질 지라도 말이다.

필자 또한 이런 부분을 강조하지만 또 한 번 점유자의 말을 전부 믿었다가 황당한 일을 겪게 된 사례를 소개한다(도대체 사람이 사람을 못 믿으면 누굴 믿어야 하나?).

바로 임차인이 유치권 신고를 했던 204호 옆 203호 상가의 임차인 얘기다.

204호는 임차인이 유치권 신고를 하여 긴장을 늦추지 않아 2009.1.2.에 잔금을 납부하고 인도명령신청부터 강제집행 날짜(2009.2.3.)가 잡히기까지 겨우 한 달이 소요가 되었다. 그리고 강제집행 하루 전날(2009.2.2.)이 되었다.

그리고 유치권 신고를 하지 않은 나머지 한 개(203호)는 첫 방문에 내게 너무 호의적이어서 크게 신경 쓰지 않았다.

첫 방문을 했을 때 임차인이 먼저 좋은 조건으로 재계약에 관해 언급을 했기 때문이다. 그래서 한 달 동안 무상으로 쓰게 하고 두 번째 달부터 계약을 하기로 하고 잠시 잊고 있었다(미리 합의서를 받아둘까 고민도 했지만 점유자의 말에 의하면 영업이 무척 잘 되는 회사였으므로 크게 신경 쓰지 않았다).

재계약서를 작성하기로 한 날 아침에 전화가 왔다.

"안녕하세요. 임전무입니다."

"네… 안녕하세요. 오늘 오후에 뵐까요?"

"저기요. 송사무장님! 한 달만 더 무상으로 쓰면 안 되나요?"

"뭐라고요? 원래 오늘 계약하기로 하셨잖아요?"

"그건 그냥 제가 몰라서 그랬던 거고…"

"전무님! 서로 구두로 한 것도 약속입니다."

"뭐 이렇게 깐깐해! 어이~ 법대로 해!(말이 짧네)"

"뭐라고요? 전무님이 먼저 재계약을 하자고 몇 번이나 언급했던 것 잊으셨습니까?"

"저기 그냥, 강제집행해요. 난 무상으로 한 달 더 쓸거니까."

"알겠습니다. 그런데 사람 잘 못 보셨습니다! 나중에 반드시 후회할겁니다."

그와 대화를 하며 이상한 낌새를 느꼈다.

임차인이 자꾸 내가 하는 말에 말꼬리를 잡고 시비를 거는 것이었다.

전화 통화를 마치고나서야 처음부터 나와 재계약 할 의사가 없었다는 것을 알게 되었다.

그리고 전화를 끊자마자 내가 신청했던 인도명령사건을 검색해보았다.

이게 뭐야?

일 자	내 용	결 과	공시문
2009.01.02	소장접수		
2009.01.06	신청인 주식회사 케이알리츠에게 결정정본 발송	2009.01.09 도달	
2009.01.06	피신청인 주식회사티○○정밀부천지사에게 결정정본 발송	2009.01.09 도달	
2009.01.13	신청인1 주식회사 케이알리츠에게 결정경정정본 발송	2009.01.19 도달	
2009.01.13	피신청인1 주식회사티○○정밀부천지사에게 정경정정본 발송		
2009.01.21	신청인 주식회사 케이알리츠 송달증명원 제출		
2009.01.21	신청인 주식회사 케이알리츠 결정정본교부신청 제출		
2009.01.22	항고		
2009.01.22	피신청인 주식회사티○○정밀부천지사 부동산 인도명령결정에 대한 이의신청서 제출		
2009.02.02	신청인 주식회사 케이알리츠 송달증명원 제출		

강제집행신청
2009년 2월 2일

* 송달내역은 법원에서 해당 당사자(대리인)에게 해당 내용의 송달물을 발송한 내용입니다.

나와 2009.2.2.에 재계약을 하기로 해놓고 이미 임차인은 2009.1.22.에 인도명령결정에 대한 이의신청을 제출한 것이었다.

그런데 난 이 사건에 대해 긴장을 놓고 있다보니 재계약에 대한 생각만 하고 있었고 전화통화를 끝내고 나서야 이 사실을 확인한 것이다.

임차인이 인도명령결정에 대해 항고를 한 것을 보니 그가 처음부터 나와 재계약을 할 의사가 없었던 것이 다시 한 번 확인되었다. 항고하는 것이 놀랄 일은 아니지만 아주 태연하게 날 속였다는 사실에 화가 났다.

곧바로 법원에 가서 강제집행신청을 했다.

만약 내가 긴장을 풀지 않고 미리 인도명령사건 검색을 했더라면 상대방의 의도를 알아채고 빠른 조치를 취할 수 있었을 것이고 만일 강제집행을 하게 됐다면 유치권이 신고 된 상가와 동일한 2009.2.3.에 가능했을 것이다.

이제 임차인은 잔머리를 쓰다가 '정말 법이 무섭다'라는 것을 알게 될 것이다.

무상으로 한 달을 더 쓰는 것이 아니고 그동안 비싼 월세로 살았다는 것을 깨닫게 될 것이다(어설픈 법적지식(잔머리)은 큰 화를 부른다!!).

일타 쌍피

2009.2.3. 204호(피부관리실)의 강제집행을 하기 위해 아침 일찍 현장에 도착했다.

현장에 도착하니 아직 임차인이 가게에 나오지 않은 상태였다.

강제집행 30분을 남겨두고 임차인에게 전화를 걸었다.

"송사무장입니다. 사모님 아직 출근 안하셨네요? 어디세요?"

"집인데요. 왜요?"

"법원에서 강제집행 나왔습니다. 빨리 오시는 것이 좋겠는데요."

"야~! 누구 맘대로 강제집행을 해??"

"제가 하는 것이 아니고 법원직원들이 상가 안에 모든 짐을 빼서 창고로 가져간다고 합니다. 그럼 그렇게만 알고 계십시오. 끊습니다."

"야~!"

일단 오늘 피부관리실은 대략 정리가 될 것이다.

이제 나에게 호의적으로 대했다가 뒤통수를 친 임전무가 있는 옆 상가(203호)에 시선이 쏠렸다. 긴장을 늦추지 않았다면 원래 이곳도 오늘 동시에 집행할 수 있었을 것이란 생각이 들었다.

시간을 확인해보니 강제집행을 하려면 30분이나 남아서 여유가 있었다.

피부관리실(204호)에서 임전무가 있는 상가(203호) 벽에 귀를 대어보니 이미 직원들이 출근하여 서로 대화를 나누고 있었다(원래 어제가 나와 약속한 계약일인데 지금 고소하게 생각하며 일하고 있으려나).

순간 상가 벽을 주먹으로 크게 한 번 쳤다. 그랬더니 직원들끼리 대화가 뚝 끊기며 갑자기 내부가 조용해졌다(겁먹었나). 다시 한 번 벽치기를 시도했다(여전히 고요만 흐를 뿐이다).

잠시 후 임전무가 담배를 입에 물고 밖으로 나왔다.

"아니… 왜 아침부터 벽을 치세요?(어쭈… 말투가 공손해졌네)"

"여기 주인이 보수할 곳이 없나 두드려 본건데 뭐가 잘못되었나요?"

"잘못은 아닌데…그래도 업무 중인데 조금 그렇잖아요."

"업무 중이요? 전무님! 제가 우습게 보입니까?"

"제가 언제 우습게 봤습니까?"

"그럼 저한테 어제 계약한다고 약속하고 뭐하는 겁니까? 그리고 지금 정말 공짜로 상가를 쓰고 있다고 생각하세요? 어제 여기도 집행신청 했으니까 다음 주에 바로 강제집행 합니다. 그리고 강제집행비용은 물론이고 한 달 동안 무상으로 사용한 임료도 몽땅 청구할거니깐 그렇게 알고 계세요."

"뭐요? 저기 그러지 마시고 잠깐 얘기 좀 합시다."

"204호 강제집행 해야 됩니다. 저는 바쁘니깐 가서 편하게 업무나 보세요."

집행관과 노무인원이 도착해서 일사분란하게 피부관리실 강제집행을 시작했다.

이 광경을 임전무는 줄담배를 물고 지켜보고 있었다(도대체 담배를 몇 개나 태우는 건지?).

집행 도중에 집행관님께 부탁하여 203호도 들어가서 다음 주에 강제집행을 할 것이라고 강제계고를 마쳤다.

1시간이 지나서 204호 강제집행을 모두 마쳤고 법원직원들은 현장에서 철수했다.

203호 마무리를 위해 임전무 사무실 문을 터프(?)하게 열고 들어갔다.

"아니… 송사무장님 왜 이렇게 무섭게 그러세요? 제가 언제 계약 안한다고 했나요?"

"계약 안하신다면서요?"

"그게 아니고 조금만 봐달라고 그런 거죠. 제가 정말 잘못했습니다."

"2월 1일부터 상가계약일로 하고 조건은 똑같습니다. 계약금은 지금 바로 주시고 잔금은 내일까지!"

"내일까지 잔금을 넣을 건데요, 그래도 혹시 모르니깐 날짜는 이틀 후로 해주시면 안 될까요?"

"알겠습니다."

그래서 이 상가는 2009.1.2.에 잔금을 납부하고 바로 한 달(2009.2.1.)만에 재계약을 마쳤다. '좋은 게 좋은 거다'라는 말은 경매에서 어울리지 않는가보다. '인상 써야 좋다'가 어울리려나?

다시 한 번 명심해야 한다.

점유자의 첫 인상에 속지마라. 낙찰자는 명도를 마치기 전까지 절대 긴장을 놓아선 안 된다.

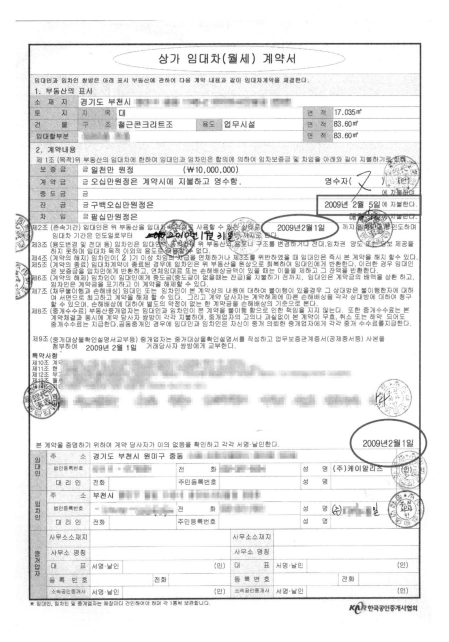

상가 임대차(월세) 계약서

임대인과 임차인 쌍방은 아래 표시 부동산에 관하여 다음 계약 내용과 같이 임대차계약을 체결한다.

1. 부동산의 표시

소 재 지	경기도 부천시		
토 지	지 목	대	면 적 17.035㎡
건 물	구 조	철근콘크리트조 용도 업무시설	면 적 83.60㎡
임대할부분			면 적 83.60㎡

2. 계약내용

제1조 (목적)위 부동산의 임대차에 한하여 임대인과 임차인은 합의에 의하여 임차보증금 및 차임을 아래와 같이 지불하기로 한다.

보 증 금	금 일천만 원정 (₩10,000,000)	
계 약 금	금 오십만원정은 계약시에 지불하고 영수함.	영수자(인)
중 도 금	금	에 지불하며
잔 금	금 구백오십만원정은	2009년 2월 5일에 지불한다.
차 임	금 팔십만원정은	매월 일에 지불한다.

제2조 (존속기간) 임대인은 위 부동산을 임대차 목적대로 사용할 수 있는 상태로 2009년2월1일 까지 임차인에게 인도하며 임대차 기간은 인도일로부터 ~2010년1월기일 로 한다.

제3조 (용도변경 및 전대 등) 임차인은 임대인의 동의없이 위 부동산의 용도나 구조를 변경하거나 전대,임차권 양도 또는 담보 제공을 하지 못하며 임대차 목적 이외의 용도로 사용할 수 없다.

제4조 (계약의 해지) 임차인이 계속을 연체하거나 제3조를 위반하였을 때 임대인은 즉시 본 계약을 해지 할수 있다.

제5조 (계약의 종료) 임대차계약이 종료된 경우에 임차인은 위 부동산을 원상으로 회복하여 임대인에게 반환한다. 이러한 경우 임대인은 보증금을 임차인에게 반환하고, 연체대료 또는 손해배상금액이 있을 때는 이들을 제하고 그 잔액을 반환한다.

제6조 (계약의 해제) 임차인이 임대인에게 중도금(중도금이 없을때는 잔금)을 지불하기 전까지, 임대인은 계약금의 배액을 상환하고, 임차인은 계약금을 포기하고 이 계약을 해제할 수 있다.

제7조 (채무불이행과 손해배상) 임대인 또는 임차인이 본 계약상의 내용에 대하여 불이행이 있을경우 그 상대방은 불이행한자에 대하여 서면으로 최고하고 계약을 해제 할 수 있다. 그리고 계약 당사자는 계약해제에 따른 손해배상을 각각 상대방에 대하여 청구할 수 있으며, 손해배상에 대하여 별도의 약정이 없는 한 계약금을 손해배상의 기준으로 본다.

제8조 (중개수수료) 부동산중개업자는 임대인과 임차인이 본 계약을 불이행함으로 인한 책임을 지지 않는다. 또한 중개수수료는 본 계약체결과 동시에 계약 당사자 쌍방이 각각 지불하며, 중개업자의 고의나 과실없이 본 계약이 무효, 취소 되어도 중개수수료는 지급한다.공동중개인 경우에 임대인과 임차인은 자신이 중개 의뢰한 중개업자에게 각각 중개 수수료를지급한다.

제9조 (중개대상물확인설명서교부등) 중개업자는 중개대상물확인설명서를 작성하고 업무보증관계증서(공제증서등) 사본을 첨부하여 2009년 2월 1일 거래당사자 쌍방에게 교부한다.

특약사항
제10조
제11조
제12조
제13조
제14조

본 계약을 증명하기 위하여 계약 당사자가 이의 없음을 확인하고 각각 서명·날인한다.

2009년2월1일

임대인	주 소	경기도 부천시 원미구 중동		성 명	(주)케이알리츠 (인)
	법인등록번호		전 화	성 명	
	대 리 인	전화	주민등록번호	성 명	
임차인	주 소	부천시		성 명	(주) 인
	법인등록번호		전 화	성 명	
	대 리 인	전화	주민등록번호	성 명	
중개업자	사무소소재지		사무소소재지		
	사무소 명칭		사무소 명칭		
	대 표	서명·날인 (인)	대 표	서명·날인 (인)	
	등 록 번 호	전화	등 록 번 호	전화	
	소속공인중개사	서명·날인 (인)	소속공인중개사	서명·날인 (인)	

※ 임대인, 임차인 및 중개업자는 매장마다 간인하여야 하며 각 1통씩 보관합니다.

KAR 한국공인중개사협회

237

'집행관 현황조사서'를
맹신하지 마라

유치권은 창과 방패의 싸움이다.

물론 경매로 매각되는 다른 물건들 역시 마찬가지겠지만, 특히 그 중에서도 유치권과 선순위위장임차인에 관한 사건은 낙찰자가 점유자에 비해 얼마나 많은 증거자료를 확보했느냐에 따라 결과에서 많은 차이가 난다.

따라서 낙찰자가 유치권을 확실하게 부정하기 위해 어떤 법리를 이용할 것이며, 그에 맞는 증거자료는 어떻게 준비할 것인지 입찰 전부터 진지하게 고민해야 한다.

또한 유치권 해결 방안에 관하여 한 가지 법리만으로 접근하지 말고, 종합적으로 부정할 수 있게끔 여러 자료와 법리를 준비해야 한다.

('이 물건에 관한 유치권은 다른 것은 몰라도 이 한 가지 부분 때문에 정말 성립되지 않아'라는 접근보다 '이 유치권은 이것도 저것도 요것도 안 돼'라며 부정할 수 있을 정도로…!)

왜냐하면 가끔 입찰 전 한 가지 법리만 적용하여 유치권이 완벽하게 부정되는 상황인 것처럼 판단했지만 낙찰 후 유치권자가 그 부분을 보완했을 때, 역으로 진정한 유치권자로 완벽하게 탈바꿈하는 경우도 생기기 때문이다.

예를 들면, 채무자와 유치권자가 함께 점유하고 있는 경우, 혹은 채무자를 직접점유자로 하여 해당부동산을 점유하고 있는 경우엔 유치권이 인정되지 않는다는 판례가 있다.

과연 위 한 가지 정황만으로 유치권을 부정할 수 있을까?

실제 부산에서 채무자가 유치권자와 함께 점유하고 있다는 사실만으로 유치권을 부정할 수 없다는 1,2심 판결이 나왔다. 즉, 유치권자가 채무자와 함께 점유할 수밖에 없었던 상당한 사유에 관해 철저하게 준비한 것이다. 그런데도 채권자 측 변호사는 계속해서 위 한 가지 판례로만 유치권을 부정하려고 했던 것이 아쉽게 느껴졌다.

경매사건기록의 '집행관현황조사서'가 유치권 성립 유무의 중요한 단서가 될 수도 있지만 맹신해선 안 된다.

'집행관현황조사서'란 경매가 개시된 물건에 대하여 집행관이 직접 현장에 방문하여 부동산 및 점유 현황에 관해 작성한 보고서를 말한다. 유치권이 신고 된 경매물건의 경우 집행관 현황조사서도 중요한 단서가 될 수 있다.

하지만 집행관현황조사서에 '채무자 점유'라고 기재되었다고 하여 그 한 가지 조건만을 신뢰하여 입찰해선 안 될 것이다. 왜냐하면 집행관이 현장에 직접 나가지 않고, '전입세대 내지 사업자등록 현황서'만 참고하여 점유자가 없는 경우에 단순히 '채무자 점유'라고 작성하는 경우도 가끔 있기 때문이다(집행관이 땡땡이??).

경기도의 토지가 경매로 진행되었고, 이 물건은 가압류권자가 유치권을 신고했었다.

그런데 이 물건의 집행관현황조사서에는 다음과 같이 '채무자점유'라고만 기재가 되어 있는 것이다. 만약 직접 현장을 보지 않고 '현황조사서'만으로 유치권을 판단했다면 점유를 하고 있지 않은 유치권이기에 100%

20○○타경461○○　　　・수원지방법원　　・매각기일 : 2011.03.30(水) (10:30)　・경매 ○계(전화:031-○-1374)

소재지	경기도 ○○시 ○○읍 ○○리 ○○-6 외 7필지 [도로명주소검색]					
물건종별	임야	감정가	3,204,722,000원	기일입찰　　[입찰진행내용]		
토지면적	17456㎡(5280.44평)	최저가	(80%) 2,563,778,000원	구분	입찰기일	최저매각가격	결과
건물면적		보증금	(10%) 256,380,000원	1차	2011-02-24	3,204,722,000원	유찰
매각물건	토지 매각	소유자	김○용	2차	2011-03-30	2,563,778,000원	
사건접수	2010-10-19	채무자	문○열	낙찰 : 2,755,000,000원 (85.97%)		
사건명	임의경매	채권자	서○정	(입찰1명,낙찰:최○식)		

낙찰 : 2,755,000,000원 (85.97%)
(입찰1명,낙찰:최○식)
매각결정기일 : 2011.04.06 - 매각허가결정
대금지급기한 : 2011.05.12
대금납부 2011.04.26 / 배당기일 2011.05.18
배당종결 2011.05.18

동측에서 본 본건 기호3) 진입로

남측에서 본 본건 기호2,8) 전경

사진1	사진2	지적도	위치도	개황도	전자지도	전자지적도	로드뷰

* 매각토지.건물현황 (감정원 : 예이원감정평가 / 가격시점 : 2010.11.04)

목록		지번	용도/구조/면적/토지이용계획	면적	㎡당	감정가	비고
토지	1	○○리○○-6	* 계획관리지역, 성장관리권역<수도권정비계획법>, 토지거래계약에관한허가구역	임야 3844㎡ (1162.81평)	297,000원	1,141,668,000원	표준지공시지가: (㎡당)190,000원
	2	○○리○○-7	* 계획관리지역, 보전관리지역, 성장관리권역<수도권정비계획법>, 토지거래계약에관한허가구역	임야 287㎡ (86.818평)	99,000원	28,413,000원	표준지공시지가:190,000 (㎡당)원 * 현황 도로
	3	○○리○○-8	* 계획관리지역, 접도구역<도로법>, 성장관리권역<수도권정비계획법>, 토지거래계약에관한허가구역	임야 826㎡ (249.865평)	99,000원	81,774,000원	표준지공시지가:190,000 (㎡당)원 * 현황 도로
	4	○○리○○-9	* 계획관리지역, 성장관리권역<수도권정비계획법>, 토지거래계약에관한허가구역	임야 4000㎡ (1210평)	297,000원	1,188,000,000원	표준지공시지가:190,000 (㎡당)원 * 현황 도로
	5	○○리○○-9	* 보전관리지역, 생산관리지역, 성장관리권역<수도권정비계획법>, 토지거래계약에관한허가구역	임야 500㎡ (151.25평)	60,000원	30,000,000원	* 현황 '법면'
	6	○○리○○-10	위와 같음	임야 6233㎡ (1885.482평)	70,000원	436,310,000원	표준지공시지가:42,000 (㎡당)원
	7	○○리○○-11	* 계획관리지역, 성장관리권역<수도권정비계획법>, 토지거래계약에관한허가구역	임야 338㎡ (102.245평)	297,000원	100,386,000원	표준지공시지가:190,000 (㎡당)원
	8	○○리○○-12	* 계획관리지역, 성장관리권역<수도권정비계획법>, 토지거래계약에관한허가구역	임야 473㎡ (143.082평)	297,000원	140,481,000원	표준지공시지가:190,000 (㎡당)원
	9	○○리○○-12	위와 같음	임야 945㎡ (285.863평)	60,000원	56,700,000원	* 현황 '법면'
	10	○○리○○-14	* 계획관리지역, 성장관리권역<수도권정비계획법>, 토지거래계약에관한허가구역	임야 10㎡ (3.025평)	99,000원	990,000원	표준지공시지가:190,000 (㎡당)원 * 현황 도로
			면적소계 17456㎡(5280.44평)			소계 3,204,722,000원	
감정가			토지:17456㎡(5280.44평)		합계	3,204,722,000원	토지 매각

* **임차인현황** (배당요구종기일 : 2011.01.05)

===== 임차인이 없으며 전부를 소유자가 점유 사용합니다. =====

* **토지등기부** (채권액합계 : 10,690,000,000원)

No	접수	권리종류	권리자	채권금액	비고	소멸여부
1	2006.12.29	소유권이전(매매)	김○용		거래가액 금457,944,040원	
2	2007.01.29	근저당	○○은행 (○○공단지점)	3,000,000,000원	말소기준등기	소멸
3	2007.01.29	지상권(전부)	○○은행		존속기간: 2007.01.29~2037.01.28 만30년	소멸
4	2007.01.29	근저당	서○정	6,000,000,000원		소멸
5	2007.07.19	가압류	김○삼	600,000,000원		소멸
6	2008.03.10	가압류	권○근	760,000,000원		소멸
7	2008.09.05	가압류	○○건설(주)	150,000,000원		소멸
8	2008.09.11	가압류	박○순	180,000,000원		소멸
9	2009.06.16	압류	경기도화성시			소멸
10	2010.10.20	임의경매	서○정	청구금액: 2,600,000,000원	20 타경461	소멸

기타사항	☞○○리○○-10 토지등기부상

주의사항	☞ 토지5)지상에 연고자 미상의 분묘 1기가 소재함 - 분묘기지권 성립여지 있음 ☞ 유치권신고 있음-(주)○○건설로부터 공사대금 150,000,000원의 유치권신고 있으나, 그 성립여부는 불분명함

1. 부동산의 점유관계

소재지	1. 경기도 ○○시 ○○읍 ○○리○○-6
점유관계	채무자(소유자)점유
기타	

소재지	2. 경기도 ○○시 ○○읍 ○○리○○-7
점유관계	채무자(소유자)점유
기타	

소재지	3. 경기도 ○○시 ○○읍 ○○리○○-8
점유관계	채무자(소유자)점유
기타	

소재지	4. 경기도 ○○시 ○○읍 ○○리○○-9
점유관계	채무자(소유자)점유
기타	

성립이 안 될 것이라 생각했을 수도 있다.

그런데 실제 현장 상황은 어땠을까?

실제 현장에는 토지에 관하여 토목공사를 했던 유치권자가 점유하고 있었던 것이다. 이 물건에 관해 경매가 진행될 때 유치권자가 잘못 조사된 집행관현황조사서의 수정을 위해 집행법원에 '재조사요청서'까지 접수

유치권 경고문구가 적힌 현장 사진

했으나 받아들여지지 않았다(경매를 잘하려면 해당사건의 문건처리내역에 접수된 문건을 보며 흐름과 포인트를 확인할 수 있어야 한다).

　낙찰자는 이 물건에 대하여 변호사의 조력까지 받고 낙찰을 받았지만 결국 유치권 신고 된 모든 금액을 변제해줘야만 했다.

　'경매를 단답형 문제라 여기면 안 된다. 큰돈을 투입하는 게임에서 방심은 금물이다.'

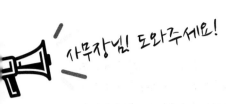
싱크대와 샷시를 떼어 간다는데
어떻게 해야 할까요?

안녕하세요. 사무장님.

제가 낙찰을 받고 그 집에 점유하고 있는 채무자를 명도 하는 도중에 어려움에 처했습니다.

소유자가 500만 원을 이사비로 지급하지 않으면 자신이 임의로 설치한 싱크대와 샷시를 떼어 간다고 하는데 어떻게 해야 할까요?

이 부분에 대한 정확한 판단을 하시려면 종물과 부합물의 개념을 아셔야 됩니다.

부동산의 부합물이란 본래의 부동산과는 별개의 물건이지만 부동산에 결합하여 거래관념상 부동산과 하나의 물건이 됨으로써 부동산소유자에게 귀속되는 물건을 말합니다. 또한 이런 부합물은 부동산뿐 아니라 동산도 포함이 됩니다. 이런 부합의 정도를 판단하는 기준은 ①훼손하지 않으면 분리할 수 없는 경우 ②분리에 과다한 비용을 요하는 경우 ③분리할 경우 경제적 가치가 심하게 감손되는 경우에 해당됩니다.

또한 부동산소유자(=낙찰자)는 원칙적으로 그 부동산에 부합한 물건도 부동산의 가격을 초과하여 부합되는 경우라도 함께 원시취득을 합니다(대법원 1981.12.8.선고80다2821).

예를 들면 토지의 경우 정원수, 정원석, 토지상에 권원 없이 식재한 수목은 토지소유자에게 귀속됩니다. 건물의 경우 기존건물에 부합된 증축부분을 포함하여 방, 창고, 본채에서 떨어져 축조되어 있는 화장실 등은 설령 감정가격에 포함되지 않았다고 할지라도 소유권을 취득하는 것입니다(대법원 1992.12.8.선고92다26772).

그리고 종물이란 건물의 소유자가 그 물건의 상용에 공하기 위해 자기소유인 다른 물건에 부속하게 한 때에 종물이라(민법 제100조)고 하고 이러한 종물은 주물의 처분에 따른다고 명시하였습니다. 그래서 경매부동산에 압류나 근저당권이 설정 되어 있다면 저당권과 압류의 효력은 종물에도 미치므로 낙찰자는 부합물이나 종물의 소유권도 함께 취득하는 것입니다. 설령 저당권 설정 후에 종물이 설치되었다고 하더라도 저당권의 효력이 미치므로 그에 대한 소유권도 낙찰자에게 귀속됩니다(민법 제358조).

그렇다면 샷시나 싱크대는 부동산의 종물 또는 부합물에 해당되는 것이고 낙찰자는 주물인 부동산을 낙찰 받으면서 이러한 부분도 함께 소유권을 취득한 것입니다. 따라서 전 소유주가 샷시나 싱크대를 훼손하며 떼어간다는 것은 형사상 재물손괴죄와 절도죄를 따져볼 수 있고 민사상 손해배상청구도 가능할 것으로 판단됩니다.

하지만 모든 일을 법적으로만 처리하려고 하지 마시고 이런 부분을 전소유주에게 확실하게 인지시키고 원만한 마무리를 하시는 것이 좋겠습니다.

채무자(=소유자)의 유치권

　자신이 살고 있는 주택이나 영업하는 상가에 거금을 들여 인테리어 공사를 했는데 부득이한 사유로 그 부동산이 경매로 넘어가게 되었다면 소유자는 매우 안타까울 것이다. 이런 경우 채무자는 경매의 원인이 된 채무를 변제할 방도는 없고 또 공들인 부동산은 놓치기 싫은 고약한 딜레마에 빠지게 된다.

　가끔 필자에게 찾아오는 손님 중에서 자신의 부동산이 경매로 넘어가게 되었는데 어떻게 할 방도가 없냐고 문의하는 사람이 있다. 그러면서 슬그머니 '유치권 신고'라는 카드를 꺼내며 도와달라고 하기도 한다.

　하지만 그 사람의 처지가 억울할지라도 진정한 공사업자가 아닌 경우 유치권신고를 도와준 적은 지금껏 한 번도 없었고 앞으로도 그럴 것이다.

　자신이 공들여 가꾼 부동산이 경매로 넘어가는 경우엔 그 아쉬운 마음이

Case 1

물건종별	근린주택	감 정 가	705,371,640원

[입찰진행내용]			
구분	입찰기일	최저매각가격	결과
1차	2007-10-09 (13:00)	705,371,640원	유찰
2차	2007-11-06 (13:00)	493,760,000원	유찰
	2007-12-11 (13:00)	345,632,000원	변경
3차	2008-02-12	705,371,640원	유찰
4차	2008-03-04	493,760,000원	

토지면적	1200㎡(363평)	최 저 가	(70%) 493,760,000원
건물면적	472.24㎡(142.853평)	보 증 금	(10%) 49,380,000원
매각물건	토지·건물 일괄매각	소 유 자	권○란
사건접수	2007-06-15(신법적용)	채 무 자	권○란
입찰방법	기일입찰	채 권 자	○○신협

낙찰 : 544,761,000원　(77.23%)
(입찰2명, 낙찰:전○상 /
2등입찰가 512,000,000원)
매각결정기일 : 2008.03.11 - 매각허가결정
대금납부 2008.04.11 / 배당기일 2008.05.09

	사진1
	사진2
	사진3
	사진4
	기타
	구조도
	개황도
	위치도
	현장사진1
	전자지도

건물등기부		권리종류	권리자	채권최고액 (계:749,854,270)	비고	소멸여부
1	2006.04.12	소유권보존	권○란			소멸
2	2006.04.13	근저당	양곡신협	480,000,000원	말소기준등기	소멸
3	2006.05.08	근저당	허○숙	65,000,000원		소멸
4	2006.10.26	근저당	조○자	100,000,000원		소멸
5	2006.12.29	압류	서인천세무서			소멸
6	2007.01.26	가압류	권○희	100,000,000원		소멸
7	2007.04.09	가압류	우리은행	4,854,270원		소멸
8	2007.04.26	가처분	권○헌		소유권이전등기청구권	소멸
9	2007.06.18	임의경매	양곡신협	청구금액: 369,000,000원	2007타경○○○	소멸

주의 사항	☞유치권신고 있음 - 2007.8.17.자 권○희로부터 건축물 일부에 대하여 139,000,000원에 대한 유치권 신고있으나 그 성립여부는 불분명함

야 이해되지만 그렇다고 허위유치권이 정당화될 수 없는 것이다. 하지만 소유자들은 유치권의 유혹에 쉽게 빠지는 경우가 많다. 이런 이유로 유치권 부동산을 낙찰 받은 후 실마리를 풀어가다 보면 대부분은 채무자의 부동산에 대한 집착(?) 때문에 허위신고를 했다는 것이 들통 나곤 한다. 세입자가 시설

비를 투자하여 신고한 경우도 있지만 대부분은 채무자의 장난이거나 경매로 넘어가는 물건에 대한 끈질긴 미련 때문에 유치권 신고를 한 것이다.

하지만 이해관계인이 얽혀있는 허위유치권인 경우 낙찰자가 허위임을 명백히 입증하여 해결할 수 있다면 경매 투자자는 유치권신고 금액만큼 유찰된 가격으로 부동산을 매입할 수 있어서 일반부동산보다 더 큰 수익을 얻을 수 있다. 게다가 유치권신고가 된 물건의 경쟁률이 낮아지는 것은 두말 할 필요도 없다. 그래서 오히려 이런 물건의 경우 낙찰자는 유치권자에게 고마운 것이다.

이 사건은 낙찰자가 낙찰 받은 후 유치권을 해결하지 못해서 도움을 준 사례다.

법원에 인도명령신청서를 제출했지만 채무자와 유치권자의 강한 저항 때문에 2번의 심문기일이 이미 진행되었음에도 아직 경매판사가 인도명령에 대한 결정을 하지 못한 상태였다 (판사들도 각각 개인적인 성향이 달라서 빠른 판단을 하는 경우도 있고, 결정적인 증거가 확보되기 전까진 판단을 보류하는 경우도 있다. 판사를 잘 만나는 것도 복이다).

앞 사진을 보면 1층에 식당, 2층은 주택으로 된 건물이었는데 그림처럼 예쁘게 꾸며놓은 건물로, 채무자의 물건에 대한 집착이 엄청났던 것 같다. 어쨌든 채무자는 친인척에게 유치권 신고를 시킨 것도 모자라 제 3자 법인과 교회까지 동원하여 유치권 신고를 했다(경매 물건 중 교회에서 유치권 신고를 하는 경우도 종종 눈에 띈다).

유치권은 항상 기본에 충실해야 한다. 유치권이 신고된 물건인 경우 인도명령신청서를 제출할 때는 유치권이 성립하지 않는다는 것을 입증할 수 있는 자료를 모두 첨부하여 꼼꼼하게 작성해야 한다. 법원은 항상 어떠한 사실을 부정하는 측(낙찰자)에서 그것을 입증할 수 있는 자료를 제시해야만 그의 손을 들어준다.

채무자와 유치권자는 이미 변호사까지 선임한 상태였다.

다음의 2008.5.19.에 제출한 추가의견서는 필자가 직접 작성한 것이다.

이 사건의 포인트는

첫째, 유치권자는 실제로 공사를 하지 않았다.

둘째, 만약 유치권자가 실제 공사를 했다고 하더라도 경매개시이후에 점유를 개시했다. 라는 두 가지였고, 이 점을 부각해서 작성하였다.

부동산인도명령신청에 추가 보충서

사　　건　　2008타기5○○호 부동산인도명령

신청인　　전○○

피신청인　권○○외 1

신청인 전○○은 최종적으로 다음과 같이 인도명령에 대한 자료를 제출합니다.

- 다 음 -

1. 압류등기 이후 점유는 낙찰자에게 대항 불가.

채무자 소유의 부동산에 경매개시결정의 기입등기가 경료되어 압류의 효력이 발생한 이후에 채권자가 채무자로부터 위 부동산의 점유를 이전받고 이에 관한 공사 등을 시행함으로써 채무자에 대한 공사대금채권 및 이를 피담보채권으로 한 유치권을 취득한 경우, 이러한 점유의 이전은 목적물의 교환가치를 감소시킬 우려가 있는 처분행위에 해당하여 민사집행법 제92조 제1항, 제83조 제4항에 따른 압류의 처분금지효에 저촉되므로, 위와 같은 경위로 부동산을 점유한 채권자로서는 위 유치권을 내세워 그 부동산에 관한 경매절차의 매수인에게 대항할 수 없고, 이 경우 위 부동산에 경매개시결정의 기입등기가 경료되어 있음을 채권자가 알았는지 여부 또는 이를 알지 못한 것에 관하여 과실이 있는지 여부 등은 채권자가 그 유치권을 매수인에게 대항할 수 없다는 결론에 아무런 영향을 미치지 못한다(대법원 2006.8.25.선고 2006다22050 판결)고 할 것인데,

이 사건 경매절차에서 집행관 김○○가 2007년 6월 23일 10시 40분에 조사한 부동산현황조사보고서를 살펴보면 채무자겸 소유자 권○○을 참여시키고 현장에서 이건 현황을 조사하였는데 조사 당시에 유치권자 권○○가 점유를 한다거나 유치권표시를 한다거나 하는 내용이 전혀 없으며 채무자가 점유하고 있다는 사실이 명백히 기재되어 있습니다. 만약 유치권자가 위와 같이 유치권을 주장하면서 이 사건 건물을 점유하고 있었다면 집행관은 당연히 유치권자 권○○가 점유를 하고 있다고 기재하였을 것입니다. 집행관현황조사 시 유치권자 권○○가 없다는 사실은 채무자가 스스로 집행관에게 진술한 내용이고 유치권자의 점유에 대한 기타 자료가 없을 경우 현황조사서를 근거로 판단해야 할 것입니다.
(부동산현황조사보고서 참조)

그리고 채무자 소유의 부동산에 2006.12.29.에 서인천 세무서로부터 압류등기가 경료되었고, 2007.4.20.에 권○○는 이 사건 건물에 전입되어 있었습니다.
참고로 피신청인이 귀원에 제출한 임대차계약서 제5조에 '임대 계약기간이 종료한 경우 임차인은 상기 부동산을 원상으로 복구하여 임대인에게 반환한다.'라고 원상회복 조항이 기재되어 있습니다. 건물의 임차인이 임대차관계 종료시에 건물을 원상으로 복구하여 임대인에게 명도하기로 약정한 것은 임차인이 건물에 지출한 각종 유익비 또는 필요비의 상환청구권을 미리 포기하기로 한 취지의 특약이라고 볼 수 있어 임차인은 낙찰자에게 유치권을 주장할 수 없다(대법원 1975.4.22. 선고 73다2010 판결)라고 하였습니다. 또한 이와 같은 경우에 법원은 유치권을 명백하게 부정하고 있습니다.
(임대차계약서 참조)

또한 권○○가 제출한 공사내역을 보면 정수기, 피아노 조율, 인삼, 추석 떡값 등 이 사건 건물공사와는 전혀 관계없는 일상생활에 지출된 내역입니다. 이러한 생활비는 채무자에게 채권을 갖고 있을 뿐 낙찰자에게 대항할 수 있는 공사금액이 절대 될 수 없습니다.

2. 결론
그렇다면 피신청인은 이 사건 부동산에 관하여 진정한 수급인으로서 어떠한 공사를 하였다거나 실제로 공사비를 지급받지 못한 자가 아니라 낙찰자에게 부당한 이득을 취하고자 허위의 유치권을 주장하는 자이고, 가사 피신청인이 실제로 공사를 하였다고 하더라도 피신청인은 이 사건 부동산을 압류등기 이후에 점유하여서 유치권자로서 낙찰자에게 대항할 수 없다고 할 것입니다.

만약 피신청인이 집행을 방해하기 위한 목적으로 현재 이 사건 부동산을 점유하기에 이른 것이라면(부동산의 현황 및 점유관계조사서상 압류등기 전에 피신청인이 유치권자로서 이 사건 부동산을 점유하지 않은 사실은 명백함) 이는 압류등기 이후의 점유로서 이와 같은 피신청인의 점유는 압류의 처분금지효에 저촉되어 유치권으로서 낙찰자에게 대항할 수 없다 할 것이고 피신청인이 제출한 공사내역이든 어느 모로 보나 피신청인은 유치권으로써 낙찰자에게 대항 할 수 없다고 할 것입니다.
신청인의 어려운 처지를 헤아려주시어 조속한 판단을 해주시기 바랍니다.

2008년 5월 16일
신 청 인 : 전○○

인천지방법원 부천지원 경매○○계 귀중

일 자	내 용	결 과	공시문
2008.04.08	심문기일(경매1계판사실 11:30)		
2008.04.15	소장접수		
2008.04.16	신청인 전○산에게 심문기일소환장 발송	2008.04.18 도달	
2008.04.16	피신청인 권○희에게 심문기일소환장 발송	2008.04.17 도달	
2008.04.25	신청인 전○산 열람및복사신청 제출		
2008.04.25	피신청인 권○란 심문기일변경신청 제출		
2008.04.28	신청인 전○산에게 심문기일소환장 발송	2008.05.02 도달	
2008.04.28	피신청인 권○희에게 심문기일소환장 발송	2008.04.30 도달	
2008.05.02	피신청인 권○희 의견서 제출		
2008.05.06	심문기일(경매1계판사실 11:30)		
2008.05.08	피신청인 권○란 보충의견서 제출		
2008.05.19	신청인 전○산 추가보충서 제출		
2008.05.19	신청인 전○산 위임장 제출		
2008.05.21	피신청인 권○란에게 부동산인도명령 발송	2008.05.27 폐문부재	
2008.05.21	피신청인 권○희에게 부동산인도명령 발송	2008.05.23 도달	
2008.05.21	신청인 전○산에게 부동산인도명령 발송	2008.05.27 도달	
2008.05.21	종국 : 인용		

추가의견서를 제출하고 이틀 만에 인도명령이 결정되었다.

인도명령결정이 나온 후에도 유치권자가 계속 협상에 응하지 않고 버텼기 때문에 강제집행을 통해 점유자를 명도해야 했다.

유치권의 관건은 인도명령결정을 받아낼 수 있느냐 없느냐이다. 만약 시간이 늦어져 명도소송과 유치권부존재확인의 소를 병행하게 되면 유치권자에게 질질 끌려 다닐 수도 있기 때문이다.

필자는 지금까지 유치권이 신고 된 모든 경매물건에 대해 인도명령결정을 받아냈었고 그 이후에 다시 협상을 했다. 그래도 꿋꿋하게 버티는 깐깐한 유치권자는 강제집행으로 마무리 지었다. 인도명령결정을 받아냈다는 것은 두 가지 의미를 내포한다. 하나는 철저하게 현장조사와 사전조사를 마치고 허위유치권에만 입찰을 했다는 것이고 또 하나는 낙찰 후 법적절차에 대한 준비를 꼼꼼하게 챙겼다는 것이다.

인도명령결정이 나오면 기세등등했던 유치권자의 사기가 꺾이므로 협상을 이끌어내는 것이 용이하고 그것마저 안 된다면 부동산인도집행 절차를 밟을 수 있기 때문에 낙찰자는 히든카드로 사용할 수 있는 인도명령신청에 심혈을 기울여야 할 것이다.

대부분 유치권 신고가 된 부동산은 강제집행까지 하는 경우가 많은데 실제로 공사를 하지도 않았음에도 낙찰자에게 거액을 요구하고 끝까지 억지 부리는 것을 보면 나중엔 남아있던 일말의 동정심마저 사라진다.

Case 2 | 유치권자가 해당부동산에 관해 대물변제를 받아서 소유자의 지위가 된 경우

2011타경 ○304 (5)				• 인천지방법원 본원 • 매각기일 : 2012.○.10 (10:00) • 경매 4계 ○○			
소 재 지	인천광역시 남구 ○○동 23○외 1필지, ○○마을아파트 7층 7○호 도로명주소검색						
물건종별	아파트	감 정 가	230,000,000원	기일입찰	[입찰진행내용]		
				구분	입찰기일	최저매각가격	결과
대 지 권	44.518㎡(13.467평)	최 저 가	(70%) 161,000,000원	1차	2012-01-11	230,000,000원	유찰
					2012-02-10	161,000,000원	변경
건물면적	84.954㎡(25.699평)	보 증 금	(10%) 16,100,000원	2차	2012-○-10	161,000,000원	
				낙찰 : 170,160,000원 (73.98%)			
매각물건	토지·건물 일괄매각	소 유 자	(주)한흥○○건설	(입찰2명,낙찰:백○화 / 2등입찰가 161,620,000원)			
				매각결정기일 : 2012.05.17 - 매각허가결정			
사건접수	2011-06-16	채 무 자	(주)한흥○○건설	대금지급기한 : 2012.06.22			
				대금납부 2012.06.20 / 배당기일 2012.08.27			
사 건 명	강제경매	채 권 자	(주)○○ 건설외2	배당종결 2012.08.27			
관련사건	2011타경47680(병합), 2011타경50068(중복), 인천지법 2007카합488(가처분), 인천지법 2007카합842(가처분), 인천지법 2011카합110(가처분)						

| 현장사진 | 현장사진 | 지적도 | 위치도 | 개황도 | 전자지도 | 전자지적도 | 로드뷰 |

• 매각물건현황 (감정원 : 프라임감정평가 / 가격시점 : 2011.06.22 / 보존등기일 : 2007.02.14)

목록	구분	사용승인	면적	이용상태	감정가격	기타
건물	11층중 7층	07.01.29	84.9544㎡ (25.7평)	주거용	174,800,000원	*도시가스 개별난방
토지	대지권		3655.4㎡ 중 44.5176㎡		55,200,000원	
현황 위치	*지하철1호선 ○○역 북동측 인근에 위치하며, 주변은 본건과 동일한 동유형의 아파트 및 다세대주택, 상가주택 등이 혼재된 지역으로서 근거리에 공공시설 및 근린생활시설 등이 소재하여 주거지로서의 제반 여건은 보통임 *본건까지 차량출입 가능하며, 지하철1호선 주안역이 인근에 소재하여 대중교통수단 이용은 보통시됨 *사다리형 토지로서 아파트용 건부지로 이용중임 *서측으로 노폭 약 20미터 및 남측으로 노폭 약 10미터 아스팔트 포장도로에 각각 접합						

참고사항	• 외필지 : 주안동23-6

부동산종합정보	토지이용계획열람	감정평가서	감정가서2	현황조사서	매각물건명세서	부동산표시목록	사건내역
기일내역	문건/송달내역	건물등기부	예상배당표	입찰가분석표			

• 임차인현황 (말소기준권리 : 2007.02.22 / 배당요구종기일 : 2011.08.30)

임차인	점유부분	전입/확정/배당	보증금/차임	대항력	배당예상금액	기타
박○홍	주거용 미상	전 입 일: 2007.05.22 확 정 일: 미상 배당요구일: 없음	미상		배당금 없음	
기타참고	☞폐문부재로 이해관계인을 만날 수 없어 상세한 점유 및 임대차관계는 알 수 없으나, 전입세대 열람 결과 임차인이 점유하고 있는 것으로 추정됨					

• 등기부현황 (채권액합계 : 2,764,000,000원)

No	접수	권리종류	권리자	채권금액	비고	소멸여부
1	2007.02.14	소유권보존	삼성○○연립주택재건축정비사업조합,(주)○○종합건설		각지분1/2	
2	2007.02.22	(주)○○종합건설일부(1/4)지분가압류	○○건설(주)	1,000,000,000원	말소기준등기	소멸
3	2007.03.08	(주)○○종합건설지분압류	인천광역시남동구			소멸
4	2007.03.08	가압류	○○건설(주)	1,000,000,000원		소멸
5	2007.03.08	가처분	한홍○○건설(주)	소유권이전등기청구권 인천지법 2007카합488 가처분 사건내역보기		소멸
6	2007.04.27	가처분	한홍○○건설(주)	소유권이전등기청구권 인천지법 2007카합842 가처분 사건내역보기		소멸
7	2011.02.11	삼성○○연립주택재건축정비사업조합지분전부이전	한홍○○건설(주)		대물변제,지분 1/2	
8	2011.02.11	○○종합건설지분전부이전	한홍○○건설(주)		양도약정,지분 1/2	
9	2011.02.18	가처분	(주)○○건설	인천지방법원 2009카 1543호 지급명령결정정본에 의한 청구권 인천지법 2011가합110 가처분 사건내역보기		소멸
10	2011.03.30	가압류	신용보증기금	764,000,000원		소멸
11	2011.06.17	강제경매	(주)○○건설	청구금액: 525,239,660원	2011타경○304	소멸
12	2011.08.08	강제경매	○○이엔지(주)	청구금액: 200,000,000원	2011타경476○	소멸
13	2011.08.22	강제경매	(주)천○이엔씨	청구금액: 400,000,000원	2011타경○068	소멸

주의사항	☞유치권신고 있음-2011.8.29.자로 채무자겸소유자 한홍○○건설(주)로부터 공사대금 금 2,748,191,879원에 대한 유치권신고가 있으나 성립여부 불분명 2011.12.30.채권자 신용보증기금으로부터 유치권배제신청서 접수됨. 2012.1.17. 채무자겸소유자 한홍○○건설(주)로부터 유치권배제신청에대한 이의신청서 및 점유보조자신고서가 제출됨 ☞[임금채권자]2011.08.30 배당요구권자 김○욱,김○성,방○휘 채권계산서 제출

　　　　건물의 공사를 수주하며 건축주가 공사대금을 제 때에 변제하지 못할 것을 염려하여 공사업자가 '대물변제'계약을 하는 경우가 있다. 예를 들어 건축주가 공사대금을 주지 못하게 되면 한 세대 당 일정 수준의 금액으로 계산하기로 하고 공사업자가 몇 채를 갖는 것이다. 그리고 본인이 소유하거나 분양

을 통해 현금화 한다.

만약 공사업자가 대물변제를 받아서 소유자가 된 경우라면, 그리고 대물
변제 받았던 이 부동산이 다시 경매로 진행된다면 과연 유치권이 성립할까?

이 물건을 보면 소유자와 채무자가 '한홍○○건설'이고, 법원에 유치권신
고서를 제출한 유치권자도 '한홍○○건설'이다. 이런 경우에는 민법 320조 1
항의 규정에 의거, 유치권은 타인의 물건 또는 유가증권을 점유한 경우 성립
하는 것이므로 자신의 물건에 관하여 유치권을 주장할 수 없다. 하지만 만약
이 유치권자가 대물변제 약정만 하고, 실제로는 소유권이전등기를 하지 않
았다면 반대로 유치권이 인정될 수도 있는 사례였다.

이 아파트가 낙찰되고 경매법원에 유치권자가 채무자와 동일한 지위에
있다는 부분을 강조하여 인도명령신청을 하였더니 심문기일 없이 인도명령
결정이 인용되었다.

	사건일반내용	사건진행내용		» 인쇄하기	» 나의 사건 검색하기

▶ 사건번호 : 인천지방법원 2012타기39

기본내용

사건번호	2012타기39○○	사건명	부동산인도명령
재판부	경매○계 (전화:032-860-○04)		
접수일	2012.07.30	종국결과	2012.07.31 인용

진행내용

전 체 ▼ 선택

▶ 진행내용에서 제공하는 송달결과는 법적인 효력이 없으며 추후 오송달이나 부적법송달로 판명될 경우 송달
결과 정보가 변경될 수 있습니다.

▶ 다음 '확인' 항목을 체크하시면 송달결과를 보실 수 있습니다.

☑ 확인 (하루에 한번 체크)

▶ (단, 2007. 3. 12. 이전에는 재판부에서 등록한 내용에 한하여, 이후에는 우정사업본부로부터 전송된 송달내
용에 한하여 조회됨)

• 채권압류 및 전부명령 또는 추심명령사건일경우 제3채무자가 존재시 제3채무자에게 송달이 이루어지지 않
은 경우는 제출서류내용이 표시되지 않습니다.

일 자	내 용	결 과	공시문
2012.07.30	소장접수		
2012.07.31	종국 : 인용		

유치권자에 대한 인도명령신청

◆

법원에서 매각하는 경매물건 중에서 유치권이 신고 되어있는 물건을 낙찰 받은 후 인도명령을 신청했을 경우 집행법원은 해당유치권에 관하여 판단을 하여 성립하지 않는 이유가 확실한 경우에 인도명령결정을 내린다.

집행법원은 서면심리만으로 인도명령의 허가여부를 결정할 수 있고 서면으로 판단하기에 부족하다면 판사의 직권으로 심문기일을 지정하여 상대방(유치권자)을 심문하거나 변론을 듣고 판단을 한다. 따라서 낙찰자 입장에선 꼼꼼하게 인도명령신청서를 작성해야만 한다. 왜냐하면 입증책임은 유치권을 부정하는 쪽에서 해야만 하기 때문이다.

1. 낙찰자에게 대항할 수 있는 유치권

인도명령신청이 기각되는 경우는 크게 두 가지다. 첫째, 대항력 있는 세입자가 있는 경매부동산의 경우 둘째, 낙찰자에게 대항할 수 있는 유치권이 있는 경우다. 통상 경매법원에선 이런 물건이 낙찰되었을 경우 낙찰자가 대항력 있는 세입자의 보증금을 인수할 목적으로 낙찰을 받는 것처럼 집행법원은 유치권도 그 권리를 인수할 목적으로 낙찰 받았다고 판단한다. 따라서 법원에 신고 된 유치권 기록에 의해 낙찰자에게 대항할 수 있는 권원에 의한 점유가 명백한 경우엔 법원은 민사집행법 제91조 5항에 의해 낙찰자의 인도청구를 기각한다.

2. 낙찰자에게 대항할 수 있는 유치권이 아닌 경우

유치권자의 점유가 해당부동산의 압류 이후에 이루어진 경우, 채무자가 경매부동산을 점유하는 경우, 공사내용이 허위인 경우 등 유치권이 낙찰자에게 대항할 수 없음이 명백한 경우 집행법원에선 낙찰자의 인도명령신청을 인용하여 인도명령결정을 한다. 따라서 낙찰자는 유치권이 허위인 경우 판사가 명백한 판단을 할 수 있도록 그 사실관계를 입증할 수 있는 증거자료를 꼼꼼하게 첨부하여 인도명령신청서를 작성해야 한다.

3. 낙찰자에게 대항할 수 없는 유치권에 대한 인도명령신청서를 작성하는 요령

첫째, 인도명령신청서의 신청취지란에 '피신청인은 신청인에게 ○○법원 ○○타경 ○○호 부동산 임의(강제)경매 사건에 관하여 별지목록 기재 부동산을 인도하라'라는 재판을 구한다고 작성한다.

둘째, 신청서에서 가장 중요한 신청이유를 작성한다. 신청이유에 다음과 같이 확실하게 유치권을 부정할 수 있는 부분을 기재한다.

① 당사자의 관계에 대하여 명확하게 기재한다.
신청인은 낙찰자이고 피신청인은 해당 부동산의 공사업자, 임차인, 불법점유자 등 상대방의 지위에 대해 확실하게 소명한다.

② 채권 또는 경매부동산과 견련관계가 없는 경우
공사도급계약서가 허위로 작성되어 있거나 낙찰물건의 현장 상황과 공사내역서가 불일치하는 점, 실제로 공사를 하지 않았을 경우 현장사진을 첨부

하여 기재한다.

③ 점유의 불확실성

공사업자가 소유자의 동의를 구하지 않고 불법행위로 인해 점유를 했다는 점, 실제로 공사업자는 점유하고 있지 않은 경우, 점유할 법적 권원이 없음에도 점유하고 있는 점 등 경매사건의 이해관계인의 진술서를 첨부하여 점유 부분이 불확실한 점을 부각시켜 기재한다.

④ 경매기입등기 이후 점유를 개시한 경우

실제 공사를 했든 안 했든 유치권자가 해당부동산에 관하여 경매기입등기가 경료 된 이후에 점유가 개시되었다면 압류의 처분금지효에 저촉이 되는 점을 부각시켜 기재한다. 법원에 접수된 유치권 신고서와 압류시점이 확인 가능한 등기부등본과 대법원사건검색표를 첨부하여 제출한다.

⑤ 임차목적물에 대해 영업을 하기 위해 비용을 지출했을 경우

해당 건물에서 임차인의 영업형태를 상세히 설명하고 임차인의 유익비 지출내역이 건물의 객관적 가치를 증대시킨 것이 아닌 임차인 본인의 영업을 위한 시설 및 인테리어 비용임을 부각시켜 기재한다. 현장사진과 유치권 신고내역, 사업자등록증 등 영업을 위한 시설임을 증빙할 수 있는 서류를 첨부하여 제출한다.

⑥ 소유자의 동의 없이 임대차 계약을 맺은 경우

해당건물 임차인의 진술서, 사실확인서를 첨부하여 소유자의 동의 없이

계약이 되었다는 점을 기재하거나 이를 근거로 소유자나 채무자가 유치권 소멸청구를 했던 사실을 기재한다. 임차인의 확인서나 소유자의 내용증명을 첨부하여 제출한다.

⑦ 유치권을 배제하기로 한 특약이 있을 경우

임대차계약서 상에 '임대인에게 원상회복하여 반환한다'라는 유치권을 배제하는 특약이 있거나 쌍방에 유치권의 효력을 배제하는 약정서가 있을 경우 이를 첨부하여 제출한다. 최근에 공사에 관한 대출이 실행되었을 경우 채권 은행에서 미리 공사대금완납증명서나 유치권을 배제하는 특약을 받아두는 경우도 있다. 이런 경우엔 유치권을 부정하기가 매우 용이하다.

⑧ 경매법원의 사건기록 중에서 점유관계조사서(=현황조사서), 감정평가 서에 유치권자의 점유현황이 불분명한 경우

경매개시가 된 후 감정평가서에 유치권에 관련된 현수막이나 점유부분이 없는 사진을 첨부하거나 마찬가지로 집행관 현황조사서도 증거자료로 사용 될 수 있다. 집행관이 현황조사를 했을 당시에 채무자가 점유하고 있었거나 유치권을 주장하는 사람 외 타인이 점유하고 있었을 경우 현황조사서를 첨부 하여 점유의 불분명한 부분을 기재한다.

앞서 소개한 부분은 실제 유치권신고가 되어 있던 경매사건에서 유치권을 확실하게 부정하며 인도명령신청서를 작성, 법원으로부터 인도명령결정을 받았던 실전사례다. 경매법원에서 유치권에 대해 심도 있게 판단하지 않는 점 이 입찰자에게 매우 불편하겠지만 오히려 역으로 생각한다면 그런 이유로 추

가수익을 올릴 수 있는 것이다. 따라서 이런 부분이 금전적인 이익과 직결된다는 생각으로 임한다면 매우 즐겁게 연구하고 공부할 수 있을 것이다.

마지막으로 낙찰을 받고 모든 업무는 최대한 빠른 기간에 끝내는 것이 좋으므로 낙찰자 입장에선 명도를 간단하게(?) 마무리 할 수 있는 인도명령신청에 정성을 쏟아야 할 것이다. 하자가 있는 경매부동산의 경우 법원에 신고된 서류 이외에 현장에서 얻을 수 있는 모든 자료는 탐정처럼 움직이며 수집하는 것이 좋다.

유치권자의 점유보조자에 대해서도
별도로 인도명령신청을 해야 하는지요?

안녕하세요. 사무장님. 이번에 유치권이 신고 된 아파트를 낙찰 받았습니다. 이 아파트에 관해 유치권 신고는 굿○○건설에서 했는데 제가 입찰 전에 전입세대 열람을 해보니 개인 홍길동이 전입되어 있고요. 이 사람은 법원에 점유보조자라고 관련 서류도 제출하였습니다. 유치권 신고는 법인으로 되어 있고, 이해관계인 개인이 점유보조자로 되어 있으면서 점유보조자가 점유하고 있는데 이 경우 인도명령신청 및 어떤 방식으로 접근해야 하는지요?

안녕하세요. 송사무장입니다.

점유보조자는 독립한 점유주체가 아니어서 특별한 사정이 없는 한 별도의 집행권원(인도명령결정 내지 명도판결)이 없이도 점유자와 동시에 퇴거, 집행할 수 있습니다. 즉, 이 사건은 굿○○건설에 관한 인도명령결정문만으로 점유보조자인 홍길동도 부동산인도집행이 가능한 것입니다. 우선 인도명령을 신청하시기 전에 유치권자와 점유보조자 둘을 상대로 '점유이전금지가처분' 신청을 하시고, 그 이후에 유치권신고를 했던 굿○○건설에 관하여 인도명령신청을 하시면 되겠습니다.

펜션유치권

　　강제집행… 강제집행… 듣는 것만으로도 기분 나쁜 착잡함이 밀려오는 단어다.

　　이런 이유로 필자는 경매투자를 하는 물건의 강제집행을 최대한 피하려고 한다. 명도를 하며 해당 부동산 점유자에게 이사시기를 늦춰주거나 이사 비용을 추가로 지급하더라도 최악의 경우(?)에 강제집행만은 하고 싶지 않은 것이다.

　　하지만 법률 사무소에서 근무하다보면 때론 부득불 강제집행을 해야 하는 경우가 있다.

　　특히 선순위 위장임차인이나 유치권 등의 특수물건을 낙찰 받고 점유자를 제대로 명도하지 못하여 오랜 기간 점유자에게 시달리다 필자에게 명도의

뢰를 요청하는 분들이 더러 있다.

이런 물건을 의뢰받은 후 다시 조사해보면 대부분은 나약한 낙찰자에게 점유자들이 무리한 이사비용을 억지 주장하여 양자 간에 합의점을 이끌어내지 못한 경우이다(특히 유치권의 경우 전 소유자와 짜고 낙찰자를 힘들게 하는 경우가 많다).

강제집행은 낙찰자에게 주어진 히든카드다.

카드게임에서 히든카드를 꺼내지 않고도 '배팅'만으로 상대방을 제압할 수 있는 것처럼 경매에서도 낙찰자는 '적절한 배팅'만으로 점유자를 굴복시킬 수 있다. 그러나 적당한 회유에도 불구하고 점유자가 무리한 고집을 내세운다면 '강제집행'이라는 히든카드를 꺼낼 수밖에 없다.

사건접수

펜션을 낙찰 받은 의뢰인이 2007년 12월 필자를 찾아 왔다.

펜션을 2007년 6월 19일에 낙찰 받은 후 잔금을 치르고 4개월이 지난 시점이었다. 의뢰인은 4개월 동안 점유자에게 시달리다 법원에 수소문하여 필자를 찾아 온 것이다.

사건을 검토해보니 의뢰인은 유치권이 신고된 물건임에도 불구하고 90%가 넘는 가격에 낙찰을 받았다. 사연을 들어본 즉, 낙찰자는 본래 이 펜션을 담보로 잡고 돈을 빌려

	2007-06-19	221,390,000원
낙찰 : 410,000,000원	(90.75%)	
(입찰6명, 낙찰:엄○○)		

매각결정기일 : 2007.06.26 - 매각허가결정
대금납부 2007.○.○ / 배당기일 2007.○.○

건물등기부		권리종류	권리자	채권최고액 (계 : 1,326,000,000)	비고	소멸여부
1	2005.01.14	소유권보존	선○숙			소멸
2	2005.05.24	근저당	엄○○	416,000,000원	말소기준등기	소멸
3	2005.07.27	근저당	권○근,신○정	900,000,000원		소멸
4	2005.08.16	전세권(전부)	신○정	10,000,000원	존속기간: 2005.07.29~2006.07.29	소멸
5	2006.01.09	임의경매	엄○○	청구금액: 369,762,190원	2005타경○○45	소멸
6	2006.01.25	임의경매	권○근,신○정	청구금액: 647,408,219원	2006타경○○	소멸
토지등기부		권리종류	권리자	채권최고액 (계 : 1,466,000,000)	비고	소멸여부
1	2005.01.14	소유권이전(매매)	선○숙			소멸
2	2005.05.24	근저당	엄○○	416,000,000원	말소기준등기	소멸
3	2005.06.29 (17143)	근저당	구○완,구○완	150,000,000원		소멸
4	2005.06.29 (17144)	지상권(전부)	구○완,원○국		존속기간: 2005.06.29~2035.06.28 만30년	소멸
5	2005.07.27	근저당	권○근,신○정	900,000,000원		소멸
6	2006.01.09	임의경매	엄○○	청구금액: 369,762,190원	2005타경○○45	소멸
7	2006.01.25	임의경매	권○근,신○정	청구금액: 647,408,219원	2006타경○○	소멸
주의 사항			☞2006.5.9.자 안○섭으로 부터 각 이억이천만원과 일억원의 공사대금 유치권신고가 있으나 그 성립여부는 불분명함 ☞○○리 ○○○ 지상에 건축중인 제시외 건물 약190㎡가 소재하나 경매입찰대상에서 제외된 건물이고, 법정지상권 성립여지는 불분명함 **ⓢ 유치권 현장조사보고서**				

주었던 제1순위 근저당권자였다. 그래서 이 물건이 적당한 가격에 낙찰되면 낙찰대금에서 배당을 받으면 그만인데 전소유주가 유치권자와 담합하여 경매법원에 유치권신고를 했고 이 때문에 물건이 매각되지 못하고 계속 유찰된 것이다. 낙찰 가격이 너무 낮으면 낙찰대금에서 배당 시 근저당권자로서 채권액 전부를 배당받을 수 없기에 울며 겨자 먹기 식으로 1순위 근저당권자가 낙찰을 받은 것이었다.

생각해보라~!

건축주가 펜션 공사비가 필요하다 하여 펜션을 담보로 잡고 돈을 차용해 주었는데 근저당권자에게 원금을 갚기는커녕 오히려 채권보전을 위해 낙찰받은 펜션에 제3자를 앞세워 유치권 신고를 하고 낙찰자에게 거액의 이사비용을 요구하는 상황을!!

낙찰자는 2005년 3억 5,000만 원을 건축주에게 빌려준 후 그로부터 거의 3년 동안 돈을 회수하지 못하고 채무자에게 계속 시달린 셈이다. 얼마나 속병을 앓았을지 짐작할 수 있었다.

유치권의 실체파악

사건의 상세내막을 들어보니 건축주(=전소유자)와 공사업자가 낙찰자에게 너무 독하게 대하는 것이 아닌가하는 생각이 들었다. 의뢰인이 해당 경매계에서 복사해 온 사건기록부를 살펴보니 확실하게 건축주와 공사업자간의 구린 냄새가 났다. 당시 건축주는 피신해 있었으나 펜션이 경매로 진행되자 자신의 큰 아들과 공사업자를 내세워 해당 부동산에 유치권 신고를 하고 점유하여 과도한 공사대금 변제를 주장하고 있다고 판단했다.

다음은 실제 신고 된 유치권 신고서다.

유치권 신고서

사건번호 2005타경 14○045
채 권 자 엄○○
채 무 자 김○○
소 유 자 유○○
본인은 상기 현장의 주택신축공사를 선○○씨로부터 일금 일억구천오백만 원(195,000,000원)에 공사계약을 하였으며, 계약금 일천만 원(10,000,000원)을 받고 나머지 공사대금 일억팔천오백만 원(185,000,000원)은 건축물 준공 후 은행 대출금을 통하여 지급받기로 하였으나, 차일피일 미루어지다가 현재 이르게 되었으며 본인은 공사대금을 지급받기 위하여 2005년 10월경부터 본인이 점유하고 있으며, 본인의 정당한 권리를 보전하기 위해 유치권을 신고합니다.

유치권자 성   명 : 안○섭
주민번호 : 61○○○○-125○○○○
주   소 : 경기 ○○ ○○ ○○

2006년 5월 9일

인천지방법원 본원 귀중

유치권자는 도급계약을 체결하고 1억 9,500만 원의 공사를 했는데 총 공사대금 중에서 고작 계약금 1,000만 원밖에 받지 못하였다고 신고했다(상식적으로도 절대 이해가 안 되는 상황이다).

서류를 계속 살펴보던 중 이상한 부분을 발견했다.

위 유치권 신고서를 유치권자가 직접 제출하지 않고 건축주의 큰 아들이 유치권자의 인감증명서가 첨부된 위임장을 첨부하여 법원에 신고한 것이다.

그러나 공사도급계약서나 펜션을 유치권자가 점유하는 것처럼 경비업체와 계약을 해둔 것을 보니 유치권이 성립되게 보이려고 노력한 흔적이 보였다. 그리고 공사부분과 점유부분 모두 적절하게 서류를 꾸며 유치권 신고를 했기에 법원 자료만으로는 유치권을 완벽하게 부정할 수 없다고 판단하였다.

우선 유치권의 허위를 입증할 수 있는 자료를 추가로 수집하기위해 유치권자를 만나야만 했다. 그리고 유치권자가 진정 무엇을 원하고 있는지 궁금했다.

유치권자와 만남

유치권신고서에 기재된 전화번호로 전화를 걸었다.

"안녕하세요. 안○○사장님 되시죠? 저는 송사무장이라고 합니다."

"네…제가 맞는데 누구시죠?"

"아~펜션을 낙찰 받으신 의뢰인께서 변호사를 선임했거든요."

"그…그래요?"

"한번 만나서 말씀 나누는 것은 어떨까요? 모든 일은 법으로 처리하기 전에 대화로 풀 수도 있지 않습니까."

"좋습니다. 제가 그리로 가겠습니다."

예상과는 다르게 의외로 차분하고 공손한 반응이었다.

어쨌든 유치권자가 사무실로 오기로 했고 그렇게 그와의 첫 번째 만남이 이루어졌다.

"사장님 원만하게 합의하시는 것이 좋지 않겠습니까?"

"저도 합의를 원합니다. 그런데 공사비는 주셔야지요?"

"그렇다면 어느 정도 금액이면 유치권에 대해 합의를 하실 생각인가요?"

"물론, 제가 신고한 금액을 다 주셔야 합니다."

"사장님 아무리 그래도 그 금액은 너무 과하지 않습니까. 2억 원에 가까운 공사를 하면서 계약금으로 1,000만 원밖에 못 받았다는 것은 상식적으로 도저히 납득되지 않습니다."

"그래도 어쩔 수 없어요. 저도 피해자니깐. 그 금액으로 합의할 수 없으면 맘대로 하세요."

"제가 이 사건을 해결하기 힘들어서 사장님께 대화를 청한 것이 절대 아닙니다. 이 자리에서 합의가 되지 않는다면 민사든 형사든 법적으로 풀어갈 것입니다. 법적으로 진행하기 전에 원만하게 해결하고자 말씀을 드리는 것입니다."

"저도 그러고 싶습니다. 그래도 제가 신고한 금액은 주셔야죠."

"마지막으로 말씀드립니다. 3,000만 원을 받으시고 합의를 하실 생각이 있습니까?"

"안돼요. 그냥 민·형사로 진행하세요."

큰 기대는 하지 않았지만 역시 유치권자의 주장은 완고했고 처음 그의 공손한 태도에 합의가 될 수도 있지 않을까라는 작은 기대는 물거품이 됐다(유치권자는 자신이 정말 대단한 권력(?)이라도 갖고 있는 양 심한 착각에 빠져있는 듯했다). 하지만 그는 대화중에 현재 채무자의 아들이 점유하고 있음을 시인했고 자신은 가끔씩 들러 펜션의 이익금을 회수하면서 점유를 확인할 뿐이라고 하였다. 내가 유치권자에게 제시한 3,000만 원은 본 물건의 합의금으로 절대 적은 금액이 아니었으며 필자 역시 합의를 이끌어내기 위해 할 수 있는 것은 다했다.

유치권자와 채무자의 아들이 펜션을 함께 점유하는 것이 과연 진정한 유치권으로 인정받을 수 있을까? 어쨌든 이 물건은 합의가 되지 않았기에 법원으로부터 인도명령결정을 받아내어 강제집행을 하는 것만이 최선의 선택이었다.

만약 이렇게 된다면 유치권자는 합의금은커녕 낙찰자가 지출했던 강제집행비용마저 변제해야 한다. 과유불급이라 했다. 언제나 느끼지만 사람들은 돈 앞에서는 보이지 말아야 할 원초적인 욕심을 드러내곤 한다.

항상 말하지만 명도방법에 대한 선택은 내가 아니라 점유자가 하는 것이다.

유치권자에 대한 인도명령신청 그리고 형사고소

유치권자가 끝까지 무리한 주장을 굽히지 않았기에 법적인 절차를 밟아 진행해야 했다. 우선 채무자 아들과 유치권자를 피고소인으로 하여 형법 제 315조(경매방해죄), 형법 제347조(사기죄)로 처벌을 해달라는 고소장을 접수 시켰다.

이제 남은 건 인도명령신청~!

경매를 집행하는 법원에선 유치권을 심도 있게 심리하지 않는다. 법원 측 에서는 단지 경매사건이 입찰부터 배당까지 절차상 하자 없이 진행되는 것만 을 목적으로 하기 때문이다. 그래서 만약 낙찰자가 경매법원에 인도명령신 청서를 제출할 때 적극적으로 유치권을 부정하는 내용을 기재하지 않는다면 인도명령신청은 쉽게 기각이 되고 만다(이 내용은 중요하므로 필자가 반복해서 삽 입했다).

낙찰자는 경매판사님이 명백하게 판단을 할 수 있도록 증거자료를 꼼꼼 히 첨부해야만 한다. 만약 인도명령결정이 기각되어 명도소송으로 진행하게 된다면 최소 6~10개월은 소요된다.

따라서 유치권 부존재로 하여 인도명령을 신청할 때는 성립하지 않는 이 유를 정확하게 찾아서 기재해야 한다. 이 사건의 핵심은 채무자도 함께 점유 하고 있다는 것이었다.

채무자를 직접점유자로 하여 채권자가 간접 점유하는 경우에도 유치권이 성립하는지 여부(소극)

【참조조문】
민법 제320조

【이 유】
상고이유(상고이유서 제출기간이 지나서 제출된 상고이유보충서는 상고이유를 보충하는 범위 내에서)를 판단한다.

　　유치권의 성립요건이자 존속요건인 유치권자의 점유는 직접점유이든 간접점유이든 관계가 없으나, 다만 유치권은 목적물을 유치함으로써 채무자의 변제를 간접적으로 강제하는 것을 본체적 효력으로 하는 권리인 점 등에 비추어, 그 직접점유자가 채무자인 경우에는 유치권의 요건으로서의 점유에 해당하지 않는다고 할 것이다.

　　그런데 원심은 채무자를 직접점유자로 하여 채권자가 간접점유를 하였더라도 유치권을 취득하는 데 장애가 되지 않는다는 반대의 견해를 전제로, 피고들이 이 사건 건물에 관한 공사대금채권자로서 임의경매개시결정의 기입등기가 경료되기 이전인 2004. 12. 22.부터 채무자인 소외인(소송에 포함되지 않는 자)의 직접점유를 통하여 이 사건 건물을 간접 점유함으로써 유치권을 취득하였으므로, 그 유치권에 기하여 경매절차의 매수인인 원고의 건물 명도청구에 대항할 수 있다고 판단하였으니, 원심판결에는 유치권의 요건인 점유에 관한 법리를 오해한 위법이 있다.

　　그러므로 원심판결을 파기하고, 이 사건을 원심법원에 환송하기로 하여 관여 대법관의 일치된 의견으로 주문과 같이 판결한다.

　　인도명령신청서를 작성할 때는 해당 경매사건의 상황과 부합이 되는 대법원판례를 첨부하는 것이 좋다. 경매판사님이라고 하여 유치권과 대항력에 관련된 판례를 항시 숙지하고 있는 것이 아니므로 낙찰자는 경매판사가 최대한 판단을 쉽고 명백하게 내릴 수 있도록 서면을 준비하는 것이 좋다.

이 펜션의 사례와 동일한 상황에 있는 판례를 찾아서 인도명령신청서를 작성했다. 인도명령이 잘 쓰여 졌다면 곧바로 인도명령결정이 되거나 아니면 인도명령심문기일이 지정된다. 반대로 엉망으로 작성이 되었다면 바로 기각이 될 것이다.

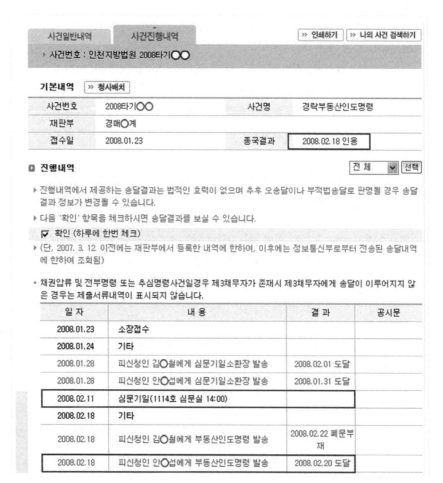

| 사건일반내역 | 사건진행내역 | | »인쇄하기 | »나의 사건 검색하기 |

▶ 사건번호 : 인천지방법원 2008타기○○

기본내역 »청사배처

사건번호	2008타기○○	사건명	경락부동산인도명령
재판부	경매○계		
접수일	2008.01.23	종국결과	2008.02.18 인용

◘ 진행내역 전체 ▾ 선택

▶ 진행내역에서 제공하는 송달결과는 법적인 효력이 없으며 추후 오송달이나 부적법송달로 판명될 경우 송달결과 정보가 변경될 수 있습니다.

▶ 다음 '확인' 항목을 체크하시면 송달결과를 보실 수 있습니다.

☑ 확인 (하루에 한번 체크)

▶ (단, 2007. 3. 12. 이전에는 재판부에서 등록한 내역에 한하여, 이후에는 정보통신부로부터 전송된 송달내역에 한하여 조회됨)

▪ 채권압류 및 전부명령 또는 추심명령사건일경우 제3채무자가 존재시 제3채무자에게 송달이 이루어지지 않은 경우는 제출서류내역이 표시되지 않습니다.

일 자	내 용	결 과	공시문
2008.01.23	소장접수		
2008.01.24	기타		
2008.01.28	피신청인 김○철에게 심문기일소환장 발송	2008.02.01 도달	
2008.01.28	피신청인 안○섭에게 심문기일소환장 발송	2008.01.31 도달	
2008.02.11	심문기일(1114호 심문실 14:00)		
2008.02.18	기타		
2008.02.18	피신청인 김○철에게 부동산인도명령 발송	2008.02.22 폐문부재	
2008.02.18	피신청인 안○섭에게 부동산인도명령 발송	2008.02.20 도달	

이 사건은 심문기일이 지정되어 유치권자가 출석하였다. 경매판사는 유치권자에게 채무자의 아들과 함께 점유하고 있는 것이 맞느냐고 물어보았고 유치권자는 순진하게 "yes"라는 대답을 했다. 판사는 즉시 인도명령을 결정했다. 우리가 생각했던 것보다 훨씬 짧은 시간에 심리가 끝났다.

세상에 쉬운 것이 없다~!

인도명령결정을 받아내고 강제집행 날짜를 바로 그 다음 주로 잡았다.

어차피 법대로 진행한다고 마음먹었으면 속전속결로 끝내야 한다.

하지만 이 펜션을 집행할 때 문제점이 하나 있었다. 그것은 유치권자와 채무자가 사업자등록을 폐업하고 영업을 한다는 것이다.

그게 무슨 문제가 되느냐고??

부동산 인도집행(강제집행)을 하기 전에 낙찰자가 준비해야 되는 것

주거형 물건의 경우 부동산인도집행(=강제집행)을 하기 전에 해당건물의 '전입세대열람내역'을 첨부해야 한다. 낙찰자가 신청한 인도명령결정의 당사자와 해당건물의 실제 점유자의 세대열람을 확인하여 공부상 서류를 맞춰보기 위함이다.

그런데 상가건물의 경우 '전입세대열람'이 아닌 관할세무서에서 '사업자등록현황서'를 첨부하여 집행 전에 집행관에게 제시를 해야 한다. 만약 전입세대열람 내역과 사업자등록현황이 해당건물의 점유자와 일치하지 않는 경우 집행을 연기하거나 다시 인도명령결정을 받아야 되는 경우도 있다. 즉, 이런 부분이 준비되지 않는다면 집행관이 임의로 판단하여 강제집행을 하는 것에 상당한 부담을 느낀다는 것이다.

의뢰인에게 '사업자등록현황서'를 세무서에서 받아오라고 했는데 해당 건물에 영업은 지속적으로 하고 있으나 이미 사업자등록은 폐업한 상태였다.

강제집행당일이 되었다.

아침 일찍 직원들과 펜션으로 출발했다. 집행을 하려면 힘을 써야 하므로 편의점에 들러 라면을 챙겨먹고 집행관과 법원직원들이 오기 전에 현장에 도착했다.

우리가 도착하고 30분이 지나자 법원차량 몇 대가 펜션 앞에 주차를 했다.

집행관이 채권자 대리인인 나에게 다가와서 '사업자등록현황서'가 있는지 물어보았다.

세무서에 확인해봤더니 이 건물의 사업자등록이 폐업되어 현재는 사업자등록이 없는 상황이라고 설명하자 집행관의 얼굴 표정이 굳어졌다.

"사업자등록현황서가 없는데 대체 저 안에 누가 있는지 어떻게 알고 강제개문을 합니까?"

"저 안에 채무자랑 유치권자 모두 있습니다. 그리고 현재 영업도 하고 있고요."

"제가 사무장님 말을 어떻게 믿습니까? 오늘은 집행을 못합니다(우려했던 상황이다)."

"여기 채무자에게 발송된 우편물을 보십시오. 그리고 이것은 어제 제가 이 펜션 홈페이지를 캡처해 온 사진입니다. 아직도 영업을 하고 있지 않습니까? 신문을 대고 사진을 찍었으니깐 날짜를 확인해보십시오."

"그래도 이것으론 조금 부족한데요(그나마 강한 태도가 약간 누그러졌다)."

"일단 강제개문해서 안에 상황을 확인해주십시오. 집행관님 오늘 집행을

왼쪽 뒤에 있는 베이지 정장을 입은 사내가 필자. 문 앞에 서 있는 사람은 집행관

못하면 절대 안 됩니다. 그리고 이렇게 증거자료가 확실하지 않습니까?"

돌아가려는 집행관을 겨우 설득하여 펜션 2층으로 올라갔다.

그런데 계속해서 초인종을 누르고 아무리 대문을 두드려도 문을 열어주지 않는다(사람이 없나?). 집행관은 내부에 사람이 없는 것 같고 또 현재 점유자가 유치권자인지 아닌지 알 수 없다며 또 다시 그냥 돌아가려고 했다(여기서 밀리면 끝장이다).

내가 준비해온 자료를 재차 집행관에게 설명하고 일단 강제개문 할 것을 요구했다(사진 속에 내 손을 보면 서류뭉치를 들고 있다).

나의 집요함에 결국 동반한 열쇠아저씨가 강제개문을 하려고 문에 펜치와 공구를 들이대자 안에서 몰래 숨죽이고 있던 유치권자가 문을 열었다.

그리고 태연하게 말했다.

"아니… 왜 그러세요? 안○○라는 사람 없어요…."

(내가 서 있는 지도 모르나보다…).

뒤에 서 있던 내가 집행관에게 말을 했다.

맨 뒤에서 유치권자를 응시하고 있는 송사무장

"저 사람이 유치권을 신고한 사람입니다. 당신 ○ ○ ○씨 맞잖습니까?"

나와 유치권자가 실랑이 끝에 결국 유치권자는 자신임을 밝혔고 집행관
이 외쳤다.

"집행해~!"

집행관의 지시와 함께 노무인원들이 들이닥쳤다.

집행은 순식간에 끝이 났다.

트럭 5대 정도의 짐을 끌어내고 동반한 열쇠업자에게 시건장치 교체를 지시했다.

시건장치 교체 후 경고문을 붙여놓고 드디어 강제집행을 마쳤다.

명도 의뢰를 받은 후 3개월 만에 일을 끝냈다.

사람들의 욕심은 정말 끝이 없나보다.

허위 유치권 신고를 한 유치권자와 소유자는 자신들이 강자라고 판단했기에 낙찰자에게 무리한 요구를 했고 그 결말은 결국 이것이다. 내가 처음에 제시했던 3,000만 원은커녕 집행비용까지 변제를 해야 했다. 유치권자가 낙찰자에게 무리한 요구를 하는 것은 왜 예나 지금이나 변함이 없을까?

강제집행으로라도 일이 해결되면 의뢰인 입장에선 기분이 좋을지 모르겠으나, 나는 늘 씁쓸한 담배를 태우며 집으로 돌아오곤 했다.

인도명령신청부터 유체동산경매까지의 과정

◆

낙찰자는 점유자와 법적절차를 진행하지 않고 대화로 최대한 원만하게 마무리 하는 것이 좋다. 필자는 아직도 이 원칙을 어기지 않기 위해 최대한 노력을 한다. 그러나 너무 무리한 요구를 하거나 상식을 벗어나는 행동을 범하는 점유자에겐 어쩔 수 없이 법적절차를 진행해야 한다. 낙찰자가 법적절차를 원활하게 처리할 수 있으면서 안 하는 것과 할 수 없어서 못하는 것의 차이는 점유자를 대할 때 낙찰자의 자신감에서 크게 차이가 난다(원래 믿는 구석이 있으면 목소리가 우렁찬 법이다).

①인도명령신청

낙찰자가 잔금납부와 동시에 인도명령을 신청하면 경매법원에서 점유자가 대항력이 없으면 1주일 내로 결정되고, 대항력 부분이 모호할 경우 인도명령심문기일을 지정하여 심문 후 인도명령의 가부를 결정한다.

②인도명령결정문 송달

인도명령이 결정된 경우 그 인도명령결정문을 관할 지역의 우체부가 등기로 점유자에게 해당부동산의 주소로 송달한다. 만약 송달이 안 될 경우 법원에서 공시송달(=발송송달)을 해주는 곳도 있고 낙찰자가 재송달(=주소보정) 신청을 해야 하는 곳도 있으므로 해당법원의 업무지침을 참조하여 업무처리를 해야 한다. 법원마다 업무지침이 다른 것이 상식적으로 이해가 되지 않지만 힘없는(?) 낙찰자가 따라야지 어쩔 수 없다.

③송달증명원 발급

인도명령결정문이 점유자에게 도착했을 경우 송달이 되었다는 것을 해당 경매계에 방문하여 발급 받는다. 강제집행신청을 할 경우에만 발급받으면 된다.

④강제집행 신청

관할법원 집행관 사무실에 방문하여 인도명령결정문 정본과 송달증명원을 첨부하여 집행관 사무실에 비치된 강제집행신청서를 작성하여 제출한다(법원에 따라 추가로 집행문을 요구하는 곳도 있는데 그 경우 경매계에서 집행문을 부여받으면 된다).

⑤집행비용예납

강제집행을 신청하면 집행관 사무실에서 강제집행 사건번호가 기재된 접수증과 집행비용예납 서류를 주는데 이를 갖고 법원 내 은행에 비용을 납부하면 된다.

⑥집행계고(예고)

이 부분도 각 법원마다 조금씩 차이가 있다. 집행계고란 강제집행(부동산 인도집행)을 실시하기 전에 집행관이 현장에 직접 나가서 점유자에게 낙찰자와 원만하게 합의되지 않으면 ○월 ○일에 강제집행을 실시할 것이라고 예고를 해주는 단계를 말한다.

만약 점유자가 현장에 없을 시 위 경고 문구가 기재되어 있는 계고장을 현관문에 게재하는 것으로 이 절차를 대신한다. 이 업무지침도 법원마다 약간 차이가 있다. 강제집행을 실시하기 전에 집행계고를 2번해야 하는 곳이 있고, 생략하는 곳도 있으므로 미리 확인해두면 된다(법적으로 부동산인도집행을 하기 전에 반드시 집행계고를 해야 하는 것은 아니다).

⑦노무비납부

집행계고를 했음에도 불구하고 점유자가 부동산 인도에 불응할 경우 강제집행을 위한 노무비를 예납한다. 노무비는 집행신청을 한 부동산의 크기와 사용용도에 따라 가격차이가 있다. 아파트나 빌라의 경우 부동산의 전용면적을 기준으로 산출되는데 공장, 상가, 사우나 등 특수한 경우 노무사장이 현장에 방문하여 비용을 산출한다. 예를 들면 공장의 경우 크레인 비용이 추가로 지출되고, 헬스클럽 등 무거운 기구가 있는 상가의 경우 더 많은 노무인원이 필요하므로 크레인 등 중장비와 추가 인력의 노무비용이 추가된다.

⑧강제집행

집행관과 노무인원이 현장에 출동하여 강제집행을 실시하는 단계다. 집행 당일에 점유자가 현장에 없거나 짐을 옮길 곳이 없는 경우 낙찰자는 차량비와 보관창고비용(1월분)을 추가로 납부해야 한다. 강제개문과 열쇠를 교체할 경우 그 비용도 추가로 소요된다.

⑨최고서 발송

강제집행 후 보관창고로 옮겨진 짐을 점유자가 찾아가지 않는 경우 낙찰자(=채권자)는 계속해서 보관창고비용을 부담해야 된다. 따라서 강제집행 후 점유자를 상대로 짐을 찾아가라는 최고서를 발송해야 한다. 왜냐하면 짐을 찾아가라는 내용의 최고서가 없으면 유체동산경매절차를 밟을 수 없기 때문이다. 특히, 보관된 짐이 거의 폐기물 수준인 경우 점유자들이 찾아가지 않는 경우가 빈번하므로 이 절차를 반드시 거쳐야 한다.

⑩유체동산 매각신청

최고서 발송 후 1주일이 지나면 보관창고에 있는 짐의 유체동산 매각신청을 해야 한다.

양식은 법원에 비치되어 있다.

⑪집행비용 예납 및 공탁

유체동산 경매를 실시하기 위한 집행비용을 예납하고 공탁금액이 나오면 법원 내 은행에 납부해야 한다.

⑫유체동산감정

법원에서 지정한 감정사무실을 통하여 보관된 유체동산의 가격을 산정한다. 유체동산의 감정가격이 2,000만 원이 넘으면 추가로 감정료를 납부해야 한다.

⑬집행비용확정결정신청

낙찰자가 점유자를 상대로 부동산인도집행에 소요된 제반비용을 청구하는 단계다.

⑭유체동산경매실시

감정된 유체동산을 입찰자들끼리 호가경매하여 낙찰이 되면 그 금액은 집행관이 법원에 공탁한다.

절차를 보면 알겠지만 법대로 하는 것도 쉬운 것은 아니다. 그러므로 가능하면 점유자와 원만한 합의를 하는 것이 제일 좋다.

보관창고료는 누구의 몫?

보통 낙찰자가 인도명령결정이나 명도 판결 등으로 부동산인도집행을 실시할 경우 집행관은 '보관집행'을 하라고 권유한다.

'보관집행'이란 부동산인도집행 시 해당부동산 내부에 있는 점유자의 유체동산들을 집행관사무실에서 지정한 보관창고에 보관할 것을 전제로 인도집행을 실시하는 것을 말한다.

통상 이런 경우 ①낙찰자(채권자)가 1달치 보관창고료를 선납(2개월분을 선납하라는 곳은 조정하면 됨)하고 집행이 진행된다. 그 이후 점유자(채무자)가 해당 보관창고에 들러 물건을 찾아가거나, ②그렇지 않을 경우 다시 낙찰자가 '유체동산매각절차'를 밟아서 보관창고의 짐들을 경매 처분해야 한다.

후자의 경우 유체동산경매 절차까지 많은 비용과 적지 않은 시간이 소요된다.

그래서 가끔 짐이 부실하거나 특별한(?) 경우엔 집행 현장이나 그 건물 옥상에 '현장보관집행'을 할 수 있는데 이런 경우엔 채권자(=낙찰자)가 채무자(=점유자)의 짐들에 관하여 분실이나 파손 시 책임을 지겠다는 확인서를 쓰고 집행관의 동의가 있은 경우에 가능하다.

(현장보관집행을 하는 경우에도 채무자가 짐을 찾아가지 않을 경우 유체동산매각절차를 통해 짐들을 처분할 수 있고, 보관창고비용을 절약할 수 있다는 장점이 있다. 필자의 저서《송사무장의 경매의 기술》1권에 소개된 유치권 명도사례에

서도 집행관의 동의를 구하여 현장보관집행을 했었고 그곳에서 유체동산매각절차까지 마무리를 했었다)

하지만 특별한 사정이 없는 경우 대부분 집행관 사무실에서 보관집행을 권유하므로 보통 낙찰자는 강제집행을 원활하게 진행하려면 보관집행을 할 수 밖에 없다(사실 집행을 빨리 해주는 것만으로도 감사해야 하는 것이 현실이다).

그런데 인도집행 후 웬만하면 채무자가 살림살이를 찾아가는 경우가 많은데, 이와는 다르게 점유자의 물품들이 쓸모없는 물건들일 경우에는 채무자가 제 때에 짐을 찾아가지 않거나 아예 방치되는 경우도 있어서 보관창고료가 만만치 않을 수 있으니 낙찰자는 집행 즉시 서둘러서 유체동산매각절차를 준비해야 한다.

보관창고료에 관련된 필자의 사례를 소개한다.

예전에 상가주택 9가구를 명도 했었는데 유독 1가구만 명도협의가 되지 않아 부득이 강제집행을 했던 적이 있다. 그런데 집행당일 점유자가 현장에 왔었고, 그 자리에서 보관창고 사장에게 직접 찾아가겠다는 말을 해서 일단 낙찰자가 1달치 보관창고료 30만 원만 선납하기로 하고 집행사건을 마무리했었다. 혹시나 의심스러워 며칠 후 보관창고에 전화를 걸어 확인했더니, 보관창고에서도 채무자가 가져간다는 연락을 받았으니 걱정하지 말라고 답변했었다.

그래서 종결된 사건이라 여기고 잊고 있던 사건이었다.

그런데 그 시점부터 6개월이 경과된 뒤 보관창고에서 전화가 걸려왔다.

"사장님 창고료 6개월분이 밀렸습니다. 이번 주 내로 입금해주세요."

"뭐라고요? 지금 장난하세요? 저한테 분명히 채무자가 찾아갈 것이라고 안심하라고 했지 않았습니까! 그리고 그것도 1개월이 지난 시점에 연락한 게 아니라 6개월이나 지나서 낙찰자에게 거액의 보관창고료를 납부하라면 어떡합니까?"

"채무자가 약속을 안 지킨 건데 저희는 어쩔 수 없잖아요."

"낙찰자가 당신들 봉입니까? 저는 보관창고료를 지급할 수 없으니 맘대로 하십시오."

"그래봤자 낙찰자가 책임져야 합니다. 빨리 입금해주세요."

"사장님이 채무자에게 창고료 청구해서 유체동산 경매처분을 하시든지 아니

▣ 기본내용 » 청사배치

사건번호	2010차1○○	사건명	보관료
채권자	이○○	채무자	송희창
재판부	독촉		
접수일	2010.12.21	종국결과	2010.12.28 지급명령
청구금액	15,000,000	기록송부일	
이의신청일		제소신청일	
송달료,보관금 종결에 따른 잔액조회		» 잔액조회	

면 폐기처분 하시든지 알아서 하세요"

"정말 이러실 겁니까!!"

"바쁘니깐 이만 끊습니다."

이 대화를 마지막으로 보관창고에서 전화가 오면 받지 않았고, 나중에는 핸드폰 수신거부 전화목록에 추가하여 신경을 꺼버린 상황이었다.

그런데 그렇게 까맣게 잊고 있었던 보관창고에서 5년이 지난 시점에 소를 제기했다.

태어나서 처음으로 채무자의 지위에서 소를 맞이하게 되었다.

황당하기도 하고 웃음이 나오기도 했다.

마치 이들은 내게 5년 만기 월 30만 원짜리 정기적금을 가입하고, 이제 적금 만기가 되어 1,500만 원을 수령할 때가 된 사람처럼 구는 것이었다.

부동산인도집행을 하고 한 달 치 보관창고료 30만 원이 이렇게 부풀려질 수 있다는 것에 어이가 없었다. 그리고 소장을 읽으면서 창고업자들이 가끔 이런 식으로 다른 낙찰자들도 골탕 먹일 것이라는 생각이 들었다.

그동안 1년에 한 번 정도 전화만 걸었을 뿐 이와 관련하여 내용증명이나 채권을 지급하라는 문자조차 한 번도 보낸 적이 없었기 때문이다.

어느 낙찰자든 보관창고의 이런 소장을 받았다면 무척 황당할 것이다.

어떻게 불과 30만 원인 창고료가 1,500만 원으로 둔갑할 수 있는 것인지 마치

채 권 자   이○○
          인천 남동구 ○○ ○○
          ○○물류보관창고 내
          Tel : 032-○○○-○○○○

채 무 자   송희창
          서울○○ ○○
          H.P : 017-○○○-○○○○

보관료 청구 지급명령

청 구 취 지

채무자는 채권자에게 금 15,000,000원 및 이 돈에 대하여 지급명령정본 송달 다음날
부터 완제일까지 연 20%의 비율에 의한 돈 및 아래 독촉절차비용을 지급하라.
라는 재판을 구함.

독촉절차비용   금131,360원
  내역 : 인지대 금7,200원, 송달료 금24,160원, 서기료 금100,000원

청 구 원 인

1. 채권자는 주소지에서 ○○물류창고라는 상호로 물품보관업을 영위하고 있는바, 채
   권자는 채무자와 아래와 같은 내용으로 물품보관 수탁계약을 체결하였습니다.

의도적으로 낙찰자가 연체하길 바랐거나, 아니면 그 사실을 까맣게 잊고 지내길
바라지 않았을까 하는 생각이 들 정도였다.

보관창고에서 보낸 지급명령결정문을 꼼꼼하게 읽어봤다.

일단 소송절차에서 정면대응을 하고, 본안소송에서도 보관창고가 무리한 요

구를 굽히지 않을 경우, 소송 외 집행관사무실과 함께 하는 업무도 아예 하지 못하게 할 계획이었다(참고로 지급명령결정에 관하여 채무자가 이의신청서를 제출하면 본안소송에서 다투게 된다).

아마도 보관창고에선 지급명령결정문을 받은 낙찰자가 본안소송으로 다투지 않고 자신들에게 찾아와 적당한 가격에 협의하는 시나리오를 생각하고 있었을 수도 있다.

이 사건의 쟁점은

①강제집행 후 채무자가 짐을 찾아가겠다고 구두로 약속했고 그 부분을 창고에서도 시인했다는 점과,

②보관창고에서 민사집행법에 기재된 규정대로 업무처리를 했느냐이다.

이의신청서에 위 두 가지 쟁점을 상세하게 기술하면 지급명령결정 후 환한 미소를 짓고 있던 창고업자의 표정이 바뀔 것이라 생각했다. 참고로 보관창고료의 소멸시효는 1년인데 거금(?)의 보관료를 받아내기 위해 5년씩이나 기다렸다는 것은 오히려 이 사람들이 법리적인 부분에 있어서 필자보다 하수라고 느껴지게 한 부분이었다.

소멸시효가 1년인 채권

- 여관, 음식점, 대석, 오락장의 숙박료, 음식대금, 대석료, 입장료, 소비물의 대가 및 체당금채권
- 의복, 침구, 장구, 기타동산의 사용료채권
- 노역인, 연예인의 임금 및 그에 공급한 물건의 대금채권
- 학생 및 수업자의 교육, 의식 및 유숙에 교주, 숙주교사의 채권
- 운송인, 창고업자의 책임채권(상법 제121조, 제147조)
- 보험료 청구권
- 선박소유자 책임채권
- 수표로서 지급보증을 한 지급인에 대한 청구권

이의신청서를 써내려갔다.

첫 번째로는 채무자가 짐을 찾아가겠다고 했고, 보관창고도 그렇게 할 것이라 답변하였으므로 본 소송의 당사자는 필자가 아니라 채무자에게 청구하라는 내용을 기재했다.

두 번째로는 이 사건의 부동산인도집행절차가 민사집행법에 명시된 대로 진행되었는지 여부에 관해 기재했다.

〈민사집행법 제258조-부동산 등의 인도청구의 집행 〉

① 채무자가 부동산이나 선박을 인도하여야 할 때에는 집행관은 채무자로부터 점유를 빼앗아 채권자에게 인도하여야 한다.

②제1항의 강제집행은 채권자나 그 대리인이 인도받기 위하여 출석한 때에만 한다.

③강제집행의 목적물이 아닌 동산은 집행관이 제거하여 채무자에게 인도하여야 한다.

④제3항의 경우 채무자가 없는 때에는 집행관은 채무자와 같이 사는 사리를 분별할 지능이 있는 친족 또는 채무자의 대리인이나 고용인에게 그 동산을 인도하여야 한다.

⑤채무자와 제4항에 적은 사람이 없는 때에는 집행관은 그 동산을 채무자의 비용으로 보관하여야 한다.

⑥채무자가 그 동산의 수취를 게을리 한 때에는 집행관은 집행법원의 허가를 받아 동산에 대한 강제집행의 매각절차에 관한 규정에 따라 그 동산을 매각하고 비용을 뺀 뒤에 나머지 대금을 공탁하여야 한다.

민사집행법 제258조 ③, ⑤, ⑥항을 보면 부동산인도집행시 목적물이 아닌 동산은 집행관이 제거하고, 그 동산을 채무자의 비용으로 보관해야 하고, 채무자가 그 동산의 수취를 게을리 한 때에는 집행관이 강제집행의 매각절차에 관한 규정에 따라 그 동산을 매각하고 그 비용을 뺀 뒤 나머지 대금을 공탁해야 한다고 기재되어 있다.

즉, 창고업자는 보관료 청구에 관하여 부동산인도집행당시의 채무자 내지 관할지방법원 집행관실에 문의하여 처리해야 했음을 강조했다. 그 외 창고업자가 최고서를 발송하지 않은 점 등 다른 불순한 의도가 느껴지는 부분들을 추가로 기재했다.

자신에게 일거리를 주는 집행관에게도 책임소재가 있다고 하였으니 이들이

사건번호 : 인천지방법원 2010차			

사건일반내용 **사건진행내용** » 인쇄하기 » 나의 사건 검색하기

기본내용 » 청사배치

사건번호	2010차	사건명	보관료
채권자	이○○	채무자	송희창
재판부	○○		
접수일	2010.12.21	종국결과	2011.03.24 신청서각하
청구금액	15,000,000	기록송부일	
이의신청일	2011.02.16	제소신청일	
송달료,보관금 종결에 따른 잔액조회		» 잔액조회	

필자의 이의신청서를 받고 어떤 반응을 보일지 궁금했다. 이의신청서를 통해 불순한 의도대로 될 수 없을 것이라는 것을 확실하게 짚어주고 싶었고, 부도덕성까지 상세하게 기재해두어 본안소송에서 다툴 경우 변론기일에 판사 앞에서 창피를 주고 싶었다.

그런데 의외로 게임이 쉽게 마무리되었다.

창고업자가 이의신청서를 읽고 본안소송을 위해 보정(인지대, 송달료 추납)을 하지 않고 그냥 소송을 포기해버린 것이다.

결국은 보관료청구사건이 각하되었다.

이 사건을 진행하면서 아직도 법원업무가 개선되어야 될 부분이 상당히 많음을 다시 한 번 실감하게 되었다.

유치권부존재 확인의 소

◆

유치권부존재 확인청구의 소는 유치권이 법률적인 요건을 갖추지 못했을 때 채권자 및 낙찰자가 유치권자를 상대로 유치권의 부존재에 관한 확정을 목적으로 제기하는 소를 말한다.

　이 소송은 낙찰자보다 경매신청을 하는 채권자가 하는 경우가 더 많다. 낙찰자의 경우 경매법원에 유치권자를 상대로 신청했던 인도명령이 기각되었을 경우 본안소송인 명도소송을 제기해야 한다. 그런데 명도소송의 범위에 유치권부존재 확인청구의 소가 포함이 되어 있다(초보 분을 위해 풀어서 얘기하면 유치권부존재확인청구의 소는 법원에서 유치권이 있는지 없는지만 판단하므로 유치권이 존재하지 않는다는 판결이 나온다고 하더라도 점유자에게 부동산인도를 구할 수 없다. 따라서 낙찰자는 유치권이 존재하지 않는다면 부동산을 인도받을 수 있는 명도소송을 제기해야 한다. 유치권이 존재한다면 낙찰자가 패할 것이고 유치권이 법률요건을 못 갖추었을 경우엔 부동산을 인도하라는 판결이 나올 것이다).

　소 제기 전에 알아야 할 사항

　① 피고(=유치권자)의 주소지 또는 부동산 소재지의 법원에 소를 제기할 수 있다.

　② 소를 제기하는 채권자 및 낙찰자가 원고가 되고 공사대금의 변제 및 필요비, 유익비를 주장하는 유치권자가 피고가 된다.

　③ 유치권에 대한 인도명령신청에 기재된 내용처럼 유치권이 성립되지

않는 부분을 주장해야 한다.

④ 유치권자의 피담보채권(=공사금액)을 알고 있는 경우 이를 피담보채권으로 기재하고 알 수 없는 경우 이를 기재하지 않아도 된다.

⑤ 실제로 공사한 경우가 아니거나 압류의 효력발생 이후에 점유 등 명백하게 유치권을 부정할 수 있는 경우 승소가 가능하다.

⑥ 유치권 성립을 부정하는 원고(낙찰자)에게 입증책임이 있으므로 사전에 필요한 자료를 충분히 확보하는 것이 소송에서 유리하게 작용한다.

⑦ 유치권자의 점유 중 선관주의의무를 위반하였을 경우에는 당연히 유치권이 소멸하는 것이 아니라 소유자의 청구에 의해서만 소멸하므로, 해당 사실을 입증하고 유치권소멸을 청구하는 내용을 반드시 포함하여야 한다.

유치권자의 선관주의의무(민법 제324조)란?

①유치권자는 선량한 관리자의 주의로 유치물을 점유하여야 한다.
②유치권자는 채무자의 승낙 없이 유치물의 사용, 대여 또는 담보제공을 하지 못한다. 그러나 유치물의 보존에 필요한 사용은 그러하지 아니하다.
③유치권자가 전2항의 규정을 위반한 때에는 채무자는 유치권의 소멸을 청구할 수 있다.

유치권이란 채무를 변제받기 위해 점유의 반환을 거부함으로써 채무자를 압박하는 수단에 불과하다. 그런데 유치권자가 채무자(소유자)의 동의 없이 임의로 유치물을 사용, 대여, 담보제공하는 것은 절대 허용되지 않고, 이 경우 채무자 내지 신소유자도 유치권의 소멸을 청구할 수 있고, 유치권소멸청구를 통해 유치권은 소멸한다.

유치권부존재 확인의 소(소장)

원고   김 ○ ○(72○○○○-1○○○○○○)
       서울 강서구 ○○동 2○○호
       (연락처 : 010-○○○○-○○○○)
피고   조 ○ ○(68○○○○-1○○○○○○)
       전남 화순군 ○○○ ○○○

유치권부존재 확인의 소

청 구 취 지

1. 별지 목록 기재 부동산에 관하여 피고의 유치권이 존재하지 아니함을 확인한다.

2. 소송비용은 피고의 부담으로 한다.
라는 판결을 구합니다.

청 구 원 인

1. 당사자의 지위

원고는 경기도 고양시 일산동구 ○○동 ○○, 대지 176.8㎡ 지상에 근린상가 204호(이하 '이 사건 건물'이라고만 합니다)를 의정부지방법원 고양지원 2012타경○○○○호 임의경매사건에서 낙찰 받아 잔금납부를 마친 소유자이고 피고는 이 사건 부동산에 유익비 명목으로 유치권신고를 한 자입니다.

2. 사실관계

가. 2010.8.16.에 이 사건 부동산에 대하여 농협중앙회에서 채권최고액 280,000,000원으로 하는 근저당권 설정등기를 하였습니다.

나. 2012.2.5.에 이 사건 부동산에 채권자 농협중앙회에서 부동산임의경매사건을 신청하였습니다.

다. 그런데 위 경매기입등기일(2012.2.5.)이 지난 2012.4.11.에 피고가 전입을 하였고, 의정부지방법원 고양지원 경매○계에 유치권 신고서를 제출하였습니다.

3. 피고가 주장하는 공사금액은 허위유치권임

가. 이 사건 부동산의 보존등기일

이 사건 부동산의 보존등기일은 2010.8.15.로 신축건물에 속합니다. 따라서 피고가 내부공사를 할 하등의 이유가 없습니다. 이 사건 부동산은 분양 당시부터 에어컨, 붙박이장, 세탁기 등 모든 내부 시설이 되어 있습니다.

나. 경매기입등기 이후에 점유를 개시함

설령 피고의 유치권이 실제로 존재한다고 할지라도 피고는 이 사건 부동산의 경매기입등기일인 2012.2.5. 이후에 점유를 개시하였고, 경매개시결정에 의한 압류의 효력으로 처분금지효가 발생한 후에 개시한 점유는 낙찰자에게 대항할 수 없습니다.

4. 결론

그럼에도 불구하고, 피고는 별지 목록 기재 부동산에 관해 유치권이 있는 것으로 주장하며 현재까지도 이를 점유사용수익하며 원고에게 해당 구분건물을 명도하지 않고 원고들의 사용수익을 방해하고 있으므로, 원고는 별지 목록 기재 부동산에 관한 그 주장 유치권이 부존재한다는 확인판결을 받아 그 관련된 분쟁을 일거에 해결하고자 이 사건 소송을 제기합니다.

입 증 방 법

1. 갑제1호증   등기부등본
1. 갑제2호증   경매사건검색
1. 갑제3호증   유치권신고서
1. 기타는 필요에 따라 수시로 제출하겠습니다.

첨 부 서 류

1. 별지 목록   1통
2. 토지대장등본   1통
3. 건축물대장   1통
4. 납부서(인지, 송달료)   1통
5. 소장부본   1통

2012년 5월 23일

위 원고 김 ○ ○ (인)

의정부지방법원 고양지원 귀중

친인척의 강제집행이 궁금합니다.

안녕하세요. 송사무장님. 사무장님의 책을 읽었을 때 가장 기억에 남는 것이 현명한 명도 방법이었습니다. 제가 현재 명도 때문에 너무 고민스러워서(사실 첫 경매 낙찰입니다) 사무장님의 조언을 구하기 위해 이렇게 실례를 무릅쓰고 메일을 보냅니다.

채무자는 낙찰자가 인도명령신청부터 강제집행까지 완료하려면 보통 2달에서 3달 정도 지연이 된다는 것을 지인에게 들은 후 저에게 대항하여 최대한 골탕을 주겠다는 의사를 밝힌 상태입니다. 그리고 저는 현재 강제집행까지 신청하였으나 담당 집행관님께서는 날짜를 기약하지 않으시고 순서를 지켜야 한다고 말씀을 하십니다.

(질문1) 그렇다면, 집행관님의 얘기만 듣고 낙찰자는 무조건 언제이지도 모르는 강제 집행을 손 놓고 기다리고만 있어야 하는 겁니까?

더군다나 집행관님이 한번 해당 물건의 집을 방문하시고 난 후에 채무자의 동생이 같이 살고 있음을 확인하고 세대가 다르면 동생은 집행 할 수 없다고 얘기 하십니다.

채무자의 동생도 온 몸에 문신을 하고 있습니다. 집행관님은 그걸 보고 매우 놀라셔서 '깡패'라며 합의하라고 하더라고요.

강제집행(=부동산인도집행)을 집행관이 얼마의 기간 안에 처리해야 한다는 규정이 없습니다. 이것은 집행관사무실에 신청을 했던 순으로 하는 것이 관례이므로 만약 강제집행을 신청한 낙찰자들이 많다면 시간이 오래 걸릴 것이고 질문주신 분보다 앞서 신청한 분들이 몇 명 없다면 빨리 순서가 오는 것입니다.

그리고 채무자와 그의 동생이 온 몸에 문신을 하고 있어서 아마 집행관님께서 매우 당황하셨나 봅니다. 하지만 채무자의 친동생이라면 추가로 인도명령결정을 받아 낼 필요가 없습니다. 민사집행법에는 채무자와 함께 거주하고 있는 가족이나 동거인 또는 고용인 등에 대하여는 사회통념상 그들이 채무자와 별개 독립한 점유를 가진다고 인정되는 특별한 사정이 없는 한 별도의 집행권원(=인도명령결정문, 판결문) 없이도 채무자와 동시에 퇴거시켜서 집행할 수 있다고 하였습니다. 왜냐하면 이들은 채무자의 점유보조자로서 독립된 점유가 인정되지 않기 때문입니다. 집행관님께 이 부분을 복사하여 강제집행을 요구하면 처리를 해주실 것입니다.

(질문2) 잠깐 얘기 드린 것과 같이 채무자와 그의 동생은 온 몸에 문신을 하고 있고, 채무자의 부인과 아이 셋 총 5명이 살고 있습니다. 강제 집행이 원만하게 되지 않을 것 같아 매우 걱정이 됩니다. 그렇다면 강제 집행 시 경찰을 함께 불러도 될까요?

현재 낙찰자와 법원직원 모두 점유자들의 문신을 보고 걱정을 많이 하는 듯합니다. 저도 그런 점유자들을 만난 적이 있는데 낙찰자가 두려워하는 모습을 보이면 오히려 더 저항할 수 있습니다. 냉정하게 할 말만 전한다면 그들도 우려했던 행동을 하지 않습니다. 절대 두려워할 필요가 없습니다. 그리고 강제집행을 시작하기 전에 미리 경찰을 부를 필요는 없고 만약 말다툼이나 몸싸움이 예상되면 곧바로 신고를 하시면 됩니다(대한민국 경찰은 늘 가까운 곳에 있어서 빠른 시간 안에 현장에 도착합니다). 그리고 강제집행을 나갈 때 지인들과 함께 가시는 것이 좋겠습니다.

후일담) 위 상담메일을 보낸 분은 필자의 조언대로 강제집행을 무사히 마쳤고 감사하다는 메일을 다시 보냈습니다.

공장 유치권

상황판단+순발력

부동산을 낙찰 받은 후에 낙찰자에게 가장 요구되는 것은 무엇일까?

필자가 가장 필요하다고 여기는 것은 '상황 판단력'이다. 낙찰자는 부동산을 점유하고 있는 상대방과 현장의 모든 상황을 제대로 읽을 수 있어야 오판하지 않는다.

그래서 물건을 낙찰 받은 후 명도를 시작할 땐 우선 점유자측 중에서 누가 주도권을 쥐고 있는지 또 앞으로 점유자가 어떤 행동을 계획하고 있는지를 가장 먼저 파악해야 한다.

예를 들어 주거형 물건을 낙찰 받고 방문하여 아내와 합의를 마치고 나면 남편이 딴소리를 하며 합의사항을 파기하거나 반대로 남편과 합의를 하고난 후 주도권을 쥐고 있는 부인이나 아들이 약속을 틀어버리는 경우도 왕왕 있기 때문이다. 그렇게 되면 주도권자(?)를 다시 만나야하고 새로운 합의를 이끌어내야 하기 때문에 그만큼 마무리하는 시간이 늦춰지기 마련이다.

그래서 낙찰자가 제일 먼저 파악해야 하는 것은 낙찰 받은 부동산의 점유자 중에서 '누가 주도권을 쥐고 있느냐' 이다.

주거형 부동산이 아닌 상가, 공장, 모텔 등을 낙찰 받았을 때도 결정권한을 갖고 있는 사람부터 찾는 것이 우선이다.

2008년 봄, 경기도에 위치한 공장을 낙찰 받았다.

이젠 유행처럼 흔해진 유치권이 이 물건에도 신고 되어 있었다.

임차인으로서 배당요구와 유치권신고를 동시에 했기에 유치권에 대한 부분은 특별히 신경 쓰지 않고 공장시세만 조사하여 응찰했다.

현장조사

우리 팀이 공장에 도착하여 현장을 둘러보고 있는데 뒤늦게 나타난 양복을 입은 젊은 사내와 눈이 마주쳤다. 잠시 묘한 분위기가 흘렀다. 그런데 나와 함께 동행했던 직원이 그 사내에게 "당신 뭐야? 잠깐 이리 와봐"라고 얘기하는 순간 그 사내가 줄행랑을 치며 도망을 가버렸다. 의도적으로 겁주려고 한 것이 아니었는데 어쨌든 경쟁자 한 명이 사라지는 순간이었고, 그래서 이 공장을 단독으로 낙찰 받을 수 있었던 것이 아닌가 생각해본다.

사진의 공장이 이 글의 주인공이다.

물건종별	공장		감 정 가		1,644,879,460원		[입찰진행내용]		
토지면적	465.3m²(140.753평)		최 저 가		(49%) 805,991,000원	구분	입찰기일	최저매각가격	결과
						1차	2007-12-27 (13:00)	1,644,879,460원	유찰
건물면적	857.78m²(259.478평)		보 증 금		(10%) 80,600,000원	2차	2008-01-29	1,151,416,000원	유찰
						3차	2008-02-28	805,991,000원	
매각물건	토지·건물 일괄매각		소 유 자		(주)마〇〇〇콘시	낙찰 : 897,000,000원 (54.53%) (입찰1명,낙찰:박〇영)			
사건접수	2007-03-09(신법적용)		채 무 자		(주)마〇〇〇콘시	매각결정기일 : 2008.03.06 - 매각허가결정			
						대금지급기한 : 2008.04.03 - 기한후납부			
입찰방법	기일입찰		채 권 자		국민은행	배당기일 : 2008.〇.〇			

🏢 임차인현황	· 말소기준권리:1997.10.27 · 배당요구종기:2007.07.02		보증금액 / 사글세 or 월세	대항력 여부	배당예상금액	예상배당표
(주)예〇〇 크	공장 일부	사업자등록:2006.08.09 확 정 일:2006.12.12 배당요구일:2007.06.29	보24,000,000원	없음	소액임차인	현장조사서상 사:2006.12.12, 대표 이〇현
(주)하〇쉘	공장 지층일부	사업자등록:2006.08.02 확 정 일:2006.08.07 배당요구일:2007.03.23	보10,000,000원 월500,000원	없음	배당순위있음	
기타참고	임차인수: 2명 , 임차보증금합계: 34,000,000원, 월세합계 : 500,000원 ☞조사외 소유자점유 / ☞〇〇동 〇〇〇 은 임차인과 채무자의 점유부분이 구분되어 있지 않은 상태임 Ⓢ 현장조사보고서					

건물등기부		권리종류	권리자	채권최고액 (계:5,552,200,087)	비고	소멸여부
1	1997.10.24	소유권이전(매매)	(주)마〇〇리콘시			소멸
2	1997.10.27	근저당	국민은행	405,000,000원	말소기준등기	소멸
3	2003.08.07	근저당	국민은행	250,000,000원		소멸
4	2007.01.10	가압류	중소기업진흥공단	153,474,900원		소멸
5	2007.01.16 (7037)	가압류	(주)〇기	206,350,000원		소멸
6	2007.01.16 (7354)	가압류	김〇미	15,000,000원		소멸
7	2007.01.17	가압류	강〇성	41,900,000원		소멸
8	2007.01.18	가압류	(주)장〇〇에프오	19,000,000원		소멸
9	2007.01.29	가압류	기술신용보증기금	1,006,250,000원		소멸
10	2007.02.13	가압류	한국〇〇보험공사	135,000,000원		소멸
11	2007.02.23	가압류	국민은행	3,183,453,077원		소멸
12	2007.03.13	임의경매	국민은행	청구금액: 530,000,000원	2007타경〇〇	소멸
13	2007.03.19	가압류	박〇순외5	36,409,690원		소멸
14	2007.06.05	압류	〇〇세무서			소멸
15	2007.08.27	가압류	근로복지공단	100,362,420원		소멸
주의 사항	☞유치권신고 있음-(주)예〇〇크가 2007.7.5. 공사대금115,280,000원에 대하여 유치권신고하였으나 성립 여부는 불분명					

경매사건을 살펴보면 (주)예〇〇크가 법원에 1억 1,528만 원의 유치권신고를 했고, 또 임차인으로서 2,400만 원의 전세보증금에 대해 배당요구 신청도 했다. 아마도 과밀억제권역에서 상가임차인의 보증금이 3,900만 원 이하일 경우 최우선변제금 1,170만 원을 받을 수 있기에 그 금액을 노리고 배당

요구까지 한 것으로 보인다(그렇다면 경매를 통해 법원에서 최우선 변제금액도 받고 싶고 + 낙찰자에게 공사대금도 받고 싶고 = 몹쓸 욕심?).

유치권자와의 만남

낙찰을 받고 법원에 가서 경매사건기록을 복사하여 사건검토에 들어갔다. 서류분석을 마치고 유치권 신고서에 기재되어 있는 휴대폰 번호로 전화를 걸었다.

"안녕하세요. 송사무장입니다."

"무슨 일이시죠?(약간 당황한다)"

"경매사건 때문에 전화 드렸습니다. 유치권 신고하신 분이시죠? 일단 만나서 말씀드리고 싶은데요."

"낙찰 받은 분이 변호사를 선임했나보군요. 그런데 우리가 만나서 무슨 할 말이 있을까요?"

"사장님~! 유치권신고는 낙찰자에게 공사대금을 변제받기 위해서 하신 거죠?"

"네…."

"그렇다면 제가 사장님을 뵙고 공사내역에 대한 말을 들어봐야 낙찰 받으신 분에게 공사대금을 드리라고 할 것이 아닙니까?"

"그렇다면 한번 보시죠."

상황판단의 중요성

유치권자와 만나기로 약속을 정했다. 전화통화를 하면서 느낀 것이지만 이 유치권자는 경매에 대해 정확히 모르는 듯했다. 하지만 큰 공장에 유치권 신고를 한 사람이므로 너무 얕잡아 보고 접근하면 안 된다고 생각했다. 유치권자와 만나기로 한 공장 인근에 내가 먼저 도착했다.

얼마 후 검정색 차 한 대가 도착했다. 자세히 보니 예전에 한참 유행했던 각그랜져다(저 차가 아직 굴러가긴 하는군…). 내가 상대해야 할 유치권자를 보니 살짝 긴장이 되었다. 각그랜져에서 내린 사내는 길거리 포장마차 카페에서 커피를 주문한 후 양손에 컵을 한 개씩 들고 내게로 걸어왔다.

"여기서 말씀하시죠?"

"여기서요? 낙찰 받은 공장은 구경 시켜주셔야죠? 잔금도 치렀는데요(자기 것도 아니면서…)."

"그래도 거기는 시끄럽고 어쩌고 저쩌고 조금 그래서…."

"공사했던 것도 확인해야 되고 내부도 구경하고 싶으니깐 공장으로 가시죠"

공장내부를 보여주기를 꺼려하는 유치권자를 겨우 설득하여 공장으로 향했다(유치권은 현장에서 실마리를 얻을 수 있는 경우가 많기에 현장답사를 더욱 고집한 것이다). 유치권자와 함께 공장내부에 들어 선 후 겉으로는 여유로운 표정을 짓고 있었지만 나의 시선은 한 곳이라도 놓치지 않기 위해 정신없이 움직였고 머릿속 또한 바쁘게 돌아가고 있었다.

"1층부터 천천히 구경시켜 주시죠?"

"1층은 안됩니다."

"아니 왜요?"

"그곳은 제가 키를 갖고 있지 않습니다."

"그래요? 그럼 1층 외에 다른 곳은 사장님이 관리하시나요?"

"아니요. 제가 전부를 관리했지만 현재는 2층과 3층 일부분만 키를 갖고 있습니다(딱 걸렸다!)."

"그럼 나머지는 누가 관리하는 겁니까?"

"은행 채권단에서 용역을 시켜서 관리하고 있습니다."

아무런 내색도 하지 않고 유치권자와 공장 이곳저곳을 둘러보았다.

그리곤 유치권자가 점유하고 있는 사무실로 올라갔다.

"사장님 유치권 신고금액이 1억 원이 넘던데 합의하실 생각은 없으신가요?"

"저도 피해자예요. 유치권금액 전부를 물어주지 않으면 여기서 한 발짝도 못나갑니다. 그리고 유치권 신고가 되어 있어서 당연히 명도가 지연되니깐 어차피 저는 한 삼년 영업하면 그만입니다. 공사금액을 깎으려는 생각은 절대 하지 마십시오(이 사람 역시 내가 싫어하는 버티기 용어를 남발한다)."

"이런 경우 2,000-3,000만 원이면 제가 낙찰자에게 중재를 해볼 수 있을 텐데요."

"안됩니다."

"알겠습니다. 사장님 의사를 그대로 전해드리고 연락드리겠습니다."

"그러십시오. 그런데 나가실 때 개 조심하십시오. 낯선 사람은 그 녀석들이 물지도 모릅니다."

유치권자가 점유하고 있는 사무실 옆에 개 두 마리를 묶어두고 낙찰자에게 위압감을 주려는 의도 같았다(개들도 인도명령신청을 해야 되나?).

1시간 반 동안의 길고 영양가 없는 대화를 나누고 공장에서 나왔다.

대화를 하며 중간 중간 상대방의 말을 자르고 나의 의사를 피력해 보았지만 역시 유치권이 대단한 권력인양 내 의사를 무시했다. 아마 유치권자들은 낙찰자가 산타클로스처럼 자신이 요구하는 돈을 듬뿍 갖다 주리라는 허황된 꿈을 갖고 있는 듯하다. 아니면 자신이 히틀러처럼 대단한 권력을 갖고 있는 것으로 착각을 하든지… 둘 중에 하나일 것이다.

큰 기대를 하지 않았기에 미련도 없었다. 대신 유치권자가 공장의 일부분만 점유하고 있다는 것과 유치권자는 다른 직원들은 외근 나갔다고 했는데 내가 봤을 땐 영업하는 흔적이 없었고, 게다가 유치권자 외엔 아무도 없다는 것~! 이 두 가지 중요한 단서를 확실하게 얻게 되었다.

공장에서 나오면서 나는 다음 단계를 어떻게 밟아야할지 이미 머릿속으로 구상을 끝내고 있었다.

경매에 대하여…

세상을 살면서 다른 사람과 부딪히지 않고 서로 즐겁게만 살 수 있다면, 그리고 경매를 하면서 서로 웃는 얼굴로 헤어질 수 있다면 정말 기분 좋게 돈을 벌 수 있을 것이다.

그러나 경매를 할 때 웃으면서 헤어질 수 있는 경우는 대부분 낙찰자가 점유자에게 강하게 비쳐졌을 때만 가능하다. 상대가 강하다는 인식이 들면 원래 시비조차 걸지 않는 법…!

낙찰자가 약하거나 허술하게 비쳐졌을 경우 점유자는 이기적이고 공격적으로 돌변한다. 이것은 불변의 법칙이다. 그래서 경매 게임에서는 강한 자만

이 동정도 베풀 수 있다. 낙찰자가 약한 경우에는 점유자에게 동정을 베풀기보다는 굴복한다는 표현이 더 어울릴 것이다. 사람이란 진정 돈 앞에서 왜 그리 약한 존재인지….

유치권…! 유치권…!

지금까지 경매를 하면서 유치권이 신고된 부동산을 제외하고는 강제집행을 한 번도 하지 않았다. 심지어 선순위 위장 임차인의 경우에도 6개월이란 기간 동안 명도소송까지 진행하여 명도와 부당이득금에 대한 판결을 받았지만 미운털이 박힌 그의 손에 이사비까지 쥐어주며 내보냈었다.

그런데 유독 유치권의 경우에는 끝장(?)을 보게 된다.

왜 그런 것일까?

내가 유치권자에게 제시하는 이사비가 적은 금액도 아닌데 말이다.

사건을 진행해보면 알겠지만 고수는 점유자와의 첫 만남에서 그 사람과의 마지막 장면이 자연스레 떠오르게 된다. 이 유치권자와도 마찬가지였다. 나는 몇 번에 걸쳐 그에게 이사비를 지급하고 원만한 마무리를 원한다는 의사를 피력했었지만 유치권자는 유치권신고금액 1억 1,500만 원 전부를 변제받길 원했다.

내 눈으로 공사를 한 흔적이 전혀 없음을 확인한 후였는데도 말이다. 하지만 유치권자는 공사금액 모두를 지급하지 않으면 명도를 거부할 것이고 1년이든 2년이든 공장에서 영업할 것이라고 오히려 나에게 협박을 했다. 어쩔 수 없이 내가 밟아야 하는 다음 단계가 정해질 수밖에 없었다.

필자의 책《송사무장의 부동산 공매의 기술》중 '명도의 기술' 파트에서도 자세히 언급한 적이 있다. 원만하게 마무리를 할 것인지 아니면 강제집행을 할 것인지… 즉, 명도방법의 선택은 낙찰자가 아닌 점유자가 하는 것임을…!

은행방문

다음 날 바로 경매를 신청했던 채권은행(=국민은행) 담당자를 찾아갔다.

"안녕하세요. 송사무장입니다."

"무슨 일이시죠?"

"공장을 낙찰 받고 잔금까지 완납했습니다. 현재 관리하고 있는 공장의 점유부분을 인수인계 해주시죠~!"

"잔금 냈다는 말은 못 들었는데요(법원에서 친절하게 은행에게 전화까지 해주남?)."

"저에게 묻지 마시고 법원에 확인해보시죠~!"

"확인해보고 연락드리겠습니다."

은행을 나오고 2시간이 지나서 다음 주 초에 인수인계를 해주겠다는 연락을 받았다. 은행이 점유하고 있는 부분에 대해서는 수월하게 인수인계를 받기로 결정이 되었다.

이 당시 상황을 정리해보면 공장정문 열쇠는 은행과 유치권자 모두 키를 갖고 있고 유치권자는 공장의 일부분만 점유하고 있는 상태였다. 만약 내가 은행의 점유부분만 넘겨받게 된다면 유치권자와 끈끈한 동거(?)가 시작 될 것이다.

만약 당신이라면 이 상황에서 어떤 판단을 했을까?

명분을 찾아라

국가 사이에 발생되는 전쟁의 시발점도 그 원인을 찾아보면 사소한 것에서 시작된다. 아니 어쩌면 일부러 전쟁의 정당성을 만들기 위해 사소한 시비를 걸어 큰 전쟁의 명분을 내세우려 하는 것일 수도 있다. 만약 명분 없이 한 국가의 야욕으로만 전쟁을 시작한다면 이라크의 후세인처럼 주변국들의 따가운 시선과 야유에 왕따가 되고 결국엔 본전도 못 찾을 수 있기 때문이다.

비록 나라 사이에 벌어지는 전쟁은 아니지만 정문 열쇠를 낙찰자와 유치권자가 함께 사용한다는 것이 영 찜찜했다. 그것도 허위유치권자가 눈앞에 아른거리는 것을 참을 수 없었다. 공장정문을 낙찰자 혼자만 사용할 수밖에 없는 명분을 고민해봤다.

그래도 최소한 유치권자에게 큰 소리 칠 변명꺼리는 있어야 하지 않겠는가.

내가 생각해낸 명분은 다름 아닌 공장과 함께 낙찰 받은 공장기계다.

"유치권씨~! 공장기계 도난당하면 아저씨가 책임집니까? 그게 아니면 공장 들어갈 땐 미리 연락하시고 제 허락받고 들어가세요~!(행동개시를 하기 전 상상했던 가상의 대화⋯)"

월요일 아침에 직원들, 그리고 나의 파트너 열쇠아저씨를 대동하고 공장 근처로 집결했다. 은행용역이 관리하고 있는 공장 부분을 인계받는 것은 문제가 없겠지만 만약 유치권자가 인수인계하는 상황을 지켜보고 있다면 마지막에 낙찰자가 정문열쇠를 임의로 교체하는 상황에서 분명 말다툼이나 몸싸움이 일어날 수도 있다는 생각이 들었다.

긴장된 얼굴로 공장에 들어섰다. 동행한 직원에게 은행용역으로부터 인수인계를 맡기고 나는 재빨리 유치권자가 점유하고 있는 2층으로 올라갔다. 그런데 2층에 유치권자는 없었다.

다시 뛰어서 3층으로 올라갔다.

다행히 유치권자는 잠시 외출중이었고 유치권자가 엄포를 놓았던 개 두 마리만 나를 바라보고 있었다.

그런데 유치권자가 사람을 물지
도 모른다며 조심하라고 엄포를 놓
았던 이 녀석들은 오히려 나를 보고
반갑게 꼬리를 흔들고 있었다.

"강실장…! 빨리 뛰어가서 목줄 두 개 사와! 빨리 다녀와야 해."

유치권자가 돌아오기 전 순식간에 모든 일을 끝내야 했다.

국민은행 용역에게서 모든 열쇠를 건네받고서 정문의 시건장치도 바꾸고
보안장치인 캡스까지 설치해버렸다(이 정도면 확실한 방어는 끝낸 듯하고).

개를 공장안에 놔두면 아사(餓死)할 수 있으므로 목줄을 묶고 밖으로 데리
고 나왔다.

이 녀석들은 오랜만에 산책하는 줄 알고 여전히 사정없이 꼬리를 흔들어
대고 있었다.

근데 모든 임무는 완료했는데 정작 개 두 마리가 문제였다.

순진한 이 녀석들을 데리고 가자니 유치권자가 절도죄로 신고할 것이고
밖에 묶어 놓게 되면 개장수들이 통통한 이놈들을 가만둘 것 같지 않았다.

이런 고민을 하고 있는데 갑자기 각그랜져가 공장 앞에 멈췄다.

그리고 유치권자가 차에서 내려 우리 쪽으로 성큼 성큼 걸어왔다.

전혀 예상치 못했던 일이 벌어진 것이다.

더군다나 유치권자의 두 마리 개를 묶은 목줄을 쥐고 있는 나는 더욱 난
감한 상황이었다.

"지금 뭐하시는 겁니까?"

"……."

어찌 하리~! 피할 수 없다면…

순간 당황했다. 아니 그보다 민망했다는 표현이 더 어울릴 것이다.

이렇게 유치권자와 두 번째 만남이 시작되었다.

첫 번째는 낙찰자와 유치권자 양자 간 합의를 유도하기 위한 원만한 만남이었지만 이번에는 몸싸움이 일어날 수도 있으므로 그와 마주치지 않았으면 했는데 이렇게 또 얼굴을 마주 대해야 했다(이것도 인연인가?).

함께 했던 직원들도 갑작스런 상황에 당황해서 공장정문으로 성큼 다가오는 유치권자에게 아무 말도 하지 못했다. 유치권자는 걸음을 멈추지 않았고 그의 얼굴이 거의 내 얼굴에 가까워졌다.

성난 얼굴이지만 아무 말 없이 그는 내 손에 있는 개 목줄을 자연스럽게 자신의 손으로 가져갔고 곧바로 공장정문으로 향했다.

어찌하리~! 피할 수 없다면…!

내가 공장정문에서 그를 막아섰고 곧바로 유치권자와 정면으로 시선이 마주쳤다.

나도 순간 흥분이 되었다.

"당신 지금 날 막는 거야? 난 유치권자야."

"유치권?"

"그래, 유치권! 그리고 여긴 내 사업장이야."

"유치권은 무슨…! 당신 공사도 안했잖아. 그리고 여긴 이미 낙찰자 소유야. 억지주장 내세워서 말도 안 되는 이사비 받으려 하지마. 오히려 지금 당신이 정말 나쁜 짓을 하고 있다는 걸 몰라?(흥분을 하니 나도 말이 짧아진다)"

"당신 정말 이런 식으로 할 거야~!"

"앞으로 공장출입하려면 미리 허락받고 들어가요. 공장에 고가장비들도 많은데 도난당하면 당신이 책임질 거야? 그리고 일단 오늘은 못 들어가니깐 돌아가세요."

"당신이 이런 식으로 한다면 나도 가만있지 않겠어."

"맘대로 하세요. 민사든 형사든 모두 응대해 드릴 테니. 하지만 오히려 당신이 조심해야 할 겁니다."

결국 공장진입에 실패한 유치권자는 씩씩대며 두 마리 개와 함께 내 시선에서 멀어져갔다. 하지만 그가 이 모든 상황에 굴복하는 것이 아니라는 것을 느꼈다. 석연치 않은 기분이 들어 직원 한 명에게 공장을 지키라고 하고 나는 나머지 직원들과 공장에서 철수했다.

직원들과 식당에서 밥을 먹고 나오는데 현장에 있는 직원에게서 연락이 왔다.

"송사무장님. 큰일 났습니다."

"무슨 일이지?"

"유치권자가 열쇠를 강제로 해체하고 공장에 다시 들어갔습니다."

"그래? 그럼 112에 신고해."

"네? 경찰에 신고하라고요?"

"공장에 불법으로 침입했다고 신고하고 경찰이 출동하면 건물등기부등본을 보여주도록 해. 상대방은 유치권신고서를 항상 들고 다니는 것이 아니니 항변을 제대로 못 할 거니까."

"네, 알겠습니다."

현장에 있던 직원이 극성을 떨며 신고를 했던 터라 경찰차 두 대가 곧바로 공장에 도착했다. 예상했던 대로 우리 측에선 경찰관에게 건물주인임을 증명할 수 있는 등기부등본을 제시했으나 유치권자는 아무것도 제시하지 못했다. 게다가 우리가 '불법침입죄'와 '재물손괴죄'의 죄목으로 현행범으로 체포해달라고 강하게 주장했기에 유치권자는 점점 당황하기 시작했다. 결국 현장에서 유치권자는 우리에게 사과를 하고 공장에서 물러났다. 112에 신고한 기록이 있으므로 또 다시 무단점유를 하진 못할 것이다.

명도를 완료하고 뒤 탈(?) 없는 마무리를 위해 채무자와 유치권자를 상대로 '인도명령'을 신청했다. 지금 상태는 공장 현관만 봉쇄되었을 뿐 유치권자와 채무자의 짐이 공장 내부에 남아있는 상태다(사실 공장내부엔 유치권자의 짐도 없었다. 그는 단지 채무자의 지시로 움직이는 하수인에 불과했다).

방심하다가 호되게 당한 유치권자가 법무법인의 변호사까지 선임하여 인도명령에 대해 대응했다. 유치권자와 상대방 변호사가 준비한 서증, 답변서, 준비서면 등 노력이 가상하다.

한 번의 인도명령심문기일을 걸쳐 인도명령결정이 나왔고 재빨리 송달증명원을 발급받아서 강제집행을 신청했다. 강제집행을 하기 전에 유치권자에게 전화를 걸어 나머지 짐들을 가져가라고 했지만 아무런 대꾸가 없었다.

결국⋯⋯

이 사건은⋯

기본내역 >> 청사배치

사건번호	2008타기○○	사건명	경락부동산인도명령
재판부	경매○계		
접수일	2008.05.09	종국결과	2008.06.03 인용

진행내역

전 체 ▼ 선택

▸ 진행내역에서 제공하는 송달결과는 법적인 효력이 없으며 추후 오송달이나 부적법송달로 판명될 경우 송달결과 정보가 변경될 수 있습니다.

▸ 다음 '확인' 항목을 체크하시면 송달결과를 보실 수 있습니다.

☑ 확인 (하루에 한번 체크)

▸ (단, 2007. 3. 12. 이전에는 재판부에서 등록한 내역에 한하여, 이후에는 정보통신부로부터 전송된 송달내역에 한하여 조회됨)

• 채권압류 및 전부명령 또는 추심명령사건일경우 제3채무자가 존재시 제3채무자에게 송달이 이루어지지 않은 경우는 제출서류내역이 표시되지 않습니다.

일 자	내 용	결 과	공시문
2008.05.09	소장접수		
2008.05.13	신청인 박○용에게 심문기일소환장 발송	2008.05.16 도달	
2008.05.13	피신청인 주식회사 예○○크에게 심문기일소환장 발송	2008.05.19 도달	
2008.05.23	신청인 박○용 서증 제출		
2008.05.26	심문기일(제405호 판사실 11:00)		
2008.05.28	피신청인 주식회사 예○○크 서증제출에대한답변서 제출		
2008.05.28	피신청인 주식회사 예○○크 서증 제출		
2008.05.28	피신청인 주식회사 예○○크 답변서 제출		
2008.05.28	피신청인 주식회사 예○○크 준비서면 제출		
2008.06.03	기타		
2008.06.03	피신청인 주식회사 예○○크에게 부동산인도명령 발송	2008.06.05 도달	
2008.06.03	종국 : 인용		
2008.06.09	항고		
2008.06.09	신청인 박○용 송달증명		
2008.06.12	법원 인천지법에게 소송기록송부서(즉시항고) 발송	2008.06.18 도달	

다음 사진처럼 마무리가 되었다.

이렇게 강제집행을 끝내고 채무자와 유치권자의 짐을 가득 실은 화물차는 저 멀리 보관창고로 떠나갔다.

강제집행현장을 바라보는 송사무장

검찰청에서 세 번째 만남

강제집행 후 유치권자가 낙찰자를 업무방해죄로 형사고소 했다. 우리가 은행에게 인수인계를 받았던 날 자신의 업무를 방해했다고 형사고소를 한 것이다. 낙찰자 측에서 임의로 공장정문 열쇠를 교체하여 자신이 사업을 하고 있던 공장에 출입하지 못하게 했다는 것이다. 경찰서에서 업무방해에 대한 공방이 계속되었고 우리 쪽에서도 유치권자를 경매방해 죄목으로 맞고소 했다.

이 사건은 모든 정황이 명백했으므로 경찰서에서 수사를 했을 때 필자는 굳이 진술하러 가지 않았다. 하지만 낙찰자의 진술이 미흡하여 업무방해가 '혐의 있음'으로 간주되어 검찰로 송치되었고 유치권자의 기세가 등등하여 어쩔 수 없이 내가 검사실로 출두하기로 했다(형사사건의 경우 고소장이 접수되면 경찰에서 수사가 시작되고 그 수사 결과가 혐의가 있는 것으로 송치되면 검찰에서 다시 세밀하게 조사를 하여 결론을 내린다).

유치권자와의 세 번째 만남은 검찰청에서 이루어졌다. 예정에 없던 일이었는데 변호사도 아닌 사무장이 검찰에 출두를 하다니……

검사님 앞에 나, 낙찰자, 유치권자 세 명이 의자를 나란히 두고 앉았다. 유치권자가 나를 보며 깜짝 놀란다. 그를 보며 살짝 인사를 했다(잘~ 지내시죠?).

그는 나의 인사에 대답도 하지 않고 검사님께 자신의 억울함만 호소할 뿐이었다.

그리고 유치권자의 새빨간 거짓말이 시작되었다.

"송사무장이 17명을 데리고 공장으로 쳐들어 왔습니다."

"제가 공장 1,2,3층 모두 키를 갖고 있었고요."

"저는 그곳에서 공사를 하고 공사대금도 못 받아 유치권 신고를 했고요. 그리고 거래처 사람들도 제 사무실을 오가며 사업을 하고 있었는데 무력을 사용하며 저를 억지로 끌어내어 현재는 사업도 못하고 있습니다."

"저 사람들 아주 무서운 사람들입니다."

검사실로 들어가기 전 낙찰자에게 불확실한 질문에 진술하지 말라고 주의를 주었고 검사님의 물음에 나만 답변을 했다. 실제로 현장에도 내가 직접 가서 일처리를 했기 때문에 낙찰자는 사실관계를 정확하게 모르는 상태였다.

"유치권자가 거래처 사람들이 업무로 왔다고 했는데 이것은 거짓입니다. 여기 현장을 담은 사진을 갖고 왔습니다. 이 공장은 바닥에 개똥들이 널려 있었고, 화장실 물도 안 나와서 악취가 심했습니다. 전혀 실제 영업을 하고 있는 곳이라고 볼 수 없습니다."

"또한 저희는 이 사람이 허위유치권을 신고했다고 판단을 하고 신성한 경매를 방해했다는 죄목으로 형사고소까지 해둔 상태입니다. 뿐만 아니라 이 유치권자가 임차인으로 법원에 신고했던 배당요구 역시 다른 채권자들이 허위라고 이의신청하여 배당에서 제외되었습니다. (자료를 제출하며…)인근에 있는 단독주택에도 이 사람이 유치권 신고를 했는데 강제집행을 당한 상태입니다."

"은행 용역 쪽에서 직접 작성해준 진술서를 가지고 왔습니다. 이 진술서에는 1,2층 키는 은행에서 직접 관리했다고 적혀있습니다. 이 유치권자는 입만 열면 거짓말을 하네요."

증거를 들이대며 상대방의 거짓 증언을 하나씩 반박하자 검사님께서 낙찰자와 유치권자를 밖으로 내보내고 나만 남게 하였다.

"사무장님 도대체 저 유치권자가 원하는 게 뭐죠?"
"돈이죠. 공사도 안했고 영업도 하지 않은 사람입니다. 단지 낙찰자를 위협하여 돈을 받는 것이 목적입니다."
"그렇군요. 알겠습니다."

다시 우리 세 사람이 자리에 앉아 심문에 대한 마무리를 했다. 그러나 이미 상황파악이 된 검사님께서 유치권자에게 계속 거짓말을 했다고 면박을 주었고 무언가 의도대로 되고 있지 않다는 낌새를 눈치 챈 유치권자가 하소연했다.

"아니…고소인은 전데 왜 자꾸 저한테 뭐라고 하십니까?"

"조용히 하세요. 당신은 진술을 계속 번복하고 있고 진술 내용 중 믿을 수 있는 것이 하나도 없잖아요. 게다가 공사도 하지 않았고… 도대체 당신이 피해본 것이 뭐가 있다고 고소를 한 겁니까?"

유치권자는 머리를 긁적이며 검사실을 빠져 나갔고 결국 '업무방해'로 고소된 것은 '혐의 없음'으로 마무리 되었다.

필자가 이 사건의 증거자료를 모두 꼼꼼히 보관하고 있었기에 일이 쉽게 해결된 것이다. 그러므로 낙찰자는 어떤 상황이 발생될지 모르니 항상 증거를 잘 보관하는 습관을 갖는 것이 좋겠다.

돈 되는 공장 고르는 방법

1. 기계기구의 감정가격이 높지 않은 공장이 좋다.

경매로 진행되는 공장 감정가격에 기계기구의 감정가격이 높지 않은 것이 좋다. 통상 기계기구의 감정가격은 은행에서 대출당시의 새 것을 기준으로 책정이 된다. 그러나 실제 중고로 매각하려면 1/10도 안 되는 경우가 태반이다. 따라서 기계기구의 감정가격이 너무 높게 책정된 것이라면 주의를 요한다. 반대로 기계류의 감정가격과 중고가격의 가격 차이가 그리 크지 않다면 기회가 될 수 있다.

2. 건물의 천장고가 높은 것이 좋다.

공장을 낙찰 받게 되면 어떤 사업을 하는 사람에게 매도할 것인지 미리 알 수 없다. 낙찰 받은 그 업종 그대로 매도하면 좋겠지만 여러 가지 변수를 감안해야 한다. 반도체, 섬유, 중장비, 김치 공장, 창고용 등 실수요자는 누가 될지 모른다. 그런데 이런 경우 천장고가 높은 공장을 낙찰 받게 되면 다양한 업종전환이 가능하여 매도가 수월하다. 예를 들어 중장비나 섬유공장의 경우 공장이 아무리 튼튼하게 건축이 되었다고 하더라도 공장의 천장고가 낮다면 입주가 불가능하다(공장의 세팅이 안 되기 때문이다).

3. 교통이 편리한 지역이 좋다.

무슨 업종을 하든 공장은 물류비용을 무시할 수 없다. 원자재를 납품하는 공장이든 아니면 완성품을 조립하는 공장이든 고속도로와 외곽순환도로가 인접해 있는 것이 더 유리하고 실수요자도 만족할 것이다. 또한 이런 지역은 공장의 규모가 크다면 물류창고 용도로 매매가 용이하다.

4. 세제혜택이 있는 지역이 좋다.

수도권 과밀억제권역의 공장에 입주하게 되면 부동산과 각종 세금을 낼 때 중과세 조항이 있다. 그러나 남동공단, 시화공단 등 시에서 특별구역으로 지정한 곳에 소재하는 공장은 여러 가지 세제혜택이 있다. 따라서 실수요자의 입질도 그만큼 풍부하다.

5. 주거지역, 상업지역 내의 공장도 좋다.

준공업지역에 소재하는 공장이 아닌 상업지역이나 주거지역 내에 소재하는 공장도 있다. 이런 공장은 아파트나 빌라 단지로 개발이 가능하다. 가끔 공장이 허물어지고 그 위에 아파트가 서는 것을 볼 수 있다. 주거형으로 개발이 가능한 경우 공장용지의 평당 가격보다 2배 이상 가격이 상승하므로 건물이 허름한 공장이 주거지역에 있는 경우 대지만 매각하여 수익을 올리는 것을 고려해볼 수 있다(서울시도 준공업지역을 주거용으로 바꿀 수 있게 조례를 수정하였다).

6. 땅모양이 네모반듯한 공장이 좋다.

땅모양이 네모반듯한 공장은 땅의 활용도가 높고 건축물의 모양도 좋기 때문에 여러 물건이 있을 경우엔 네모반듯한 땅위에 서 있는 공장을 고르는 것이 좋다.

7. 동선과 가동을 위한 기본 시설이 설치된 공장이 좋다.

추후 공장을 다시 가동하기 위해 공장설비 공사를 할 때 배관공사비용이 수천만 원에 이른다. 그리고 공장 배관의 경우 두꺼운 동선으로 되어 있기에 동선을 고물로 매각해도 가격이 높다. 이런 이유로 공장이 경매가 진행되면 동선을 잘라서 매각하는 채무자도 더러 있다. 낙찰자 입장에선 배관이 잘 보존된 공장을 매입하는 것이 좋다. 또한 엘리베이터와 창고 등 공장에 제시 외 물건이 잘 설치되어 있으면 매도가 수월하다.

유치권에 기한 형식적 경매

1. 형식적 경매란?

우리가 흔히 알고 있는 경매는 채무자와 채권자 사이의 채무관계에 의해 강제경매와 임의경매로 나뉘어서 진행이 되는데 채권자가 자기채권의 만족을 얻기 위하여 실행한다는 의미에서 '실질적 경매'라 하고, 이와 달리 그 물건을 채무변제시까지 무작정 보관하고 있어야 한다는 부담에서 벗어나기 위하여 현금화권을 행사하는 유치권에 의한 경매처럼 특정재산의 현금화, 정리를 위한 경매를 '형식적 경매'라 한다. 이러한 형식적 경매도 담보권의 실행을 위한 경매(임의경매)절차에 준하여 실시가 된다.

예를 들면, 공유물분할을 위한 경매나 유치권에 기한 경매, 상속인이 없는 경우 상속재산의 채무변제를 위한 청산을 위한 경매, 파산재단에 속한 부동산에 대한 경매 등이 대표적인 형식적 경매에 속한다.

2. 유치권에 의한 형식적 경매

유치권은 경매신청권이 있으나 우선변제권은 없다. 따라서 낙찰 및 기타의 사유로 소유권이 변동되어도 기존의 소유자나 새로운 소유자가 유치권자에게 공사대금을 변제하지 않는다면 유치권자는 무작정 기다려야 될 것이다.

이런 모순을 해결하기 위해 유치물을 현금화하여 공사대금을 변제받을 수 있도록 경매를 진행할 수 있다. 즉, 유치권자는 채권의 변제를 받기 위하여 유치물을 경매할 수 있고(민법 322조 1항), '담보권실행을 위한 경매(임의경매)의 예에 의하여 실시한다(민사집행법 274조 1항).'라고 규정되어 있다(임의경매와 동일한 방법으로 진행된다).

유치권이 정당하고 변제받을 수 있는 구비요건을 갖췄다면 유치물을 직접 변제를 충당하기 위해 법원에 청구가 가능하다(민법 322조 2항). 따라서 적법한 유치권이 있는 물건을 실수로 낙찰 받고 유치권 금액을 변제하지 않는다면 유치권이 원인이 되어 경매를 당할 수도 있는 것이다.

3. 형식적 경매의 신청과 법원의 업무지침

유치권에 의한 부동산의 경매신청도 서면에 의하여 집행기관인 법원에 하여야 한다.

신청인은 유치권이 존재한다는 것을 증명하는 서류를 첨부하여야 하는데, 예를 들면 공사대금청구소송을 통한 판결이나 집행력 있는 공증, 유치권확인소송을 거쳐 확정 판결 등이 있을 경우 혹은 이를 증명할 사문서라도 무방하다. 그리고 채무자의 유체동산에 대한 경매신청도 가능하다.

유치권자는 경매 신청서를 작성할 때 ①확정판결문 ②유치권자의 성명과 주소 ③신청취지 및 신청이유 ④신청일자 및 법원을 표시하여 관할법원에 제출한다. 경매법원은 신청서를 확인한 후 정당한 유치권이고 그에 구비된 증거서류가 확실한 경우 유치물에 대한 평가명령을 내린다(민법 322조 1항). 그 후 경매개시에 대한 허가 여부를 결정한다.

민사집행법 제274조 [유치권 등에 의한 경매]

① 유치권에 의한 경매와 민법·상법, 그 밖의 법률이 규정하는 바에 따른 경매(이하 "유치권 등에 의한 경매"라 한다)는 담보권 실행을 위한 경매의 예에 따라 실시한다.

② 유치권 등에 의한 경매절차는 목적물에 대하여 강제경매 또는 담보권 실행을 위한 경매절차가 개시된 경우에는 이를 정지하고, 채권자 또는 담보권자를 위하여 그 절차를 계속하여 진행하여야 한다.

제275조 [준용규정]

이 편에 규정한 경매 등 절차에는 제42조 내지 제44조 및 제46조 내지 제53조의 규정을 준용한다.

제202조 [강제집행규정의 준용]

이 편에 규정된 경매등 절차에는 그 성질에 어긋나지 아니하는 범위 안에서 제2편 제1장의 규정을 준용한다.

유치권에 의한 부동산 경매신청서

신 청 인 : ○○건설 주식회사
주　　소 :

상 대 방 : ○ ○ ○
주　　소 :

경매할 부동산의 표시
별지목록 기재 부동산 표시와 같음.

경매신청권의 표시
금 5억 1,000만 원
공증인가 ○○법무법인 법률사무소 공증의 20○○년 제1○○2호 공사대금 채권

신 청 취 지

신청인이 상대방에 대하여 가지는 위 채권의 변제에 충당하기 위하여 상대방 소유의 별지목록 표시의 부동산에 대한 경매 절차를 개시하고 신청인을 위하여 이를 압류한다.

라는 결정을 구합니다.

신 청 이 유

1. 신청인과 상대방은 20○○. 1. 22. ○○시 ○○구 ○○동 123-23 대 298.8 평방미터 지상에 별지목록기재와 같은 건물을 총공사비 8억 3,000만 원으로 정하고 별첨 공증서와 같이 준공검사(사용검사)가 완료되면 공사비 전액을 지급하기로 하는 공사도급계약을 체결하였습니다.

2. 그런데 상대방은 위 건축공사가 완료되어 준공검사와 소유권보존등기까지 마쳤음에도 불구하고 위 공사비 중 금 3억 2,000만 원만 지급하고 나머지 5억 1,000만 원에 대하여는 지금까지 지급하지 않고 있습니다.

3. 따라서 신청인은 상대방 소유의 별지목록기재 부동산에 대하여 경매를 실시하여 나머지 채권의 변제에 충당하고자 이 신청에 이른 것입니다.

첨 부 서 류

1. 공증서	1통
2. 법인등기부등본	1통
3. 부동산등기부등본	1통
4. 건축물대장	1통
5. 목 록	1통
6. 납부서	1통

2009년 1월 22일

위 신청인

○○건설 주식회사
대표이사 ○ ○ ○ (인)

○○ 지방법원 ○○ 지원   귀중

부동산의 표시

1. 서울특별시 ○○구 ○○동 123-23
   대 298.8㎡

2. 위 지상
   철근콘크리트 평 슬라브지붕
   주택 및 근린생활시설
   1층 125.33㎡
   2층 125.33㎡
   3층 125.33㎡
   4층 125.33㎡
   지층 108.08㎡ 끝.

4. 형식적 경매가 진행되어 제3자에게 낙찰이 된다면…

유치물이 제3자에게 낙찰이 되면 유치권자는 유치권금액(=청구금액)내에서 변제를 받고, 유치권은 소멸한다. 만약 유치권금액보다 높은 금액으로 낙찰이 되어 잉여금이 있을 경우 채무자에게 그 초과액이 배당된다.

또한 유치권에 의한 형식적 경매는 임의경매로 진행이 된다. 그리고 형식

물건종별	주택	감정가	103,822,440원	[입찰진행내용]			
				구분	입찰기일	최저매각가격	결과
				1차	2006-04-03	103,822,440원	유찰
토지면적	496㎡(150.04평)	최저가	(6%) 5,986,000원	2차	2006-05-01	72,676,000원	유찰
				3차	2006-06-05	50,873,000원	유찰
				4차	2006-07-03	35,611,000원	유찰
건물면적	187.32㎡(56.664평)	보증금	(20%) 1,200,000원	5차	2006-08-07	24,928,000원	유찰
				6차	2006-09-04	17,450,000원	낙찰
				낙찰 25,150,000원(24.22%) / 1명 미납			
매각물건	토지·건물 일괄매각	소유자	농업회사법인합자회사제 ○○씨	7차	2007-02-05	17,450,000원	유찰
				8차	2007-03-05	12,215,000원	유찰
				9차	2007-04-09	8,551,000원	낙찰
				낙찰 15,120,000원(14.56%) 미납			
				10차	2007-09-03	8,551,000원	낙찰
				낙찰 10,500,000원(10.11%) / 1명 미납			
사건접수	2005-10-11(신법적용)	채무자	김○섭	11차	2007-12-03	8,551,000원	유찰
				12차	2008-02-11	5,986,000원	
				낙찰 : 6,680,000원 (6.43%)			
				(입찰2명, 낙찰:한○수)			
입찰방법	기일입찰	채권자	신○섭	매각결정기일 : 2008.02.18 - 매각허가결정			
				대금납부 2008.03.25 / 배당기일 2008.04.24			

			사진1
	관리지역		사진2
			사진3
			지적도
			확대지적도
			구조도
			개황도
			위치도
			기타1
			전자지도

목록	지번	용도/구조/면적/토지이용계획		㎡당	감정가	비고
토지	○○○리 ○○ 3	대 496㎡ (150.039평)	◆ 관리지역	36,000원	17,856,000원	표준지공시지가: (㎡당)29,000원
건물 1	위지상 라멘및조적조	지하 창고	21㎡(6.352평)	197,000원	4,137,000원	
2		1층 주택	166.32㎡(50.312평)	492,000원	81,829,440원	
		보존등기일 : 1996-02-07			소계 85,966,440원	
감정가		아세아감정 / 가격시점: 2005-11-28			합계 103,822,440원	일괄매각

현황위치	* ○○마을 북측 인근에 위치 * 차량접근 가능, 동측 인근에 버스정류장이 소재하는등 교통사정은 보통시됨 * 농가주택과 농경지로 형성된 농촌마을지대로서 인근부락과의 접근성 및 교통조건등 주위환경은 보통시됨, 부정형토지, 지적도상 맹지이나 남측 인접필지를 이용하여 출입함 * 유류보일러 난방

참고사항	▶본건낙찰 2006.09.04 / 낙찰가 25,150,000원 / 1명 입찰 / 대금미납 ▶본건낙찰 2007.04.09 / 낙찰가 15,120,000원 / 대금미납 ▶본건낙찰 2007.09.03 / 낙찰가 10,500,000원 / 1명 입찰 / 대금미납

[토지이용계획열람] [감정평가서] [점유관계조사] [매각물건명세] [문건접수내역] [건물등기부] [토지등기부]
[입찰가분석표]

ℹ 임차인현황 · 배당요구종기:2006.01.17 === 조사된 임차내역 없음 === [예상배당표]

기타참고	* 설○정이 전입자로 등록되어 있으나 채권자는 임차인 없다고 진술함				

	건물등기부	권리종류	권리자	채권최고액 (계:208,507,360)	비고	소멸여부
1	2003.03.03	소유권이전(매각)	김○섭	2002타경○○		소멸
2	2003.03.03	근저당	에○○이생명보험(주)	37,700,000원	말소기준등기 현:미래에셋생명보험	인수
3	2004.11.05	소유권이전(매매)	농업회사법인합자회사제○○씨			소멸
4	2005.02.04	가압류	김○섭	60,807,360원		인수
5	2005.10.05	근저당	배○연	110,000,000원		인수
6	2005.10.14	임의경매	신○섭	청구금액: 73,804,000원	2005타경○○	소멸

주의사항	▶유치권 실행을 위한 형식적 경매로 부동산위의 부담인 가압류 및 근저당권은 낙찰자에게 인수됨

형식적 경매 실전사례

적 경매로 매각되는 부동산은 단지 유치권만 소멸이 되고 본래 그 부동산에 있던 다른 채권들은 그대로 인수가 되는, 인수주의를 원칙으로 경매를 진행하기도 했었다. 실전사례를 보면 이해가 쉬울 것이다.

이 사건의 매각물건명세서를 보면 유치권에 의한 형식적경매는 본 부동산에 가압류와 근저당이 인수됨이라고 기재되어 있다. 즉, 낙찰로 인해 유치권은 소멸되지만 등기부등본 상 그 외의 권리는 그대로 인수가 된다. 따라서 일반적으로 경매법원에 진행되는 부동산과 큰 차이가 있으므로 이런 물건에 입찰할 경우 주의를 요한다(소개된 사례도 3번씩이나 대금 미납을 했다).

그러나 최근 대법원은 대법원2010마1059 판례를 통해 유치권에 의한 경매도 강제경매 및 임의경매처럼 경매목적 부동산 위의 모든 부담을 소멸시키는 '소멸주의'를 법정매각조건으로 하여 매각하는 것이 원칙이라고 결정하였으며, 우선채권자뿐만 아니라 일반채권자의 배당요구도 허용되며, 유치권자는 일반채권자와 동일한 순위로 배당을 받을 수 있다고 판시하였다. 따라서 앞으로 유치권의 형식적경매를 통해 매각되는 대부분 부동산은 '소멸주의'를 매각조건으로 하여 진행될 것이다.

하지만 각 집행법원은 매각부동산의 이해관계를 살펴 위와 같은 법정매각조건(소멸주의)과는 달리 매각조건 변경결정을 통하여 인수주의 조건으로도 매각할 수 있으므로 유치권에 의한 형식적경매는 여전히 '소멸주의' 및 '인수주의'로도 매각할 수 있음을 인지해야 한다(통상 소멸주의로 매각할 것이지만 예외도 있을 수 있다는 것이다).

따라서 입찰자는 유치권에 의해 진행되는 형식적경매에 접근할 때 매각물건명세서를 통해 집행법원에서 소멸주의를 택했는지 인수주의를 택했는지 미리 확인 후 입찰에 참여하여야 한다.

유치권과 형사고소

유치권이 신고 된 부동산을 낙찰 받았을 경우 낙찰자에겐 유치권자를 상대할 수 있는 두 가지 카드가 있다. 첫째는 인도명령을 통해 강제집행 수순을 밟는 것이고 두 번째는 '경매방해죄'로 형사고소를 하는 것이다. 낙찰자와 유치권자가 원만하게 합의하는 것이 제일 좋지만 유치권자가 허위유치권으로 계속해서 무리한 요구를 하고 낙찰자를 힘들게 한다면 어쩔 수 없이 형사고소를 병행해야 한다. 지금까지 허위유치권에 대한 처벌이 솜방망이었지만 최근에는 해당부동산의 채권자 및 낙찰자들의 피해가 속출하면서 처벌이 엄격해지고 있다.

1. 형법에 기재된 유치권 관련 법조항

경매 방해죄란?

위계(僞計) 또는 위력(威力) 기타 방법으로 경매나 입찰의 공정을 해하는 죄.

2년 이하의 징역 또는 700만 원 이하의 벌금에 처한다(형법 315조). 이 죄의 보호법익(保護法益)은 경매 또는 입찰의 공정이고, 경매·입찰에서 자유로운 경쟁을 보장하려는 데에 그 목적이 있다. 국가 또는 공공단체에서 하는 경매·입찰에는 민사소송법(601조 이하 참조)과 국세징수법(61조)에 의한 공매, 예산회계법(76조)에 의한 경쟁입찰 등이 있으며, 사인(私人)이 행하는 경매·입찰도 이 죄의 대상이 된다.

이 죄의 위법성과 관련하여 문제되는 것은 경매·입찰에 있어서 경쟁자 사이에 미리 어느 특정인에게 경락 또는 낙찰시킬 것을 협정하는 담합행위(談合行爲)의 경우이다.

담합행위는 자유경쟁을 방해하므로 이 죄가 구성되지만, 그 행위가 적정한 가격을 유지하기 위한 협정이고 그것이 사회통념상(社會通念上) 용인되는 정도의 것이라면, 사회상규(社會常規)에 위배되지 아니하는 행위(형법 20조)로 보고 위법성이 조각(阻却)된다고 해석된다. 신용훼손죄(313조)·업무방해죄(314조)와 더불어 위태범(危殆犯)의 일종이다.

2. 최근 허위유치권으로 경매방해를 한 유치권자에 대한 형을 확정한 판결문

인 천 지 방 법 원
판 결

사 건   2007고단4235 경매방해, 사기미수
피 고 인   1. 이○○
           2. 정○○
검 사
변 호 인   변호사(피고인 이○○을 위하여)
           법무법인(피고인 정○○를 위하여)
판 결 선 고   2008. 6. 20.

주 문

피고인 이○○을 징역 6월에, 피고인 정○○를 징역 10월에 각 처한다.
다만, 피고인 이○○에 대하여는 이 판결 확정일로부터 2년간 위 형의 집행을 유예한다.

이 유

범 죄 사 실

피고인 이○○은 인천 계양구 ○○○에 있는 주식회사 ○○의 대표이사이고, 피고인 정○○는 ○○라는 상호로 부동산컨설팅 업에 종사하는 사람이다. 위 ○○건물은 주식회사 ○○의 채권자인 중소기업은행에서 2006. 1. 25. 경매를 신청하여 인천지방법원 2006타경7299호로 임의경매절차가 진행 중에 있었다.

1. 피고인들의 경매방해

피고인들은 2006. 8.경 인천 계양구 ○○○있는 ○○빌딩 사무실에서, 사실은 주식회사 ○○가 위 ○○빌딩에서 내부공사를 실시한 사실이 없음에도 불구하고, 마치 주식회사 ○○의 대표이사인 이○○과 주식회사 ○○ 간에 건물 내부 시설 인테리어 계약을 체결하여 주식회사 ○○가 실제 공사를 한 것처럼 허위 계약서를 작성한 후 이를 근거로 위 경매법원에 유치권신고를 함으로써 경락인으로부터 허위 공사대금 채권액에

상당하는 금액을 추가로 지급받기로 공모하였다. 이에 따라 피고인들은 위 일시경 위 사무실에서 주식회사 ○○과 주식회사 ○○와의 사이에 위와 같은 내용으로 허위의 건물 내부 시설 인테리어 계약서를 작성하고, 2006. 9. 27.경 인천 남구 학익동에 있는 인천지방법원에서 위 인테리어 공사대금 채무(450,000,000원 상당)를 피담보채무로 한 유치권 신고를 하였다. 이로써 피고인들은 공모하여 위 임의경매절차에서 위계로 허위의 유치권 신고를 함으로써 적정한 가격을 형성하는 공정한 자유경쟁이 방해될 우려가 있게 하여 경매의 공정을 해하였다.

3. 유치권을 경매방해죄로 처벌한 사례

경매방해 나이트클럽 운영자 실형〈광주지법〉

자신이 운영하던 나이트클럽이 경매되자 허위 유치권을 신고해 경매를 방해한 뒤 헐값에 가족 명의로 낙찰받은 40대에게 실형이 선고됐다.

광주지법 형사9 단독 박현수 판사는 29일 허위 유치권을 신고해 공정한 경매를 방해한 혐의(경매방해 등)로 기소된 정모(47)씨에 대해 징역 8월을 선고했다.

재판부는 판결문에서 "정씨가 허위신고한 유치권 신고금액이 17억여 원이나 되고 이로 인해 최초 경매가격이 약 51억 원인 부동산을 6차례 유찰 끝에 3분의 1 가격인 약 17억 원에 아내와 장인 앞으로 낙찰되게 한 점이 인정된다"고 밝혔다.

정씨는 2004년 5월 자신이 운영하는 광주시 서구 모 나이트클럽에 대해 임의경매 개시결정이 내려지자 이 클럽 공사를 하지 않았거나 소액 공사를 한 업체들이 수천만원에서 수억원의 거액 공사를 하고도 공사비를 받지 못한 것처럼 업체 대표 명의로 허위 유치권 권리신고서를 제출해 희망자들이 경매에 참가하는 것을 주저하도록 한 혐의로 기소됐다.

경매 방해 부동산 브로커 3명, 구속

인천지검 형사4부(부장검사 윤○○)는 25일 경매가 진행 중인 건물에 허위로 유치권과 임차권을 행사, 신고가액 중 상당액을 가로챈 혐의(경매방해 및 사기)로 부동산경매 컨설팅 대표 김모(59)씨와 G부동산관리업체 이사 박모(51), 팀장 김모(67)씨를 구속기소했다.

검찰에 따르면 김씨는 인천 서구 석남동과 부평동에 있는 건물에 실제 공사를 하지 않았음에도 허위 인테리어 계약서 등을 근거로 경매가 진행 중인 건물에 유치권을 행사한 혐의다.

박씨와 또 다른 김씨 등은 G업체 소유의 인천 부평동 건물에 허위 유치권 권리신고 등을 하는 방법으로 낙찰가를 떨어뜨린 뒤 싼 값에 건물을 사거나 해당 건물에 마치 공사를 한 것처럼 속여 유치권을 행사함으로써 고의로 경매를 유찰시키는 등의 행위를 한 혐의다.

검찰은 해당 건물 외에도 또 다른 경매 대상 건물들이 이 같은 방법으로 경매를 방해받을 것으로 보고 수사를 확대하고 있으며 부동산 컨설팅 회사들과 폭력조직, 부동산 소유자들이 연루돼 있을 가능성에도 무게를 두고 수사를 진행할 예정이다.

- 양○○ 기자

4. 공사대금을 부풀려 유치권 신고를 한 공사업자에게 경매방해죄로 실형이 선고된 사례

부산고등법원에서는 공사업자들이 공모하여 공사대금을 부풀려 경매법원에 유치권 신고를 하여 저가낙찰 받기로 공모한 건축주와 공사업자들에게 경매의 공정을 해쳤다고 판시하고 징역 8개월을 선고하였다.

〈부산고등법원 2012.7.6. 선고 2011고단5691〉

피고인 천○○을 징역 1년에, 피고인 박○○을 징역 8월에 각 처한다.

이 유

범죄사실

1. 피고인들의 경매방해

피고인 천○○은 부산 해운대구 ○○동 ○○○○○ 지상에 지하 2층, 지상 11층의 숙박 및 근린생활시설(이하 '이 사건 건물'이라 한다)을 신축하여 2004. 7. 9. 그의 처 곽○○ 명의로 소유권보존등기를 경료하였다. 2006. 12. 20. 근저당권자인 ○○○농업협동조합의 신청으로 이 사건 건물에 대한 임의경매(부산지방법원 동부지원 2006타경24297)가 개시되었는데 ○○○○ 주식회사가 이를 낙찰 받아 2008. 11. 3. 매수대금을 지급하고 그 소유권을 취득하였다. 2009. 8. 4. 근저당권자인 주식회사 ○○○○○○은행의 신청으로 이 사건 건물에 대한 임의경매(부산지방법원 동부지원 2009타경12677, 이하 '이 사건 경매라 한다)가 다시 개시되자, 피고인 천○○, 피고인 천○○으로부터 이 사건 건물 내부 인테리어 공사를 도급받아 시공한 피고인 박○○, 피고인 천○○으로부터 이 사건 건물 1층 회센터 및 3층 노래방 내부 인테리어 공사를 도급받아 시공 한 방○○, 피고인 천○○으로부터 이 사건 건물 전기설비공사를 도급받아 시공한 박○○, 피고인 천○○으로부터 이 사건 건물 조명공사를 도급받아 시공한 최○○, 피고 인 천○○으로부터 이 사건 건물 주방공사를 도급받아 시공한 박○○는 피고인 박○○ 및 방○○, 박○○, 최○○, 박○○가 실제 미지급공사대금보다 많은 금액으로 유치권신고를 하여 이 사건 건물의 매각이 수회 유찰되면 피고인들이 이를 시세보다 낮은 가격에 낙찰 받아 그 시세차액에서 위 공사업자들에게 미지급공사대금을 지급하기로 공모하였다.

가. 이에 따라 피고인 박○○은 피고인 천○○으로부터 지급받지 못한 공사대금이 100,000,000원임에도 2009. 8. 13. 이 사건 경매가 진행 중인 부산지방법원 동부지원에 1,216,000,000원을 미지급공사대금으로 하여 유치권신고를 하였다.

나. 방○○은 피고인 천○○으로부터 미지급공사대금 440,000,000원을 지급받는 대신 이 사건 건물 1층 일부와 2층을 인도받아 식당을 운영하였으므로 공사대금에서 그 운영수익금을 공제하여야 함에도 2009. 8. 13. 부산지방법원 동부지원에서 이를 공제하지 아니한 채 440,000,000원 전부를 미지급공사대금으로 하

여 유치권신고를 하였다.

다. 박○○은 피고인 천○○으로부터 지급받지 못한 공사대금이 137,000,000원임에도 2009. 8. 13. 부산지방법원 동부지원에서 173,000,000원을 미지급공사대금으로 하여 유치권신고를 하였다.

라. 최○○는 피고인 천○○으로부터 미지급공사대금 148,000,000원을 지급받는 대신 이 사건 건물 3층을 인도받아 노래방을 운영하였으므로 공사대금에서 그 운영수익금을 공제하여야 함에도 2009. 8. 13. 부산지방법원 동부지원에서 이를 공제하지 아니한 채 148,000,000원 전부를 미지급공사대금으로 하여 유치권신고를 하였다.

마. 박○○는 피고인 천○○으로부터 지급받지 못한 공사대금이 76,000,000원임에도2009. 8. 13. 부산지방법원 동부지원에서 108,000,000원을 미지급공사대금으로 하여 유치권신고를 하였다.
이로써 피고인들은 방○○, 박○○, 최○○, 박○○와 공모하여 위계로써 경매의 공정을 해하였다.

또한 판결에서는 위 물건에 관하여 유치권포기각서를 받아주겠다고 입찰자에게 접근한 브로커에게 '사기미수'혐의까지 적용시켰다.

한편 대법원 2007.4.12.선고 2007도654판결은 유치권자가 관리자의 승낙 없이 해당부동산을 불법적으로 점거한 행위에 대해 '건조물침입죄'로 판단하였고, 대법원 2004.8.30.선고2004도46판결은 공사대금을 변제받지 못하였다는 이유로 건축주가 고용한 다른 작업 인부들을 출입하지 못하도록 방해한 행위에 대해 '업무방해죄'가 인정된다고 판단하였다.

60억 유치권을
해결하라!

필자의 경매경력이 아직 10년이 채 안되었지만 더 오랜 경력을 가진 경매고수 분들보다 더 많은 경험을 할 수 있었다. 일반물건을 포함하여 한 달에 25가구의 명도를 혼자서 했던 적도 있고 법정지상권, 지분, 유치권, 선순위 임차인 등 특별한 하자가 있어서 일반인이 쉽게 해결할 수 없는 경매 물건도 법률사무소에서 경매팀장으로 근무하면서 짧은 시간에 경험 할 수 있었다. 사실 법률사무소라고 하여 모두 경매사건을 취급할 수 있는 것은 아니고, 실전전문가를 겸비한 사무실에서만 가능하다.

만약 현장에서 제대로 활약할 수 있는 실전전문가(사무장)가 없다면 법무사, 변호사들이 직접 유치권자와 대면하거나 채무자와 세입자의 명도를 위해 방문, 강제집행까지도 해야 하는데 이는 현실상 불가능하기 때문이다. 경매는 절대 법만으로 모든 것이 해결되지 않는다.

이해관계가 첨예하게 대립되는 상황에서 때론 형사처럼 증거를 수집해야 하고 때론 상담사처럼 점유자를 달래기도 해야 하며 때론 인상을 쓰며 협상해야 할 때도 있다. 실전경매에선 재빨리 상대방의 의도와 수준, 처한 상황을 파악하고 적절한 압박과 협상을 하며 마무리해야 한다. 그만큼 현장에서 부딪치며 익힌 상황 판단력이 법률지식 못지않게 중요하다는 얘기다. 법원에 제출할 소장만 작성할 수 있다고 경매사건이 종결되는 것이 아니다. 그러므로 모든 법률사무소에서 경매를 원활하게 처리할 수 있다고 생각해선 안 된다.

대부분 사람들은 막연하게 '배당받는 세입자가 있는 경매부동산의 명도가 수월할 것이라고 생각한다. 그런데 필자가 명도의 난이도에 대해 좀 더 정확하게 표현하면 권리관계가 복잡하든 쉽든 점유자가 나보다 하수일 경우엔 쉽게 마무리가 되는 것이고, 점유자가 나보다 고수일 경우엔 더 힘들고 긴 시간이 소요된다고 하는 것이 현실적이다. 그렇기에 명도에서 제일 먼저 파악해야 할 것은 점유자의 경매지식의 수준, 즉 상대방의 내공이다. 그리고 점유자에게 끌려 다니지 않으려면 투자자도 내공을 끌어올리기 위해 부단히 노력해야 한다.

필자 역시 지금도 공부를 게을리 하지 않고 늘 연구하고 있다. 또한 어떤 점유자와 게임을 펼치더라도 상대방이 대응할 수 있는 많은 경우의 수를 생각하고 그에 대한 대처방법까지 강구한다. 그러니 상대방이 내가 예상했던 방법으로 대응한다면 나에게 질 수 밖에 없는 것이다.

유치권이 신고 된 경매물건도 마찬가지다. 60억 원이든 100억 원이든 금액과는 상관없이 점유자가 나보다 고수라면 게임이 힘들 것이고, 나보다 하수라면 무난하게 마무리가 될 것이다.

사건접수

2006년 겨울 지인에게서 연락이 왔다. 아는 분이 지하1층 지상6층, 7층 총3개 층으로 된 2,000평이 넘는 사우나를 낙찰 받으셨다고 했다. 감정가격은 87억 원이고 낙찰가격은 38억 원이다. 법원에 신고 된 유치권 금액만 무려 60억 원이고 실제 공사업자들이 주장하는 유치권 금액은 39억 원이다. 일반인이 접근하기엔 너무도 위험하고 덩치가 큰 물건이었는데도 이제 환갑을

물건종별	근린상가	감 정 가	8,730,000,000원		[입찰진행내용]		
				구분	입찰기일	최저매각가격	결과
건물면적	전용3742.96㎡(1132.245평)	최 저 가	(34%) 2,994,390,000원	1차	2006-01-10 (13:00)	8,730,000,000원	유찰
				2차	2006-02-07 (13:00)	6,111,000,000원	유찰
				3차	2006-04-11 (13:00)	6,111,000,000원	유찰
				4차	2006-05-09 (13:00)	4,277,700,000원	유찰
대 지 권	1561.61㎡(472.387평)	보 증 금	(10%) 299,440,000원	5차	2006-06-07 (13:00)	6,111,000,000원	유찰
				6차	2006-07-11 (13:00)	4,277,700,000원	유찰
매각물건	토지·건물 일괄매각	소 유 자	(주)서○○업개발	7차	2006-08-08 (13:00)	2,994,390,000원	
사건접수	2005-07-25(신법적용)	채 무 자	(주)서○○업개발	낙찰 : 3,812,000,000원 (43.67%) (낙찰:최○수)			
입찰방법	기일입찰	채 권 자	여○구	매각결정기일 : 2006.08.14 - 매각허가결정 대금지급기한 : 2006.12.01 - 기한후납부 배당기일 : 2006.12.29			

	건물현황	평형	전용면적	건축용도	감정가격	(보존등기일:05.03.22)
1	○○동 9○○		1722.211㎡ (520.97평)	사우나시설공사중	2,811,900,000원	* 비101호
2	○○동 9○○		1103.176㎡ (333.71평)	사우나시설공사중	1,801,100,000원	* 601호
3	○○동 9○○		917.573㎡ (277.56평)	사우나시설공사중	1,498,000,000원	* 701호

유치권자 토○○○개발(주) 유치권신고서 제출	
유치권자 김○태 유치권신고 제출	
유치권자 최○용 유치권신고 제출	
유치권자 (주)주○○설 유치권신고 제출	
유치권자 (주)국○○연 유치권신고 제출	
유치권자 (주)범○○력 유치권신고서 제출	
기타 (주)한○○랜트 권리신고 제출	
가압류권자 주식회사○○테리어 권리신고 제출	
기타 금○○○건설 유치권신고 제출	

앞둔 경매에 대한 지식도 없는 분이 무리하게 이 사우나를 낙찰 받은 것은 뭔가 사연이 있을 듯했다.

의뢰인은 서울에 있는 변호사 사무실과 경기도의 유명한 변호사 사무실을 모두 방문하여 의뢰해보았지만 이 사건의 실마리에 대해 명쾌하게 얘기해주는 곳이 한 곳도 없었다고 말씀하셨다.

일단 사건을 검토해보기로 했다.

경매자료를 확인해보면 '사우나 시설 공사 중'이라고 기재되어 있다. 이 문구의 의미는 경매가 진행되는 것을 알고도 유치권자가 그 기간 동안 공사를 강행했다는 뜻이다. 이 문구로 미뤄보아 유치권자가 경매에 대해 아주 잘 알고 있거나 그렇지 않으면 대단한 배포를 갖고 있는 사람일 것이란 생각이 들었다.

대법원 홈페이지에서 사건검색을 확인해보니 총 9개 팀이 법원에 유치권신고서를 제출했다. 생각했던 것보다 많았다. 아무리 훌륭한 장수라도 전쟁을 치르기 전 적군의 수가 아군보다 많다는 사실을 알게 되면 시작도 하기 전에 심적으로 큰 부담을 느낄 것이다. 이 사건은 유치권자도 많고 신고금액도 만만치 않아 서류만 봐서는 도저히 답이 나오지 않았다. 답은 고사하고 사건

파악하는 것조차 힘들었다. 어쩔 수 없이 의뢰인에게 내일 다시 얘기를 나누자고 하고 나는 곧바로 현장으로 향했다. 이런 사건은 책상에 앉아서 서류만 뒤적거린다고 답을 얻을 수 있는 것이 절대 아니다. 호랑이를 잡으려면 호랑이 굴로 들어가서 과연 몇 마리가 있는지 또 뭘 하고 있는지 눈으로 확인해야 실마리를 찾을 것 아닌가(의뢰인이 방문했던 변호사사무실 중에서 현장에 다녀오겠다고 말을 전했던 사람은 오직 나뿐이었다고 했다. 그럼 앉아서 결론을 내리는 다른 분들이 더 고수인가?).

호랑이 굴 입성

사우나에 도착해서 손님 신분으로 입장료를 지불하고 들어갔다. 카운터에 있는 직원이 내 손에 찜질방용 황토색의 반바지와 반팔을 건넸다. 겉에 드러내지는 않았지만 나의 시선은 사우나 이곳저곳을 훑어가느라 정신이 없었고 어느새 내 번호가 적힌 사물함까지 걸어갔다(반바지 입고 현장조사를 하는 것은 처음이었다). 그런데 막상 현장에 도착하여 뚜껑을 열어보니 입장하기 전 상상했던 내부의 모습이 아니었다.

사우나 내부에 유치권자는 커녕 그와 비슷한 냄새가 나는 사람도 구경할 수 없었다. 내부를 살펴보아도 그들이 어떤 형태로 점유를 하고 있는지 전혀 드러나지 않았고 그냥 여느 찜질방처럼 평온이 흘렀다. 뿐만 아니라 욕탕, 식당, 이발소, 스포츠마사지, 오락실, 헬스 등 찜질방에 필요한 모든 시설이 최신식으로 완비되어 있고 그 안에서 임차인들이 영업을 하고 있었다. 평일인데도 불구하고 손님들로 북적거렸다.

뭐지? 카지노 영화에 나오는 것처럼 찜질방의 모든 상황을 상황실에서 유치권자들이 cctv로 지켜보는 것도 아닐 것이고…(알몸을 감상하는 것은 불법이니깐). 도대체 어디에 숨어있는 것일까? 욕탕으로 들어갈 때 까지도 그들의 흔적을 찾을 수 없었다.

평일인데도 불구하고 손님들이 꽉 차있는 것을 보니 장사가 무척 잘 되는 곳인 듯 했다. 그러나 한편으론 장사가 잘 되기 때문에 유치권자들이 낙찰자의 명도요구에 대한 저항이 엄청날 것이라는 생각도 들었다(장사가 잘 되는데 버틸 때까지 버티려고 할 테지…). 뜨거운 욕탕 안에 몸을 담그고 다시 한 번 주위를 살펴보았다. 따뜻한 물속으로 들어가니 긴장이 풀린다. 잠시 모든 것을 잊고 반신욕을 즐겼다. 목욕도우미에게 마사지를 받기위해 흠뻑 젖은 채로 욕탕베드에 엎드렸다. 목욕도우미에게 운을 띄우기 시작했다. 영업이 잘되는지 물어보고 사장님은 어디 있는지 표가 나지 않는 범위 내에서 사우나의 이모저모를 체크했다.

목욕을 끝내고 6층에 있는 식당에서 식사도 하고 오락실에서 오락도 하고 수면실에 누워 TV도 보고 찜질방 편의시설 이곳저곳을 돌아 다녔다. 닥터피쉬라는 온천에 서식하는 물고기도 보였다. 각질을 먹고 자란다는 닥터피쉬! 그 물속에 발을 담갔더니 조그만 물고기들이 떼 지어 달려들었다(목욕을 끝낸 지 30분도 안되었는데 니들이 먹을 각질이 남아 있남?).

사우나를 나오며 이런 저런 생각에 발걸음이 무거워졌다. 직감적으로 왠지 쉽지 않은 게임이 될 듯했다.

사우나 스토리

이 찜질방 사건의 전말은 다음과 같다. 이 사우나의 소유주는 옛날에 빌라를 건설, 분양하여 많은 돈을 벌었던 최사장이다. 최사장은 소규모 건설에서 연속으로 성공적인 분양을 했기에 그 경험을 바탕으로 제대로 된 사업을 해보고자 상권이 좋은 곳에 땅을 매입하고 최신식 사우나가 있는 7층 건물을 세우기로 결심했다. 그러나 사우나를 포함한 7층짜리 건물 전체를 짓는데 소요된 비용이 처음에 타 업체에서 받았던 견적 100억 원대보다 훨씬 더 많은 200억 원에 육박한 돈이 지출된 것이다. 엎친 데 덮친 격으로 건물 준공 후 찜질방 내부시설을 위한 은행의 추가 대출마저 거부당하고 결국 건물의 공사잔대금을 지급하지 못하게 되었다. 급기야 최사장은 공사업자들로부터 막다른 골목으로 몰리게 되었고 더 이상 어떻게 할 수 있는 선택의 여지가 없었다. 이 때 이 사건의 유치권자가 등장하여 다른 채권자들을 정리한 후 경매진행과 관계없이 사우나 내부시설을 하고 그 공사대금은 영업을 통해 다른 채권자들과 나눠 갖기로 합의한 것이다.

그래서 이 사건의 등장인물은 원래 소유주인 최사장, 사우나공사비가 부족하여 급전을 빌려줬던 낙찰자(=근저당권자), 그리고 마지막으로 사우나 3개 층의 내부시설을 실제로 공사한 유치권자다.

1라운드 종이 울리다

사우나 내부에 대한 상황이 머릿속에 대략 그려졌으므로 이젠 의뢰인과 대화가 될 듯했다.

의뢰인에게 이해관계인들에 대한 자세한 내막을 들은 후 이 사건을 수임하기로 했다.

이제 본격적인 전쟁이 시작된 것이다.

담당 경매계에 가서 이 사건에 관한 모든 기록을 복사했다. 보통의 경매 사건기록은 한 권으로 묶어져 보관되어 있는데 이 사건은 이해관계인도 많고 규모가 커서 총 4권으로 묶여져 있었다. 한 권 한 권씩 사건 해결에 필요한 부분만을 복사하는데도 상당한 시간이 걸렸다.

사무실로 돌아와서 9팀 유치권자들이 제출한 유치권신고서, 세금계산서, 공증서류 등을 정리 하고 사우나 내에서 영업을 하고 있는 26팀의 임차인도 분류했다. 서류분류 작업과 의뢰인의 진술을 토대로 사건의 윤곽을 차례로 그려보았다.

오랜 경력을 가진 베테랑 경매고수도 기겁할 만큼 사건기록의 양도 많고 더군다나 실제 공사를 했던 유치권자들이 점유를 하고 있기에 난이도도 최상급에 속하는 사건이었다. 처음엔 이해관계인의 수가 너무 많아서 누가 누군지 조차 이해하기 힘들었다.

호랑이 대표를 찾아라

이 사건의 배후엔 주도권을 갖고 있는 자가 분명히 있을 것이다. 설령 배후가 없을지라도 공사비를 못 받은 유치권자가 여러 명이므로 최소한 그들 중 대표는 있을 것이 아닌가. 대표 외 다른 사람들과 협상을 해봤자 아무런 의미도 없고 시간만 지연될 뿐이다. 그래서 경매서류에 있는 연락처로 유치권자 9팀 모두에게 전화를 하기로 마음먹고 한 명 한 명씩 전화를 걸기 시작했다. 전화 통화를 해보니 처음엔 모두 다 자신이 공사업자가 맞고 유치권신고 금액 중에서 본인의 공사대금부터 변제해야 된다고 주장을 했다. 한참 시간을 들여 유치권자들 모두와 통화를 하고나니 누가 주도권을 갖고 있는지 서서히 윤곽이 드러나기 시작했다. 통화를 했던 유치권자들 중에서 하청업체가 4팀이나 되었고 그들은 유치권의 점유라는 개념도 이해하지 못하고 있기에 일단 명도대상에서 제외 되었다.

유치권과 이해관계인

경매사건에서 유치권을 행사할 때 채무자가 관여하고 있을 가능성이 제일 높고 다음은 임차인, 그 다음이 채권자다. 왜냐하면 유치권은 이해관계인의 협조가 없다면 공사도급계약서, 확인서, 진술서 등 낙찰자나 제3자에게 대항할 때 필요한 서류를 제대로 갖출 수 없기 때문이다. 그런 이유로 이해관계인의 개입이나 협조가 없는 유치권은 의외로 쉽게 게임을 끝낼 수 있는 경우가 많다. 이 사건 역시 유치권자들에게 영향력을 행사할 수 있는 사람이 반드시 존재할 것이라고 판단했다.

최종적으로 확인을 해보니 가장 큰 난관은 사우나 내부공사를 전체적으로 주도했던 금○○건설이다. 그들이 바로 유치권대표였다. 이들은 통화를 하며 내가 살짝 간(?)을 보는 질문에도 능수능란하게 답변을 했고 자신감과 여유가 넘쳐 있었다.

나중에 알게 된 사실이지만 이전에도 다른 사우나의 내부 시설공사를 마친 유치권자로서 낙찰자를 2차례나 처참하게 굴복시킨 전례가 있었다(기존의 낙찰자를 굴복시키고 자신들이 법원에 신고했던 유치권 금액 전부를 받아냈다는 얘기다). 즉, 이들은 이러한 경험으로 낙찰자보다 유치권자가 절대적으로 우위에 있다고 생각했기에 전화통화에서도 맘껏 여유를 부렸고 자신감이 넘쳤던 것이다. 그래서 사우나가 경매에 진행되는 것과 관계없이 자신감 있게 내부공사를 진행했고 낙찰이 되었음에도 불구하고 버젓하게 유치권을 주장하며 영업을 하고 있었던 것이다(그런데 이번에 만난 선수는 좀 다르다는 것을 알고 있으려나?).

금○○ 건설 대표와 만나기로 약속한 시간이 다가오고 있었다. 천천히 그를 만나러 갈 준비를 하였다. 나는 이렇게 이해관계가 첨예하게 대립되는 사건을 진행할 때 특히 혼자서 움직인다. 괜히 동반한 옆 사람이 말을 거들다가 실수하는 것도 신경 쓰이고 혼자서 증거를 수집하고 명도를 하는 것이 습관이 되어버렸기 때문이다.

또 혼자 다니면 대부분 상대방들은 필자를 하수로 취급하여 자신들이 하지 말아야 할 내용까지 서슴없이 얘기한다. 말이 많으면 실수도 많은 법이다.

"안녕하세요. 송사무장입니다."

"아니 어린 사람 혼자 나왔어요?"

"네…저만 나왔습니다. 누굴 데리고 나올걸 그랬나요? 낙찰자의 대리인으로 나왔으니깐 저와 얘기하시면 됩니다."

"그런데 무슨 얘길 듣고 싶어서 만나자고 하신 겁니까?"

"단도직입적으로 말씀드리겠습니다. 유치권 합의 금액이 어느 정도면 되겠습니까?"

"유치권 금액이요? 저한테는 25억 원만 주시면 되고 또 사우나에서 점유하고 있는 사람에게도 그 사람이 원하는 금액을 주셔야 됩니다."

"네? 사장님께서 모든 공사를 주관한 유치권 대표 아니신가요?"

"맞아요. 제가 하청업체를 포함한 유치권 대표가 맞습니다. 그런데 이 사건이 복잡해요. 저희 말고 사우나 영업하는 사람들은 사채를 하는 사람들인데 절대 만만치 않습니다. 살벌한 사람들이 점유해서 영업하고 있어요. 우리가 공사를 하면서 그 사람 돈을 끌어다 썼거든요"

"사장님! 제가 모든 유치권자와 얘기를 나누며 각각 협상하진 못합니다. 유치권 대표 한 사람과 대화를 나누고 싶습니다."

"제가 얘기했잖아요. 공사금액은 저희에게 주시고 현재 영업하고 있는 사람들에게 추가로 합의금을 주셔야 된다고요. 아마도 다 합해서 족히 30억은 넘을 겁니다. 그 돈 변제하지 않으면 몇 년이 걸리던 그 사채원금과 이자를 모두 챙길 때까지 영업을 할 터이니 그렇게 아세요."

"30억이 넘는다고요? 그리고 그 돈을 회수하려면 몇 년이 걸린다고요? 그게 현실적으로 가능한 얘깁니까?"

"가능하죠. 전에도 우리말을 무시하고 까불던 낙찰자가 혼쭐이 난 적이 있었지요. 우리 그렇게 만만한 사람들 아닙니다."

"알겠습니다. 우선 제가 사우나에 점유하고 있는 사장님을 만나서 얘기한 후에 연락드리겠습니다."

"그러세요. 그런데 합의할 작정이면 빨리하쇼. 안 그러면 이 물건 다시 경매 넘길 거요."

"……."

너무나도 기세등등한 유치권 대표였다. 그리고 유치권 대표가 한 팀이 아닌 두 팀으로 구성되어 있었다. 실제 공사를 한 유치권대표뿐 아니라 사우나 점유는 살벌한 사채업자와 공동으로 점유하고 있다 하니 아직도 사건의 실마리가 잡히지 않았다. 사우나를 점유하고 있다는 사채업자가 궁금했다. 유치권 대표에게 그 박사장이라고 하는 사채업자의 연락처를 받아내어 전화를 걸었다.

전화통화를 하고 다음날 사우나에서 만나기로 약속을 잡았다. 사우나에서 만나기로 한 것은 유치권자들이 정확히 어느 부분을 점유하고 있는지 확인하기 위해서였다.

사우나에 도착했다. 손님신분으로 방문했을 때와 또 다른 기분이다. 사우나 입구의 카운터 직원에게 나의 신분을 밝히니 기존의 손님들이 다니던 복도가 아닌 다른 곳으로 나를 안내했다(첫 방문에 유치권자들이 안보였던 이유를 알 수 있었다). 신발을 벗고 카펫 위를 걸어가면서 과연 어떤 이들이 나를 기다리고 있을까 궁금해졌다. 또 나중에 강제집행을 할 경우를 대비해야 했으므로 내 시선은 이쪽저쪽 바쁘게 내부를 살피고 있었다.

나를 안내하던 직원이 사라지고 문 앞에 혼자 서게 되었다. 노크를 하고 문을 열고 들어갔다. 안에 들어서자 건장한 남자 5명이 동시에 나를 쳐다본다. 세 명은 러닝셔츠를 입고 있어서 옷 바깥쪽 살갗에 문신을 한 그림들이 보였고 덩치 크고 머리가 짧은 한 명은 정장을 입고 다리를 모은 채로 서 있었으며 마지막으로 편한 골프웨어를 입은 작은 체구의 사내가 있었는데 그가 입을 열었다.

"전화하셨던 송사무장님이신가요?"
"네. 제가 송사무장입니다. 박사장님 맞으신가요?"
"그렇소. 내가 박○○이요. 일단 앉으시오. 그런데 혼자 오셨소?"
"네. 저 혼자 낙찰자 대리인 자격으로 왔습니다."

혼자 왔다고 말을 하자 다섯 명의 사내들이 동시에 웃음을 지었다. 아니 웃음보다 비웃음이라는 표현이 적당할 것이다.

"지금 날 무시하는 거요? 도대체 어린 사람 혼자 와서 뭘 어쩌자는 거요? 담배 태울 줄 아시나?"

"혼자 온 것이 큰 문제라도 있습니까?"

박 사장이 담배를 물자 나도 함께 담배를 입에 물었다. 이 모습을 보자 박
사장 뒤에 서있는 네 명의 얼굴이 찡그려졌다. 담배연기를 한 모금을 마시고
찡그려진 얼굴들 쪽으로 연기를 내뿜었다. 어차피 지금은 한 사람만 상대하
면 된다.

"내가 이 사우나에 엄청난 돈을 투입했소. 바깥에 시설을 보면 아실 거요."
"알고 있습니다. 저는 정확한 유치권 합의금이 궁금합니다."
"나는 오늘 할 얘기가 없소. 날 무시하는 것도 아니고 어린 사람 혼자 와서
지금 뭐하자는 거요? 합의금은 당신이 생각하는 금액보다 상상을 초월할 것
이요."
"제가 낙찰자에게 모든 사항을 위임받아서 왔는데도 자꾸 그렇게 말씀하
십니까? 합의금조차 정확하게 말씀하기 싫다는 것은 합의할 의사가 없다는
것이죠? 그러면 저한테 법대로 하라는 겁니까?"
"그냥 법대로 하든 말든 당신 맘대로 하쇼. 우리는 전담 변호사와 법무사
를 이미 선임해둔 상태니깐 그것은 알고 있으시오."
"그러면 저도 법으로 진행하겠습니다. 안녕히 계십시오."

상대방은 연신 어이가 없다는 말을 내뱉으며 언짢은 표정을 지었다. 아마
도 수십억 원의 합의금이 언급돼야 되는 상황에서 낙찰자 대리인으로 어려보
이는 총각이 홀로 등장했기에 더욱 그랬을 것이다. 담배 한 대를 태우고 바로
자리에서 일어났다.

사실 애초부터 의뢰인이 유치권자와 원했던 합의금은 10억 원이었다. 그런데 이들이 30억 원 이상을 요구하니 처음부터 합의가 될 것이라고 생각하지도 않았다. 단지 현재 점유하고 있는 사람이 누구인지 어떤 형태로 점유하고 있는지 궁금했기에 찾아왔던 것뿐이다. 한 번의 만남에서 대화로 쉽게 해결이 가능했다면 의뢰인이 전문가를 찾을 리 없을 것 아닌가!

사우나의 장사가 무척 잘되고 있고 이미 이들은 변호사를 선임해둔 상태였으므로 힘으로나 법으로나 무서울 것이 없는 듯했다. 더군다나 호랑이굴에 나 혼자 갔으니 더욱 그렇게 생각할 것이다(측근을 통해 전해들은 후일담이지만 이 날 유치권자가 점유하고 있는 사무실에 어려보이는 총각 홀로 방문했기에 이들은 오히려 낙찰자가 변변찮은 변호사를 선임한 줄 알고 더 우습게 여기고 긴장을 풀었다고 한다).

어쨌든 이들에게 선전포고를 하고 나왔으니 이젠 정면으로 부딪혀서 법대로 마무리해야 한다. 경매게임은 낙찰자든 점유자든 싸울 준비를 철저하게 하는 사람이 승자가 된다. 즉, 이 사건 역시 준비를 철저히 한다면 실제 공사를 했던 유치권자가 있을 지라도 낙찰자가 승자가 될 수 있을 것이라 생각했다.

게임은 방심하는 자가 질 확률이 더 높다

유치권은 어떻게 보면 낙찰자와의 '수 싸움'이다. 낙찰자는 유치권의 허점을 찾으려고 노력하고 유치권자는 자신이 완벽한 것처럼 보이려고 애를 쓴다. 이것은 다른 소송과는 달리 자신이 잘났다고 주장하면 이기는 것이 아니라 상대방의 결격사유가 많음을 입증하면 이기는 게임이다.

하나씩 하나씩 사건에 필요한 증거수집에 나섰다. 이런 게임에서 확실한 증거는 오로지 이해관계인에게서 얻을 수 있다. 이 사건은 워낙 많은 하청업체들까지 얽혀있으니 분명 현재 유치권대표와 사채업자가 사우나를 운영하는 방식에 대해 불만을 갖고 있는 사람이 있을 것이다.

예를 들면 유치권 대표와 사채업자가 사우나 운영을 하여 영업이익을 올리고 있지만 이들이 사우나의 운영수익을 다른 유치권자에게 공평하게 배분할 리 없을 것이다. 그런 이기적인 행위가 반복되면 하청업체나 실제 공사를 했던 사람들과 대표 사이가 많이 소원해졌을 것이고 그렇다면 불만을 갖고 있는 사람들은 내 편(?)으로 만드는 것이 수월해진다.

전쟁을 할 때도 굳이 선봉에 서 있는 정예부대와 싸울 필요가 없다. 그런 싸움은 이기더라도 아군의 피해도 만만치 않다. 오히려 이럴 땐 제일 약한 곳을 먼저 공격하는 것이 유리하다. 그래서 전쟁은 전략만큼이나 전술 역시 매우 중요하다.

사채업자와 유치권자 대표 두 사람이 주장하는 유치권 금액인 30억 원에 비하면 하청업체에게 변제해야 되는 금액은 그리 크지 않으므로 협조를 잘할 경우 특별하게 당근(?)을 줄 수도 있다.

두 번째는 전소유주다. 전소유주는 힘들게 공사를 했지만 대출이 원활하게 안 되어 말 그대로 죽 쒀서 개 준 꼴이 되었다. 실제 건물주임에도 유치권자와 사채업자가 주인행세를 하고 있고 자신은 찬밥신세가 되어 있으니 울화통이 터질 것이다.

즉, 하청업체와 전소유주를 공략하면 해법이 나올 듯 했다.

하청업체들부터 차례대로 만났다. 내 예상대로 그들은 불만에 가득 차있었다. 그들에게 중요한 것은 유치권으로 대항하여 낙찰자를 굴복시키고 게임에서 승리하는 것이 아니었다. 누가 이기든 지든 그저 그들이 공사를 하고

받지 못한 채권만 회수되면 그것으로 족한 것이다. 그리고 이런 상황에서 내가 하청업체에게 요구하는 것은 거짓증언이 아니다. 실제 공사를 했던 공사업자와 금액 그리고 공사시점, 점유개시시기 및 점유관계 등을 있는 그대로만 진술하고 그것을 바탕으로 정당하게 법의 판단에 맡기자는 것이다. 채무자 역시 자신은 찬밥으로 밀려나 있는 상황에다가 의뢰인과의 친분도 있기에 사실을 털어놓기 시작했다.

모든 증언을 토대로 진술서, 확인서를 작성하여 공증을 하였다. 이 과정을 간단하게 한 줄로 표현했지만 솔직히 사람 한 명씩 만나면서 그들의 마음을 움직여 진술을 얻어낸다는 것은 결코 쉬운 일이 아니었다. 옛말에 털어서 먼지 안 나는 사람 없다고 하지 않았던가. 경매에선 털어서 성립하는 유치권 없다고 고치면 어울릴 것이다.

형사고소와 유치권에 대한 인도명령신청

휴일을 포함하여 한 달 내내 이해관계인을 만나며 증거자료를 수집했다. 유치권자들은 자신들이 실제로 큰 공사를 했고 점유를 했기 때문에 설마 낙찰자 측에서 인도명령으로 승부수를 던지리라곤 생각하지도 못했을 것이다.

유치권 금액이 크고 실제 공사업자가 점유를 하고 있다면 통상적으로 인도명령은 당연히 '기각'되기 때문이다. 그래서 유치권자들은 낙찰자 측에서 이 사건을 본안소송인 명도소송으로 대응할 것이라 판단했을 것이다. 그리고 본안소송을 제기하면 최소 6개월 이상 시간이 소요되므로 당연히 유치권자들은 방심하고 있을 것이 분명했다. 사실 법원에 있는 직원들조차 이렇게 큰 사건의 인도명령신청은 당연히 기각될 것이라 예상했었다. 그러나 해보지 않고 섣부른 판단을 해선 안 된다. 필자는 모든 것이 명백하다면 아무리

인천지방법원 부천지원

결   정

사   건   2007타기○○○   경락부동산인도명령

신 청 인   채○수 : 서울 ○○구○○동   ○○○○아파트 ○○동 ○○호
           [송달장소:부천시 ○○구○○동 ○○-1   ○○타운 ○○호]

피신청인   주식회사 ○○ 종합건설 : 인천 ○○구 ○○동 ○○-4 ○○빌라트 ○○호
           대표이사 함○미

주   문   피 신청인은 신청인에게 별지목록기재 부동산을 인도하라.

이   유   이 법원 200타경○5○7 호 부동산임의경매 에 관하여 신청인의
           인도명령 신청이 이유있다고 인정되므로 주문과 같이 결정한다.

2007. 1. 31.
판 사   강 ○ 태

금액이 큰 유치권일지라도 좋은 결과가 나올 것이라 기대했고 만에 하나 기
각되더라도 어차피 본안소송에서도 충분한 증거가 필요하므로 미리 자료를
준비해두는 것이라 생각했다.

그리고 이들의 시선을 분산시키기 위해 검사출신 변호사님을 선임하여
유치권 대표들을 '경매방해죄'로 형사고소 했다. 형사고소를 병행한 이유는
검찰의 수사가 시작되면 이들은 형사부분에 대한 대응에 모든 신경을 쓸 것

이므로 낙찰자가 인도명령신청을 준비하는 것을 눈치 채지 못할 것이라는 판단을 했기 때문이다(많은 유치권 사건을 처리하며 어떤 경우엔 고소장을 접수했지만 실제 그들이 법적으로 처벌되길 원한 적은 한 번도 없었다).

유치권자의 점유의 불확실성, 사실관계, 부풀린 공사내역, 진술서 등 유치권이 성립되지 않는 모든 증거자료를 첨부하여 인도명령신청서를 접수했다. 이렇게 큰 사건의 경우 경매판사는 통상적으로 '인도명령심문기일'을 지정하여 낙찰자와 유치권자의 의견을 들어본 후 인도명령결정을 하는 것이 관례인데 이 사건은 '심문기일'도 없이 곧바로 인도명령결정이 나왔다. 그만큼 철저하게 증거를 수집했다는 반증이다. 변호사님과 필자, 그리고 우리 직원들의 탄탄한 팀워크로 해낸 것이다. 진정 그 누구도 상상하지 못했던 결과다. 법원 담당직원조차 생각지 못했던 결과였기에 정말 기분이 좋았다.

26팀의 임차인들과의 만남

이 사우나는 유치권자들 외 명도해야하는 임차인들만 무려 26개 팀으로 구성되어 있다. 만약 유치권 신고가 없다고 하더라도 이렇게 많은 수의 임차인이 점유하고 있는 부동산은 명도가 만만치 않다. 더군다나 26개 팀에서 배당을 받을 수 있는 임차인은 단 한 팀도 없을 뿐 아니라, 장사까지 잘되고 있으니 임차인들의 저항 또한 심할 것이라 예상되었다.

지금 이들은 유치권자가 운영하는 사우나의 임차인이다. 임차인들도 돈 앞에 약한 사람일 뿐이었다. 사우나를 유치권자가 운영하든 낙찰자가 운영하든 그들이 장사만 할 수 있으면 그만이라고 생각하고 있었고 더 나아가 유치권자가 낙찰자보다 더 우세하다고 판단하고 그들에게 협조하고 있는 임차인도 있었다(유치권자에게 잘 보이면 좋은 임대조건으로 오랜기간 영업할 수 있을 것이라 여긴 것이다). 그래서 사우나를 강제집행 하기 전 이들과 대화를 나누고 싶었다. 총 26개 팀을 어떻게 처리할 것인지 분류를 하기 위해서다.

이들은 나의 면담요구에 유치권자들의 눈치를 보며 만나는 것조차 꺼려하고 있었다. 임차인들과 인근식당에서 자리를 가졌고 대화가 시작되었다. 그런데 임차인들 대부분은 낙찰자보다 유치권자에게 마음이 가 있었다. 장사도 잘 되고 그들이 보기에 주도권을 갖고 있는 자는 낙찰자가 아닌 힘이 센 유치권자라고 생각한 것이다.

법원에 신고한 임차인들의 보증금의 합이 15억 원이 약간 넘었다. 내가 낙찰자와 합심하여 유치권자를 몰아내자는 의사를 살짝 피력하자 목에 핏대를 세워가며 반대하는 임차인들도 꽤 되었다(이때 핏대 세운 임차인들은 오히려 본전도 찾지 못했다).

임차인들과 대화를 끝내고 식당을 나오면서 씁쓸한 기분이 들었다. 낙찰자는 그들의 안중에도 없었다. 그들은 이 사우나의 주인이 유치권자든 낙찰자든 오직 자신들은 장사만 할 수 있으면 된다는 논리를 펴고 있었다(사람들은 자기 밥그릇만 괜찮다면 도덕적으로 무감각해지는 경향이 있다). 총 26개 팀의 임차인을 전부 집행하는 것은 어려웠으므로 머릿속에 누구와 재계약을 하고 누굴 강제집행을 해야 할지 대략 그려보았다.

사우나 임차인의 강제집행이 힘든 이유

2,000평이 넘는 사우나에 임차인들은 각각 일부 공간을 점유하고 있다. 그런데 강제집행을 하려면 일부 임차인이 점유하고 있는 부분을 정확하게 도면으로 그려 인도명령신청서를 제출할 때 첨부해야 한다. 하지만 사우나 물건인 경우 임

차인이 점유한 부분을 정확하게 도면으로 표시하여 제출한다는 것이 현실적으로 쉽지 않다. 이럴 경우엔 구청에서 사우나 도면을 구해보자. 그 도면에는 '식당', '이발소', '매점' 등 정확하게 기입되어 있기 때문에 이것을 첨부하여 인도명령신청서를 작성하면 된다(현장을 확인하고 그려보면 더욱 확실할 것이다).

모두 잠든 후에…

한껏 추위가 기승을 부리는 2월의 설날 바로 전 날이 강제집행 날짜로 잡혔다. 설날은 찜질방 장사도 대목인 날이다(설마 설날 하루 전날에 집행을 하리라곤 유치권자와 임차인 중 아무도 상상 못했을 것이다). 군대에서는 이 시기에 맞춰 혹한기 훈련을 할 정도로 날씨도 쌀쌀하다.

강제집행을 원활하게 하기 위해 사비를 들여 건장한 경호원 60여명을 동원시켰다. 이들과 새벽 7시에 해장국을 먹고 나온 후 법원노무인원들이 올 때까지 사우나 인근에서 기다렸다. 우리는 이미 사전에 사우나를 세 번이나 답사하여 어떻게 강제집행을 할 것인지 철저하게 준비를 마친 상태였다. 잠시 후 사우나 앞에 버스 3대가 도착했고 그 안에서 150명의 노무인원이 한 명씩 하차를 했다.

법원직원과 유니폼을 입고 있는 사설경호원까지 총 210명이 사우나 앞에서 하얀 입김을 내뿜고 서 있으니 그 광경이 참으로 볼만했다. 이미 난 경호원들에게 강제집행이 시작되면 어떻게 행동을 해야 할지 지시를 끝낸 상태였다. 사우나 진입을 앞두고 집행관과 어떻게 할 것인지 잠시 대화를 나눴다.

강제집행을 할 때 유치권자들의 저항이 무척 심할 것으로 예상되었기에 사전조사를 마치고 하루 중에서 제일 손님이 없는 새벽 시간대를 택했다. 손님이 너무 많으면 집행을 하는데 지장이 있기 때문에 모두가 잠든 시간에 진입해야 수월하게 마칠 수 있을 듯했다. 여탕에도 손님이 있을 것이기에 아줌마부대도 8명이나 동원했다(알몸이나 속옷차림의 여탕 손님들을 내보내야 하는데 내가 직접 들어갈 수는 없을 것 아닌가). 현금 400만 원을 직원에게 쥐어주고 손님들을 내보낼 때 그 돈으로 환불해줄 것을 지시했다.

드디어 사우나 엘리베이터 안에 나와 집행관 그리고 법원직원이 타고 유치권자가 점유하고 있는 지하층 버튼을 눌렀다. 우리가 엘리베이터에 몸을 싣자 아침에 지시했던 대로 사설경비원 네 명이 엘리베이터 앞에 자리를 잡고 섰다(추가로 손님이 들어오는 것과 유치권자의 지원군(?)들의 진입을 차단하기 위해서다).

사우나 입구로 들어서자 우리의 예상대로 카운터엔 여직원 한 명만이 근무 중이었고 그 여직원은 시커먼 무리들을 보자마자 부리나케 유치권자가 있는 사무실로 뛰어갔다. 잠시 후 사무실에서 예전에 내가 방문했을 때 보았던 덩치 큰 사내가 가운을 입은 채로 등장했다. 머리를 긁적이며 잠이 덜 깬 눈으로 우리를 응시하던 사내는 수많은 시선이 자신을 응시하는 것을 어리둥절한 표정으로 바라보았다. 집행관이 입을 열었다.

"이 사우나가 ○○건설과 박○○씨가 계신 것이 맞죠?"

"네…그런데 왜요? 그리고 새벽부터 누가 신발신고 카펫을 밟고 있으랍니까? 이거 물어낼 거야?(아직 감을 못 잡고 있다)"

"법원에서 나왔습니다. 인도명령결정 받은 것은 기억하시죠?"

"그건 항고했다고 했는데…그리고 우린 유치권자야! 여기 실제 공사한 사람들이라고."

"일단 유치권이 있어도 판사가 인도명령을 결정했으면 낙찰자에게 부동산을 인도할 의무가 있습니다."

"대체 그게 뭔 소리요? 그러면 내일 다시 오쇼. 지금 우리 사장님 해외에 나갔단 말이요. 애들도 없는데 이게 웬 날벼락인지?(설날 하루 전에 집행날짜를 잡았던 것이 적중했다)"

"그렇게는 안 되고요. 합의가 안됐으니 집행을 시작합니다."

"뭐야! 사무실로 들어오면 모두 가만 안두겠어!"

"집행 시작해!"

사내가 짧은 골프채를 손에 쥐고 우리에게 다가왔고 이미 지시했던 대로 경호원들이 그 앞을 막아섰다. 그 사이에 법원 직원들은 카운터에 있는 짐들을 보이는 대로 담기 시작했다.

재빨리 112에 신고를 했다. 이럴 때 법원직원들이 다치면 절대 안 된다. 그래서 행여 몸싸움이 날 것을 예상하여 사설경호원을 동원한 것이다. 만약 몸싸움이 난다면 상대방의 인원이 소수일 것이라 예상했으므로 유치권자 한 사람당 경호원 5-6명씩 붙어서 그들을 들고 밖으로 끌어낼 작정이었다(물론 밖에는 경찰들이 대기하고 있었다).

한 층에서만 오랜 시간을 지체할 수 없다. 이 사우나는 지하층과 6,7층 총 3개 층으로 되어 있다. 지하층은 목욕을 할 수 있는 시설이 되어 있고 6,7층은 찜질방으로 되어 있었다. 지하층은 함께 출동한 직원들에게 맡기고 나는 7층으로 올라갔다. 7층을 올라가며 함께 갔던 두 명의 열쇠아저씨에게 사우나의 모든 시건장치를 하나씩 교체하라고 지시했다.

7층에 올라가자 찜질방 안에 30명 정도의 손님이 잠을 청하고 있는 중이었는데 모두 깨워서 1층으로 내보냈다. 물론 이 손님들이 지불했던 입장료의 배액을 현금으로 물어주고 양해를 구했다. 우리와 함께 동반한 아줌마들은 여탕에 들어가서 손님들에게 현재 상황을 얘기하고 밖으로 유도하는 중이었다.

혹시나 불상사를 대비하여 캠코더를 두 대 준비하고 계속해서 강제집행하는 것을 촬영하게 했다. 사소한 말다툼조차 캠코더에 녹화되고 있었다. 가끔 싸움이 나면 상대방들이 일방적으로 공격을 하고 발뺌을 하는 경우가 있기에 미리 준비해둔 것이다(준비가 철저하면 돌발 상황을 차단할 수 있다).

6, 7층에 올라가 임차인들부터 찾기 시작했다. 예상은 했었지만 새벽 시간이어서 아직 출근을 하지 않은 임차인들이 더 많았다. 임차인의 연락처를 직원에게 건네주고 모두에게 당장 사우나로 오지 않으면 강제집행을 할 것임을 전달하라고 지시했다. 30분 정도가 지나자 임차인 하나둘씩 사우나로 도착을 했고, 제일 늦게 도착한 식당과 스포츠마사지에 대해 강제집행을 실시했다. 시간이 별로 없고 임차인들과 빨리 합의를 해야 했기에 이른바 시범케이스가 필요했던 것이다. 시간이 늦어지면 유치권자들의 지원군(?)이 추가로 입성할 것이고, 그런 상황에서 임차인들이 억지를 부리며 저항한다면 명도를 완료하는 것이 힘들어질 수 있다고 판단했기 때문이다.

냉정하게 식당과 스포츠마사지 2곳을 강제 집행하는 광경을 본 나머지 임차인들은 모두 내 눈치만 보고 있었다. 미리 준비해온 합의서를 그들 앞에 꺼냈다. 금일 이후로 이 사우나에 대해 인도가 완료된 것으로 하고, 낙찰자의 동의 없이 사우나에 출입하지 않겠다는 내용이 첨부된 합의서다. 모든 임차인들과 합의서를 작성한 후, 대신 재계약과 이사비에 대한 협의는 이틀 후에 다시 만나서 결정하기로 하고 26팀 임차인들 모두에게 합의서를 받고 사우나에서 내보냈다.

사우나 집행을 하기 전 발생할 수 있는 여러 상황에 대한 시나리오를 생각했었다. 모든 돌발 상황을 대비해야 하므로 긴장을 놓지 않았고 어깨와 목엔 잔뜩 힘이 들어가 있었다.

7층부터 한 곳씩 훑으면서 6층까지 내려왔다. 경호원들에게 7층 입구도 지키게 했다. 6층도 모두 내보내고 공사업자를 불러서 문을 용접으로 폐쇄시켜 버렸다.

이제 지하층 한 곳만 마무리 하고 나가면 된다.

그런데 지하층에 가보니 이미 유치권 대표와 사채업자들이 막 현장에 들이닥친 후였다. 집행 전에 우려했던 유치권자의 지원군이 도착한 것이다. 유치권자가 선임한 변호사까지 현장에 도착했다. 경호원에게 엘리베이터를 차단하라고 신신당부 했건만 유치권자의 지원군들을 버텨내지 못하고 물러선 것이다. 그들은 도착하자마자 웃옷을 벗어버리고 독기를 뿜으며 현장에서 버티기 시작했다. 그리고 그들을 경호원과 법원 직원이 함께 둥그렇게 에워 쌌다. 영화의 한 장면처럼 살벌한 기운이 감돌았다. 우리 측에서 광역수사대에 신고를 했고 경찰차 7대를 이끌고 강력계 반장이 부리나케 현장에 도착했다. 광역수사대가 도착하니 유치권 대표가 자신의 입장을 강력하게 항변하기 시작했다. 그리고 예상 밖의 상황이 벌어졌다.

"광역수사대 반장입니다. 여기 현장은 그대로 두고 모두 경찰서로 가시죠"

"뭐라고요? 낙찰자도 경찰서로 가야 된다고요?"

"네…….이들이 유치권자라고 하니깐 경찰서에 가서 진위여부를 따져봐야죠"

"반장님! 유치권 진위여부는 법원에 있는 판사가 이미 허위라고 결정했습니다. 그래서 집행관이 강제집행을 나온 것이고요."

"여기 있는 사람들 제 말을 안 들으면 공무집행방해로 연행합니다."

"공무집행방해요? 여기 집행관님도 법원 공무원입니다. 오히려 지금 반장님이 공무집행을 방해하는 것을 모르세요? 만약 정확한 판단을 하지 않는다면 정말 가만히 있지 않겠습니다. 그리고 지금 이 사건은 검찰에서도 수사중입니다."

"그럼 여기 사람들이 자신들이 공사했고 사우나 내부시설 전체가 자신의 것이라고 하는데 어떻게 하시려고요? 유치권자들은 이것은 사유재산이므로 지켜야 된다고 하잖아요!"

"제가 여기서 확인서를 적겠습니다. 만약 사우나 내부 일부라도 파손이나 훼손될 경우 모두 낙찰자가 책임을 지는 것으로요. 그러면 되겠죠?"

유치권과 112

경매를 하다보면 낙찰자와 유치권자가 첨예하게 대립하는 경우가 많다. 예를 들면, 부동산에 대해 강제집행을 마쳤는데 유치권자가 문을 부수고 재점유를 시도하거나 세입자와 합의를 끝내고 이사를 내보냈는데 유치권자가 막무가내로 문을 개문하고 점유하는 경우다. 이런 경우에 낙찰자는 제일 먼저 112에 신고를 한다. 그런데 막상 출동한 경찰관들은 '유치권'이라는 단어를 듣게 되면 사건에 깊게 개입하려 하지 않으려는 경향이 있다. 즉, 유치권자와 낙찰자의 법리적인 부분은 판단하지 않고 화해나 합의를 시키려고 하는 경우가 종종 있다. 따라서 낙찰자는 유치권이 인정되지 않는다는 '인도명령결정문'이나 '판결문'을 지참하고 현장에 나가는 것이 좋다.

만약 내가 유치권자와 함께 경찰서에 가서 진술을 하게 되면 대체 언제 강제집행을 끝낼 것인가? 어쩌면 집행을 다음으로 미뤄야 될지도 모르는데 한 번 방심하다가 당한 유치권자들이 다음번엔 어떻게 대처할 것인지 보지 않아도 절로 상상이 되었다. 필자에게 모든 정황을 듣고 이해한 반장님은 유치권자들에게 말을 듣지 않으면 모두 수갑을 채우고 경찰서로 연행을 할 것이라 엄포를 놓으며 그들을 끌고 밖으로 나갔다. 이에 유치권자들은 더 이상 저항할 수 없었다. 힘겹던 강제집행이 마무리 되고 있었다.

그런데 모든 문을 폐쇄하고 나가려는데 갑자기 '닥터피쉬'가 떠올랐다. 닥터피쉬는 뜨거운 물에 있어야 되므로 물 온도를 맞춰주고 제때 먹이를 줘야 하는데 나는 이미 모든 문을 용접까지 한 상태다. 그렇다고 닥터피쉬만을 위해 사우나 보일러를 틀어 놓을 수는 없었다(한 달 전기료만 수천만 원이다). 업체 사장에게 전화해서 물고기를 가져가라고 했다. 그런데 이 업체사장이 물고기 값 5,000만 원을 아직 회수하지 못했다고 안 가져간다는 것이다. 알고 보니 유치권자들이 닥터피쉬 업체 사장 뒤에서 조종을 하고 있는 것이었다.

업체사장에게 나중에 후회할지도 모르니 빨리 가져가라고 했지만 그는 결국 물고기를 현장에 두고 떠나버렸다. 만약 물고기가 죽으면 우리에게 5,000만 원을 청구할 것이라고 엄포를 놓으면서 말이다. 역시 쉬운 일은 하나도 없다. 닥터피쉬는 현장에 그대로 둔 채로 모든 문을 폐쇄시키고 강제집행을 마무리했다.

시계를 보니 오후 2시를 가리키고 있었다. 오전 7시에 강제집행을 시작했는데 이미 상당한 시간이 지나있었다. 그래도 명도사건을 수임 받고 3개월 만에 드디어 60억 유치권을 마무리하는 순간이다. 사우나를 나오자마자 한 순간에 긴장이 확 풀리고 피곤이 몰려왔다. 잔뜩 긴장했던 모든 신경들이 느슨해져 점심으로 직원들과 설렁탕을 먹는데 아무 맛도 느낄 수 없었다.

후일담

유치권자는 사우나의 강제집행
이 부당하다고 낙찰자를 상대로 '점
유회복소송'을 제기했지만 패소했다.
그리고 현장에 남겨진 닥터피쉬를
제공한 업체는 여전히 물고기를 찾
아 가지 않았고 한 달 동안 매일 아
침저녁으로 사료를 주고 따뜻하게
물 온도를 맞추며 관리하였으나 한
계에 도달했다. 결국 닥터피쉬의 사
료마저 동이 나서 그냥 내버려 두었
더니 새끼손가락 크기의 닥터피쉬가

집행직후 닥터피쉬 사진

송사무장이 한달 키운 닥터피쉬

서로 잡아먹기 시작했다(뭐야? 원래 식인물고기야?). 그러더니 거의 붕어크기로
커버렸다.

결국 닥터피쉬는 폐기처분되고 무역회사 대표는 한 푼도 못 건지고 손해
만 봤다. 가져가라고 할 때 진즉 가져갔으면 좋았으련만… 물고기값 5,000만
원 대신 내용증명 한 통만 받을 수 있었다.

내용증명

수신인: (주)○○아시아무역 대표이사 이○○
주 소: 경기도 부천시 원미구 ○○동 5○○ ○○프라자 ○○1호

발신인은 귀하에게 발신인의 건물에 방치되어 있는 닥터피쉬를 회수해 갈 것을 수차례 통보하였고, 2007.3.8. 내용증명까지 발송하면서 회수해 가지 않을 시에는 임료상당의 손해배상으로 매월 300만 원을 청구한다고 분명히 통보하였음에도 그 이후로도 회수하지 않고 방치되어 닥터피쉬가 서로 잡아먹는 바람에 거의 붕어크기로 15cm나 자라서, 닥터피쉬가 욕조에서 밖으로 뛰쳐나오는가 하면, 이미 닥터피쉬로서의 효용도 없이, 발신인 소유 건물의 효용을 침해하고, 출입금지를 해두어도 계속해서 어린 아이들이 닥터피쉬가 있는 물에 다이빙을 시도하여 위험하기도 하고 영업을 방해함은 물론, 발신인 소유의 건물에 불법 방치되어 있는 관계로 발신인으로서도 더 이상 수수방관할 수 없고, 닥터피쉬 관리에 소요되는 관리비용도 더 이상 지불할 수 없어 닥터피쉬에 관하여 사진을 찍은 다음 모두 폐기처리 하였습니다.

발신인은 조만간 그동안 수신인의 무책임한 행동에 대한 손해배상을 청구할 예정이오니 이점 양지하시기 바랍니다.

첨부서류
1. 닥터피쉬사진

2007년 5월 9일
발신인: ○○○(인)
주 소: 서울 ○○○ ○○○

필수 유치권 판례

◆

1. 유치권자와 임차인의 계약서에 채무자의 동의가 없다면?

우리가 기본적으로 알고 있는 사항은 유치권자와 임차인 사이에 임대차계약이 체결되었다면 소유자의 동의하에 이루어져야 유치권자의 점유가 인정이 된다는 것이다. 그래서 배당요구 시 첨부된 계약서에 소유자의 동의부분이 있고 소유자의 인감이 첨부되어야만 유치권이 인정된다고 알고 있다. 이것은 유치권의 점유가 '불법적'으로 되었을 때 인정이 안 되는 부분과 견련관계가 있다.

그러나 이것은 사실과 다르다. 왜냐하면 소유자가 유치권자에게 구두로 인정을 해주었다고 하더라도 법원에선 이를 인정하기 때문이다. 따라서 임차인의 계약서에 소유자의 동의가 없다고 유치권이 존재하지 않는다는 섣부른 판단은 금물이다.

〈소유자의 동의가 없는 유치권자의 임대행위는 유치권으로써 점유를 했다고 볼 수 없다는 판결〉

대법원 2002. 11. 27. 자 2002마3516 결정
【판시사항】
소유자의 동의 없이 유치권자로부터 유치권의 목적물을 임차한 자의 점유가 구 민사소송법 제647조 제1항 단서 소정의 '경락인에게 대항할 수 있는 권원'에 기한 것인지 여부

【결정요지】

유치권의 성립요건인 유치권자의 점유는 직접점유이든 간접점유이든 관계없지만, 유치권자는 채무자의 승낙이 없는 이상 그 목적물을 타에 임대할 수 있는 처분권한이 없으므로(민법 제324조 제2항 참조), 유치권자의 그러한 임대행위는 소유자의 처분권한을 침해하는 것으로서 소유자에게 그 임대의 효력을 주장할 수 없고, 따라서 소유자의 동의 없이 유치권자로부터 유치권의 목적물을 임차한 자의 점유는 구 민사소송법(2002. 1. 26. 법률 제6626호로 전문 개정되기 전의 것) 제647조 제1항 단서에서 규정하는 '경락인에게 대항할 수 있는 권원'에 기한 것이라고 볼 수 없다.

위와 같은 취지의 판례(대법원 2009.11.26. 선고 2009다35552 판결)에서는 소유자의 동의 없이 유치권자로부터 유치권의 목적물을 임차한 자의 점유는 민사집행법 제136조 제1항 단서에서 규정하는 '매수인에게 대항할 수 있는 권원'에 기한 것이라고 볼 수 없다고 하였다.

〈유치권을 취득한 건설업자가 종전 건물주의 승낙을 받고 건물 임대를 했어도 신소유자(낙찰자)에게 대항할 수 없다는 판결〉

서울고등법원 2011나27983 손해배상 판결

한편 유치권자가 종전 소유자의 승낙을 받아 임차물을 타인에게 임대하고 있었다가 소유자가 바뀐 경우 종전 임차인이 새로운 소유자의 승낙을 받지 않은 상태에서 종전의 임대차로써 새로운 소유자(낙찰자)에게 대항할 수 있는지 여부에 관하여는 아래와 같은 논거를 종합하여 보면, 유치권자 또는 임차권자가 소유권변동 사실을 알 수 없어 새로운 소유자의 승낙을 받을 수 있는 시간적 여유가 없었다거나 새로운 소유자의 소멸청구가 신의칙에 위반하여 권리남용에 해당된다는 특별한 사정이 없는 한 새로운 소유자에게 대항할 수 없다고 보는 것이 타당하다.

①유치권은 법정 담보물권으로써 채권담보를 위하여 목적물을 점유하는 권리에 불과하므로, 종전 소유자의 승낙이 있다고 하더라도 이로 인하여 유치권의 물권적 성격이 변화되는 것은 아니고, 다만 이로 인해 유치권자가 목적물을 '사용, 대여 또는 담보제공' 등을 할 수 있는 일종의 채권적 성격을 가지는 권리를 부여받은 것에 지나지 않는다.

②새로운 소유자 역시 유치권이라는 물적 부담을 안고 목적물의 소유권을 취득할 뿐이지, 종전 소유자의 승낙에 따른 위와 같은 채권적 부담까지 그대로 승계한다고 볼 수는 없다.

③유치권자가 종전 소유자와 통모하거나 그러한 통모가 없어도 종전 소유자의 승낙을 받아 장기간 임대차 등을 할 경우 새로운 소유자의 소유권행사에 심각한 지장을 초래할 우려가 있다.

④종전 소유자가 소유권에 기하여 임대차 등을 하더라도 새로운 소유자는 임차인이 대항력을 구비하고 있는 등의, 사정이 없으면, 당연히 그 임대차 등을 승계한다고 볼 수 없는 것인데, 유치권의 경우에 이보다 더 강력한 보호를 할 필요성이 있다고 보기 어렵다.

⑤새로운 소유자로서는 임차인들이 종전 유치권자의 승낙을 받았는지 여부를 알기 어렵고, 따로 임대에 관한 승낙 여부를 공시할 방법이 없어 승낙의 직접 당사자 또는 포괄승계인이 아닌 특정승계인에게까지 종전 송유자의 승낙을 이유로 그 대항력을 인정할 수는 없다.

2011.12.21.에 선고된 위 판례의 취지는 종전 소유자의 동의를 구하여 유치권자가 임대를 했어도 새로운 소유자에게는 대항할 수 없다는 것이다. ①부터 ⑤까지 읽어보면 유치권을 대하는 법원의 입장을 이해할 수 있을 것이다.

2. 유치권자의 점유

유치권이 인정되려면 '점유'는 매우 중요한 부분이다. 대부분 유치권이 신고 된 건물은 유치권자가 직접 점유를 하고 있지만 임차인을 두거나 제3자로 하여금 간접점유를 하고 있는 곳도 종종 볼 수 있다.

그렇다면 이러한 점유는 어느 시기까지 해야만 인정이 되고, 간접점유는 어떠한 형태까지 인정이 되는 것일까?

유치권으로 매수인에게 대항하려면 해당부동산에 경매기입등기가 경료되기 전에 점유를 개시하여야 한다.

대법원 2006.8.25. 선고 2006다22050 판결 【토지인도】

【판시사항】

채무자 소유의 부동산에 경매개시결정의 기입등기가 경료되어 압류의 효력이 발생한 후에 부동산의 점유를 이전받아 유치권을 취득한 채권자가 그 기입등기의 경료사실을 과실 없이 알지 못하였다는 사정을 내세워 그 유치권으로 경매절차의 매수인에게 대항할 수 있는지 여부(소극)

【판결요지】

채무자 소유의 부동산에 경매개시결정의 기입등기가 경료되어 압류의 효력이 발생한 이후에 채권자가 채무자로부터 위 부동산의 점유를 이전받고 이에 관한 공사 등을 시행함으로써 채무자에 대한 공사대금채권 및 이를 피담보채권으로 한 유치권을 취득한 경우, 이러한 점유의 이전은 목적물의 교환가치를 감소시킬 우려가 있는 처분행위에 해당하여 민사집행법 제92조 제1항, 제83조 제4항에 따른 압류의 처분금지효에 저촉되므로, 위와 같은 경위로 부동산을 점유한 채권자로서는 위 유치권을 내세워 그 부동산에 관한 경매절차의 매수인에게 대항할 수 없고, 이 경우 위 부동산에 경매개시결정의 기입등기가 경료되어 있음을 채권자가 알았는지 여부 또는 이를 알지 못한 것에 관하여 과실이 있는지 여부 등은 채권자가 그 유치권을 매수인에게 대항할 수 없다는 결론에 아무런 영향을 미치지 못한다.

① 채무자의 유치권에 기한 간접점유

가끔 경매물건에서 채무자가 점유를 하고 있고 제3자에 의해 유치권이 신고 된 경우가 있다. 이런 경우엔 유치권이 성립하지 않는다.

대법원 2008.4.11. 선고 2007다27236 판결 【건물명도】

【판시사항】

채무자를 직접점유자로 하여 채권자가 간접 점유하는 경우에도 유치권이 성립하는지 여부(소극)

【이 유】

상고이유(상고이유서 제출기간이 지나서 제출된 상고이유보충서는 상고이유를 보충하는 범위 내에서)를 판단한다.

유치권의 성립요건이자 존속요건인 유치권자의 점유는 직접점유이든 간접점유이든 관계가 없으나, 다만 유치권은 목적물을 유치함으로써 채무자의 변제를 간접적으로 강제하는 것을 본체적 효력으로 하는 권리인 점 등에 비추어, 그 직접점유자가 채무자인 경우에는 유치권의 요건으로서의 점유에 해당하지 않는다고 할 것이다.

② 간접점유를 인정하기 위해선 간접점유자와 직접점유자 사이에 '점유 매개관계'가 필요하다.

대법원 2012.2.23. 선고 2011다61424,61431 판결
【펜스철거등 · 건물명도】

【판결요지】

〔1〕 점유자가 점유의 침탈을 당한 때에는 그 물건의 반환 등을 청구할 수 있다(민법 제204조 제1항 참조). 이러한 점유회수의 소는 점유를 침탈당하였다고 주장하는 당시에 점유하고 있었는지만을 살피면 되는 것이고, 여기서 점유란 물건이 사회통념상 사람의 사실적 지배에 속한다고 보이는 객관적 관계에 있는 것을 말하고 사실상의 지배가 있다고 하기 위하여는 반드시 물건을 물리적 · 현실적으로 지배하는 것만을 의미하는 것이 아니고 물건과 사람 사이의 시간적 · 공간적 관계와 본권관계, 타인지배의 배제가능성 등을 고려하여 사회관념에 따라 합목적적으로 판단하여야 한다. 그리고 점유회수의 소의 점유에는 직접점유뿐만 아니라 간접점유도 포함되나, 간접점유를 인정하기 위해서는 간접점유자와 직접점유를 하는 자 사이에 일정한 법률관계, 즉 점유매개관계가 필요하다. 이러한 점유매개관계는 직접점유자가 자신의 점유를 간접점유자의 반환청구권을 승인하면서 행사하는 경우에 인정된다.

〔2〕 갑 등이 을 주식회사가 소유하는 건물 정문과 후문 입구 등에 '갑 등이 점유, 유치 중인 건물임. 관계자 외 출입을 금함'이라는 내용의 경고문을 부착하였는데, 그 중 건물 2층 일부는 직접점유하고 나머지 부분은 을 회사와 임대차계약을 체결한 임차인 병 등이 직접점유하였던 사안에서, 제반 사정에 비추어 임차 부분의 직접점유자인 병 등에게 반환청구권을 갖는 자는 병 등과 임대차계약을 체결하였던 을 회사뿐이므로 위 임대차계약은 갑 등과 병 등 사이의 점유매개관계를 인정할 기초가 될 수 없는데도, 갑 등이 을 회사와 함께 건물 관리에 관여하였다는 사정 등을 들어 점유매개관계를 인정하면서 임차 부분에 관하여도 갑 등의 점유회수청구를 인용한 원심판결에 간접점유의 성립요건인 점유매개관계에 관한 법리오해 등의 위법이 있다고 한 사례.

유치권의 점유는 간접점유도 인정이 되나 그 경우 직접점유자가 소유자가 아닌 유치권자와 임대차계약, 약정 등에 의해 이뤄져야만 가능하다. 왜냐하면 소유자와 임대차계약이 체결된 경우 위 임차인에게 반환(명도)을 요구할 수 있는 권리는 유치권자에게는 없기 때문이다.

3. 유치권의 채권이 변제기가 도래하지 않은 경우

대법원 2007.9.21. 선고 2005다41740 판결

【판시사항】

[1] 변제기에 이르지 아니한 채권에 기하여 유치권을 행사할 수 있는지 여부

【이 유】

유치권은 그 목적물에 관하여 생긴 채권이 변제기에 있는 경우에 성립하는 것이므로 아직 변제기에 이르지 아니한 채권에 기하여 유치권을 행사할 수는 없다고 할 것이다.

채무자 소유의 건물에 관하여 경매기입등기가 경료되기 전에 점유를 개시하였으나 기입등기 이후에 공사를 마친 경우에 유용한 판례다. 유치권은 목적물에 관하여 생긴 채권이 변제기에 있는 경우에 성립하는데 채무자 소유의 부동산에 경매기입등기가 마쳐져 압류의 효력이 발생한 후에 유치권을 취득한 경우 매수인에게 대항할 수 없다.

대법원 2011.10.13. 선고 2011다55214 판결【유치권부존재확인】

【판시사항】

채무자 소유의 건물에 관하여 공사를 도급받은 수급인이 경매개시결정의 기입등기가 마쳐지기 전에 채무자에게서 건물의 점유를 이전받았으나 경매개시결정의 기입등기가 마쳐져 압류의 효력이 발생한 후에 공사를 완공하여 공사대금채권을 취득함으로써 유치권이 성립한 경우, 수급인이 유치권을 내세워 경매절차의 매수인에게 대항할 수 있는지 여부(소극)

【판결요지】

유치권은 목적물에 관하여 생긴 채권이 변제기에 있는 경우에 비로소 성립하고(민법 제320조), 한편 채무자 소유의 부동산에 경매개시결정의 기입등기가 마쳐져 압류의 효력이 발생한 후에 유치권을 취득한 경우에는 그로써 부동산에 관한 경매절차의 매수인에게 대항할 수 없는데, 채무자 소유의 건물에 관하여 증·개축 등 공사를 도급받은 수급인이 경매개시결정의 기입등기가 마쳐지기 전에 채무자에게서 건물의 점유를 이전받았다 하더라도 경매개시결정의 기입등기가 마쳐져 압류의 효력이 발생한 후에 공사를 완공하여 공사대금채권을 취득함으로써 그때 비로소 유치권이 성립한 경우에는, 수급인은 유치권을 내세워 경매절차의 매수인에게 대항할 수 없다.

4. 토지만 낙찰이 되고 그 지상건물에 대해 유치권 신고가 된 경우

지상에 건물이 있으나 토지만 낙찰이 되었고 그 지상 건물에 유치권자가 점유를 하고 있는 경우 토지만 낙찰 받은 낙찰자에게 유치권을 주장할 수 없다.

대법원 2008.5.30. 자 2007마98 결정

【판시사항】

건물신축공사를 도급받은 수급인이 사회통념상 독립한 건물이 되지 못한 정착물을 토지에 설치한 상태에서 공사가 중단된 경우, 위 정착물 또는 토지에 대하여 유치권을 행사할 수 있는지 여부(소극)

【이 유】

재항고이유를 판단한다.

1. 건물의 신축공사를 한 수급인이 그 건물을 점유하고 있고 또 그 건물에 관하여 생긴 공사금 채권이 있다면, 수급인은 그 채권을 변제받을 때까지 건물을 유치할 권리가 있는 것이지만(대법원 1995. 9. 15. 선고 95다16202, 16219 판결 등 참조), 건물의 신축공사를 도급받은 수급인이 사회통념상 독립한 건물이라고 볼 수 없는 정착물을 토지에 설치한 상태에서 공사가 중단된 경우에 위 정착물은 토지의 부합물에 불과하여 이러한 정착물에 대하여 유치권을 행사할 수 없는 것이고, 또한 공사중단시까지 발생한 공사금 채권은 토지에 관하여 생긴 것이 아니므로 위 공사금 채권에 기하여 토지에 대하여 유치권을 행사할 수도 없는 것이다.

5. 경매부동산에 근저당이 설정되고 경매기입등기가 설정되기 전에 취득한 유치권의 성립여부

낙찰자가 마치 임차인의 대항력에 비유하여 유치권이 성립되지 않는다는 논리를 펼친 것이다. 상세한 내용을 보면 근저당이 설정된 이후에 전입을 한 임차인은 대항력을 갖지 못하는 것처럼 유치권도 근저당이 설정된 후에 발생되었으므로 낙찰자에게 대항할 수 없다는 것이다. 결과는 낙찰자가 패소했다. 즉, 유치권의 성립유무는 경매기입등기(=압류)를 기준으로 판단해야 하고 근저당은 기준이 될 수 없다는 것이다.

대법원 2009.1.15. 선고 2008다70763 판결 【유치권확인】

【판시사항】

근저당권설정 후 경매로 인한 압류의 효력 발생 전에 취득한 유치권으로 경매절차의 매수인에게 대항할 수 있는지 여부

【판결요지】

부동산 경매절차에서의 매수인은 민사집행법 제91조 제5항에 따라 유치권자에게 그 유치권으로 담보하는 채권을 변제할 책임이 있는 것이 원칙이나, 채무자 소유의 건물 등 부동산에 경매개시결정의 기입등기가 경료되어 압류의 효력이 발생한 후에 채무자가 위 부동산에 관한 공사대금 채권자에게 그 점유를 이전함으로써 그로 하여금 유치권을 취득하게 한 경우, 그와 같은 점유의 이전은 목적물의 교환가치를 감소시킬 우려가 있는 처분행위에 해당하여 민사집행법 제92조 제1항, 제83조 제4항에 따른 압류의 처분금지효에 저촉되므로 점유자로서는 위 유치권을 내세워 그 부동산에 관한 경매절차의 매수인에게 대항할 수 없다. 그러나 이러한 법리는 경매로 인한 압류의 효력이 발생하기 전에 유치권을 취득한 경우에는 적용되지 아니하고, 유치권 취득시기가 근저당권설정 후라거나 유치권 취득 전에 설정된 근저당권에 기하여 경매절차가 개시되었다고 하여 달리 볼 것은 아니다.

마찬가지로 부동산에 가압류등기가 경료 된 후에 유치권을 취득하는 경우 가압류의 처분금지효에 저촉되지 않고, 그 후 강제경매가 개시되어 낙찰받은 자에게도 유치권을 주장할 수 있다.

대법원 2011.11.24. 선고 2009다19246 판결 【건물명도등】

【판시사항】

[1] 부동산에 가압류등기가 경료된 후에 채무자의 점유이전으로 제3자가 유치권을 취득하는 경우, 가압류의 처분금지효에 저촉되는지 여부(소극)

[2] 토지에 대한 담보권 실행 등을 위한 경매 개시 후 그 지상건물에 가압류등기가 경료되었는데, 갑이 채무자인 을 주식회사에게서 건물 점유를 이전받아 그 건물에 관한 공사대금채권을 피담보채권으로 한 유치권을 취득하였고, 그 후 건물에 대한 강제경매가 개시되어 병이 토지와 건물을 낙찰받은 사안에서, 갑이 병에게 건물에 대한 유치권을 주장할 수 있다고 한 사례

근저당권자보다 순위가 느리더라도 최우선적으로 권리행사를 할 수 있는

유치권의 남용을 막기 위해 대법원에서도 유치권제도의 남용을 우려하며 채무자가 채무초과상태이거나 그런 상태에 임박했을 때 자신의 채권에 만족하지 못하는 것을 충분히 인식할 수 있으므로 그런 상황에서 유치권을 주장하는 경우에는 유치권을 인정하지 않는다는 판례다(전체 판례에서 중요부분만 옮겼는데 판결문을 검색하여 읽어보면 최근 대법원에서 유치권에 대해 어떠한 기준을 두는지 가늠해볼 수 있다).

대법원 2011.12.22. 선고 2011다84298 판결 【유치권부존재확인】

【판결요지】

[1] 우리 법에서 유치권제도는 무엇보다도 권리자에게 그 목적인 물건을 유치하여 계속 점유할 수 있는 대세적 권능을 인정한다(민법 제320조 제1항, 민사집행법 제91조 제5항 등 참조). 그리하여 소유권 등에 기하여 목적물을 인도받고자 하는 사람(물건의 점유는 대부분의 경우에 그 사용수익가치를 실현하는 전제가 된다)은 유치권자가 가지는 그 피담보채권을 만족시키는 등으로 유치권이 소멸하지 아니하는 한 그 인도를 받을 수 없으므로 실제로는 그 변제를 강요당하는 셈이 된다. 그와 같이 하여 유치권은 유치권자의 그 채권의 만족을 간접적으로 확보하려는 것이다. 그런데 우리 법상 저당권 등의 부동산담보권은 이른바 비점유담보로써 그 권리자가 목적물을 점유함이 없이 설정되고 유지될 수 있고 실제로도 저당권자 등이 목적물을 점유하는 일은 매우 드물다. 따라서 어떠한 부동산에 저당권 또는 근저당권과 같이 담보권이 설정된 경우에도 그 설정 후에 제3자가 그 목적물을 점유함으로써 그 위에 유치권을 취득하게 될 수 있다. 이와 같이 저당권 등의 설정 후에 유치권이 성립한 경우에도 마찬가지로 유치권자는 그 저당권의 실행절차에서 목적물을 매수한 사람을 포함하여 목적물의 소유자 기타 권리자에 대하여 위와 같은 대세적인 인도거절권능을 행사할 수 있다. 따라서 부동산유치권은 대부분의 경우에 사실상 최우선순위의 담보권으로써 작용하여, 유치권자는 자신의 채권을 목적물의 교환가치로부터 일반채권자는 물론 저당권자 등에 대하여도 그 성립의 선후를 불문하여 우선적으로 자기 채권의 만족을 얻을 수 있게 된다. 이렇게 되면 유치권의 성립 전에 저당권 등 담보를 설정받고 신용을 제공한 사람으로서는 목적물의 담보가치가 자신이 애초 예상·계산하였던 것과는 달리 현저히 하락하는 경우가 발생할 수 있다. 이와 같이 유치권제도는 '시간에서 앞선 사람은 권리에서도 앞선다'는 일반적 법원칙의 예외로 인정되는 것으로써, 특히 부동산담보거래에 일정한 부담을 주는 것을 감수하면서 마련된 것이다.

유치권은 목적물의 소유자와 채권자와의 사이의 계약에 의하여 설정되는 것이 아니라 법이 정하는 일정한 객관적 요건(민법 제320조 제1항, 상법 제58조, 제91조, 제111조, 제120조, 제147조 등 참조)을 갖춤으로써 발생하는 이른바 법정담보물권이다. 법이 유치권제도를 마련하여 위와 같은 거래상의 부담을 감수하는 것은 유치권에 의하여 우선적으로 만족을 확보하여 주려는 그 피담보채권에 특별한 보호가치가 있다는 것에 바탕을 둔 것으로서, 그러한 보호가치는 예를 들어 민법 제320조 이하의 민사유치권의 경우에는 객관적으로 점유자의 채권과 그 목적물 사이에 특수한 관계(민법 제320조 제1항의 문언에 의하면 '그 물건에 관한 생긴 채권'일 것, 즉 이른바 '물건과 채권과의 견련관계'가 있는 것)가 있는 것에서 인정된다. 나아가 상법 제58조에서 정하는 상사유치권은 단지 상인 간의 상행위에 기하여 채권을 가지는 사람이 채무자와의 상행위(그 상행위가 채권 발생의 원인이 된 상행위일 것이 요구되지 아니한다)에 기하여 채무자 소유의 물건을 점유하는 것만으로 바로 성립하는 것으로써, 피담보채권의 보호가치라는 측면에서 보면 위와 같이 목적물과 피담보채권 사이의 이른바 견련관계를 요구하는 민사유치권보다 그 인정범위가 현저하게 광범위하다.

이상과 같은 사정을 고려하여 보면, 유치권제도와 관련하여서는 거래당사자가 유치권을 자신의 이익을 위하여 고의적으로 작출함으로써 앞서 본 유치권의 최우선순위담보권으로서의 지위를 부당하게 이용하고 전체 담보권질서에 관한 법의 구상을 왜곡할 위험이 내재한다. 이러한 위험에 대처하여, 개별 사안의 구체적인 사정을 종합적으로 고려할 때 신의성실의 원칙에 반한다고 평가되는 유치권제도 남용의 유치권 행사는 이를 허용하여서는 안 될 것이다.

[2] 채무자가 채무초과의 상태에 이미 빠졌거나 그러한 상태가 임박함으로써 채권자가 원래라면 자기 채권의 충분한 만족을 얻을 가능성이 현저히 낮아진 상태에서 이미 채무자 소유의 목적물에 저당권 기타 담보물권이 설정되어 있어서 유치권의 성립에 의하여 저당권자 등이 그 채권 만족상의 불이익을 입을 것을 잘 알면서 자기 채권의 우선적 만족을 위하여 위와 같이 취약한 재정적 지위에 있는 채무자와의 사이에 의도적으로 유치권의 성립요건을 충족하는 내용의 거래를 일으키고 그에 기하여 목적물을 점유하게 됨으로써 유치권이 성립하였다면, 유치권자가 그 유치권을 저당권자 등에 대하여 주장하는 것은 다른 특별한 사정이 없는 한 신의칙에 반하는 권리행사 또는 권리남용으로서 허용되지 아니한다. 그리고 저당권자 등은 경매절차 기타 채권실행절차에서 위와 같은 유치권을 배제하기 위하여 그 부존재의 확인 등을 소로써 청구할 수 있다고 할 것이다.

[3] 채무자 갑 주식회사 소유의 건물 등에 관하여 을 은행 명의의 1순위 근저당권이 설정되어 있었는데, 2순위 근저당권자인 병 주식회사가 갑 회사와 건물 일부에 관하여 임대차계약을 체결하고 건물 일부를 점유하고 있던 중 을 은행의 신청에 의하여 개시된 경매절차에서 유치권신고를 한 사안에서, 경매개시결정 기입등기가 마쳐지기 전에 임대차계약이 체결되어 병 회사가 건물 일부를 점유하고 있으며, 병 회사의 갑 회사에 대한 채권은 상인인 병 회사와 갑 회사 사이의 상행위로 인한 채권으로써 임대차계약 당시 이미 변제기에 도달하였고 상인인 병 회사가 건물 일부를 임차한 행위는 채무자인 갑 회사에 대한 상행위로 인한 것으로 인정되므로, 병 회사는 상사유치권자로서 갑 회사에 대한 채권 변제를 받을 때까지 유치목적물인 건물 일부를 점유할 권리가 있으나, 위 건물 등에 관한 저당권 설정 경과, 병 회사와 갑 회사의 임대차계약 체결 경위와 내용 및 체결 후의 정황, 경매에 이르기까지의 사정 등을 종합하여 보면, 병 회사는 선순위 근저당권자인 을 은행의 신청에 의하여 건물 등에 관한 경매절차가 곧 개시되리라는 사정을 충분히 인식하면서 임대차계약을 체결하고 그에 따라 유치목적물을 이전받았다고 보이므로, 병 회사가 선순위 근저당권자의 신청에 의하여 개시된 경매절차에서 유치권을 주장하는 것은 신의칙상 허용될 수 없다고 본 원심판단을 수긍한 사례.

6. 부동산 경매절차에서 낙찰을 받은 후 매각결정기일까지 사이에 유치권의 신고가 있고 그 유치권이 성립될 여지가 없음이 명백하지 아니한 경우, 집행법원이 취할 조치

경매법원은 유치권의 진위여부와 관계없이 낙찰을 받고 매각허가 및 잔금납부일 전에 유치권신고가 접수된 경우 낙찰자에게 인수될 여지가 있으므로 매각불허가 결정을 해야 한다.

대법원 2008.6.17. 자 2008마459 결정 【부동산매각허가결정에대한이의】

【판시사항】

부동산 임의경매절차에서 이미 최고가매수신고인이 정해진 후 매각결정기일까지 사이에 유치권의 신고가 있고 그 유치권이 성립될 여지가 없음이 명백하지 아니한 경우, 집행법원이 취할 조치(=매각불허가결정)

【참조조문】

민사집행법 제121조 제6호, 제123조, 제127조 제1항

【참조판례】

대법원 2005. 8. 8. 자 2005마643 결정(공2005하, 1546)

【이 유】

재항고이유를 판단한다.

부동산 임의경매절차에서 매수신고인이 당해 부동산에 관하여 유치권이 존재하지 않는 것으로 알고 매수신청을 하여 이미 최고가매수신고인으로 정하여졌음에도 그 이후 매각결정기일까지 사이에 유치권의 신고가 있을 뿐만 아니라 그 유치권이 성립될 여지가 없음이 명백하지 아니한 경우, 집행법원으로써는 장차 매수신고인이 인수할 매각부동산에 관한 권리의 부담이 현저히 증가하여 민사집행법 제121조 제6호가 규정하는 이의 사유가 발생된 것으로 보아 이해관계인의 이의 또는 직권으로 매각을 허가하지 아니하는 결정을 하는 것이 상당하다(대법원 2005. 8. 8.자 2005마643 결정 참조).

7. 건축자재상의 건축자재대금채권은 유치권의 피담보채권이 될 수 없다.

대법원 2012.1.26. 선고 2011다96208 판결【건물명도】

【판시사항】

[1] 유치권의 피담보채권이 되기 위한 요건

[2] 갑이 건물 신축공사 수급인인 을 주식회사와 체결한 약정에 따라 공사현장에 시멘트와 모래 등의 건축자재를 공급한 사안에서, 갑의 건축자재대금채권이 건물에 관한 유치권의 피담보채권이 된다고 본 원심판결에 법리오해의 위법이 있다고 한 사례

【판결요지】

[1] 민법 제320조 제1항은 '타인의 물건 또는 유가증권을 점유한 자는 그 물건이나 유가증권에 관하여 생긴 채권이 변제기에 있는 경우에는 변제를 받을 때까지 그 물건 또는 유가증권을 유치할 권리가 있다'고 규정하고 있으므로, 유치권의 피담보채권은 '그 물건에 관하여 생긴 채권'이어야 한다.

[2] 갑이 건물 신축공사 수급인인 을 주식회사와 체결한 약정에 따라 공사현장에 시멘트와 모래 등의 건축자재를 공급한 사안에서, 갑의 건축자재대금채권은 매매계약에 따른 매매대금채권에 불과할 뿐 건물 자체에 관하여 생긴 채권이라고 할 수는 없음에도 건물에 관한 유치권의 피담보채권이 된다고 본 원심판결에 유치권의 성립요건인 채권과 물건 간의 견련관계에 관한 법리오해의 위법이 있다고 한 사례.

8. 공사업자가 근저당권자에게 유치권포기각서를 발행한 경우 낙찰자에게도 대항할 수 없다.

공사업자가 해당부동산에 관하여 '유치권행사를 포기한다는 확인서', '유치권 포기각서' 등을 근저당권자에게 제출하였다면 그 담보권의 실행으로 인한 경매절차에서 낙찰 받은 매수인에게도 대항할 수 없다. 왜냐하면 이런 경우에도 유치권 행사를 허용한다면 입찰참가자는 유치권금액을 감안하여 낮은 가격으로 입찰할 수밖에 없고, 결국 그만큼 담보가치가 하락하게 될 수 있기에 위 각서를 신뢰하여 건물의 담보가치를 높게 평가하여 대출을 실시한 근저당권자의 신뢰에 반하기 때문이다(대구지방법원 2008.12.17.선고 2008나

16170【건물명도등】, 수원지방법원 1010.1.22. 선고2009가단5267【건물명도】).

9. 유치권자의 점유회복

점유의 회수(=회복)는 정당한 유치권자가 부동산인도집행 및 기타 불법적인 행위로 점유를 침탈당했을 경우 점유를 회복할 수 있는 방법이다.

민법 제204조 (점유의 회수)
①점유자가 점유의 침탈을 당한 때에는 그 물건의 반환 및 손해의 배상을 청구할 수 있다.
②전항의 청구권은 침탈자의 특별승계인에 대하여는 행사하지 못한다. 그러나 승계인이 악의인 때에는 그러하지 아니하다.
③제1항의 청구권은 침탈을 당한 날로부터 1년 내에 행사하여야 한다.

이어서 소개되는 판례는 점유의 침탈로 유치권이 소멸한 후 점유회수의 소를 제기하여 점유를 회복하면 유치권이 되살아나지만 점유회복 전에는 유치권이 되살아나지 않는다는 것이다.

대법원 2012.2.9. 선고 2011다72189 판결【유치권확인】

【판시사항】
갑 주식회사가 건물신축 공사대금 일부를 지급받지 못하자 건물을 점유하면서 유치권을 행사해 왔는데, 그 후 을이 경매절차에서 건물 중 상가 부분을 매수하여 소유권이전등기를 마친 다음 갑 회사의 점유를 침탈하여 병에게 임대한 사안에서, 갑 회사의 유치권이 소멸하지 않았다고 본 원심판결에 법리오해의 위법이 있다고 한 사례

【판결요지】
갑 주식회사가 건물신축 공사대금 일부를 지급받지 못하자 건물을 점유하면서 유치권을 행사해 왔는데, 그 후 을이 경매절차에서 건물 중 일부 상가를 매수하여 소유권이전등기를 마친 다음 갑 회사의 점유를 침탈하여 병에게 임대한 사안에서, 을의 점유침탈로 갑 회사가 점유를 상실한 이상 유치권은 소멸하고, 갑 회사가 점유회수의 소를 제기하여 승소판결을 받아 점유를 회복하면 점유를

상실하지 않았던 것으로 되어 유치권이 되살아나지만, 위와 같은 방법으로 점유를 회복하기 전에는 유치권이 되살아나는 것이 아님에도, 갑 회사가 상가에 대한 점유를 회복하였는지를 심리하지 아니한 채 점유회수의 소를 제기하여 점유를 회복할 수 있다는 사정만으로 갑 회사의 유치권이 소멸하지 않았다고 본 원심판결에 점유상실로 인한 유치권 소멸에 관한 법리오해의 위법이 있다고 한 사례.

10. 상사유치권

지금까지 법원에 신고 된 유치권은 주로 민사유치권이었다. 그런데 해당 물건과 견련성이 없어도 인정되는 상사유치권도 조금씩 등장하고 있다. 유치권 공부를 할 때 상사유치권에 관한 부분도 이해를 하는 것이 더 꼼꼼한 투자를 할 수 있게 할 것이다.

상법 제58조 (상사유치권)

상인간의 상행위로 인한 채권이 변제기에 있는 때에는 채권자는 변제를 받을 때까지 그 채무자에 대한 상행위로 인하여 자기가 점유하고 있는 채무자소유의 물건 또는 유가증권을 유치할 수 있다. 그러나 당사자간에 다른 약정이 있으면 그러하지 아니하다.

상사유치권의 효력

상사유치권 역시 민사유치권에 관한 민법의 준용이 적용되어, 채권의 전부를 변제받을 때까지 유치목적물에 관하여 권리행사 및 인도를 거절할 수 있고, 경매청구권도 갖는다.

상사유치권의 성립요건

(1) 상사유치권은 채권자와 채무자가 모두 상인인 경우에 인정된다.
(2) 민사유치권과 달리 쌍방이 상인일지라도 피담보채권이 상행위로 발생된 것이 아니라면 상사유치권은 성립되지 않는다.
(3) 채권은 변제기가 도래한 것이어야 한다.
(4) 상사유치권을 행사할 수 있는 것은 채무자 소유의 물건 및 유가증권이고, 제3자의 소유물에 관해선 유치권을 행사할 수 없다.
(5) 민사유치권은 채권과 유치목적물 사이에 견련성이 필요하지만 상사유치권은 그렇지 아니하다.
(6) 쌍방간에 사전에 유치권을 배제하는 약정을 한 경우 유치권이 인정되지 않는다.

상사유치권에서 중요한 부분은 '상행위로 인한 점유취득'이 이뤄져야 인정이 된다는 것이다.

서울고등법원 2007.6.22.선고2004나7172 판결

상사유치권이 성립되기 위해서는 채권자가 채무자에 대한 '상행위로 인하여' 물건의 점유를 취득하여야 하는 바, 위에서 인정한 사실에 의하면, 피고 ○○건설은 피고 ○○산업과의 상행위인 이 사건 도급계약을 직접적인 원인으로 하여 이 사건 대지의 점유를 취득한 것이 아니고, 이 사건 도급계약에 의하여 발생한 공사완성의무를 이행하기 위하여 이 사건 대지 위에서 건물 신축공사를 진행하는 과정에서 이 사건 대지의 점유를 취득하게 된 것일 뿐이므로 피고 ○○건설이 피고 ○○산업에 대한 상행위로 인하여 이 사건 대지의 점유를 취득하게 되었음을 전제로 한 피고 ○○건설의 주장은 이유 없다.

지금 원하는 길을 걷고 있다는 생각이 들면
뒤돌아보지 말고 계속 걸어가라.
그 길이 힘들고 고된 길일지라도
걷다보면 언젠간 그 길의 끝이 보일 것이다.

열정은 세상을 움직인다!

성공의 가장 큰 요인은 긍정적인 마인드다. 그래서 세상을 보는 시선이 비관적인 사람은 절대 성공할 수 없는 것이다. 단언컨대 자신의 위치에서 한탄만 하는 인생은 절대 자신의 한계를 벗어날 수 없다. 나는 가정환경이 좋지 않고, 지방대를 졸업했다고 또 취업에 성공하지 못했다고 푸념을 해본 적이 없다. 또한 부자들을 시기한 적도 없다. 오히려 그들을 부러워하고 어떻게 하면 그들처럼 될 수 있을지 고민했었다.

대학교시절부터 지금까지 아르바이트를 포함하여 수많은 일들을 해왔다. 그렇게 힘들게 많은 일을 하면서도 변하지 않았던 나의 목표는 오직 '경제적 자유' 하나였다. 어떤 상황이든 나는 그 곳에 안주하지 않았다. 남들이 보기에 비록 부족함 없는 직업이었을지라도 그곳은 내가 오래 머물 곳이 아니라고 생각했기에 하루도 빠짐없이 경제신문과 관련 서적들을 보며 내가 가야할 다음 길의 발판을 다져왔다.

종자돈을 모으던 시절 5년이라는 긴 시간 동안 나이트클럽에서 근무했을 때에도 그 당시 내게 주어진 조건에서 최선의 길이 무엇인지 고민했고 탈출구를 찾으려 노력했다. 그리고 내가 처한 어려운 상황을 벗어날 수 있다는 확실한 신념을 갖고 있었고 또한 그 목적달성을 위해 부단히 노력해야 했기에 푸념할 시간조차 없었다. 사람마다 출발점과 과정은 달라도 목적지는 같을 수 있다고 생각했다. 힘든 시절부터 '열정은 세상을 움직인다.'라는 이 말은 지금까지 나를 쭉 지탱해온 좌우명이다. 예전엔 마음속에만 지니고 생활했지만 지금은 나의 사무실 한편에 멋진 표구로 걸려있다. 실제로 이 좌우명과 나의 노력이 현재의 위치에 올라설 수 있게 하였다.

많은 일들을 경험하다보니 세상에서 제일 힘든 직업이 단순히 몸으로만 때우는 일이라는 것도 깨달았다. 어떤 이든 한 가지라도 제대로 된 자신만의 기술이 없다면 그만큼 몸이 힘들고 노동 시간은 훨씬 많음에도 더 적은 보수를 받아야 한다. 자본주의 사회는 냉정해서 당신이 어떠한 일을 하든 승자와 패자, 그리고 가진 자와 못가진 자로 구분한다. 평등과 분배의 이상적인 논리는 게으른 자의 외침일 뿐이다. 세상이 평등하다는 것은 노력하는 자가 더 많은 것을 얻을 수 있다는 의미일 뿐 게으른 자와 나누라는 것이 절대 아니다.

노력하지 않는 자는 신도 버린다

어떤 사람이든 태어났을 때부터 정해진 운명은 없다. 미래는 자신의 땀과 노력으로 개척하는 것이다. 그러므로 자신의 사주에 희망을 걸거나 얽매여서도 안 되고 자신이 어떤 종교를 가졌든 신에게 전적으로 의존하지도 말아야 한다. 신은 단지 열심히 뛰는 자를 응원해줄 뿐이다. 성경에서도 주인에게 받은 돈으로 장사를 하여 갑절의 이익을 남긴 종은 칭찬과 축복을 받았지만, 반대로 주인에게 받은 돈을 그대로 땅에 묻었던 종은 게으르고 무익한 종이라 하여 결국 버림을 받았다.

따라서 자신의 운명은 스스로 개척해야 된다고 생각해야 하고,

뜨거운 열정을 갖고 노력해야만 풍요로운 삶을 맞이할 것이다.

다시 한 번 자신의 마음 속 다짐을 확고히 하고 그것을 담금질하라.

당신이 현재 취업을 못한 사람이거나 혹은 변변치 않은 직장에 다니는 사람일지라도 노력 여하에 따라 그 곳이 종착역이 될 수도 있고 한 단계 높은 곳을 가는 환승역이 될 수도 있다. 자신이 갖고 있는 나약한 생각부터 바꾸어야 한다. 자본주의 사회에선 노력하지 않고, 도전하지 않는 사람은 더 힘든 생을 살게 된다. 실패는 도전을 해서 나오는 결과가 아니라 도전조차 하지 않아 나오는 결과다. 자신에게 주어진 모든 상황을 있는 그대로 받아들이고 그 자리에서 최선이 무엇인지 고민하여 내린 결정에 올인 한다면 머지않아 그 자리에서 벗어나 한 단계 도약할 수 있을 것이다.

온라인에서 만남을 기약하며…

이 책을 집필하며 포괄적인 이론을 습득하는 것보다 필자가 경험한 실전사례와 유치권 물건들에 관하여 독자가 리얼하게 간접경험을 할 수 있는 것에 포커스를 두었다. 그러다보니 유치권에 관하여 좀 더 심도 있는 이론과 소송에 관한 부분은 지면의 부족으로 싣지 못하였다. 사실 아직까지 유치권에 관하여 투자자들이 참고할 수

있는 제대로 된 책이 없다. 언젠가 기회가 되면 소송과 유치권의 법리를 쉽게 이해할 수 있는 유치권의 참고서를 집필하려고 한다.

필자가 경매수업을 할 때 수강생들에게 강조하는 부분이 있다. "이론가가 아닌 투자가의 위치에서 이론을 접하셔야 됩니다. 지금 우리가 공부하는 것은 학문이 아니라 수익을 올리는 방법을 찾는 것입니다." 공부를 하다보면 어느 순간 이론에 집착하는 본인을 발견할 것이다. 그럴 때면 필자의 위 말을 반드시 기억하여 공부의 깊이와 기준을 정해야 한다. 또한 이 책을 읽을 때나 다른 책들을 접할 때 본인이 실전에서 활용할 수 있는 부분을 연상하면 공부의 효율성을 높일 수 있을 것이다.

필자가 이번 책에 풀어내지 못한 부분은 NAVER카페 '행복재테크'(https://cafe.naver.com/mkas1)에 칼럼으로 게재할 것이므로 부족한 부분은 독자와 온라인의 만남으로 미루기로 한다. 이 카페에는 필자 외에도 고수 분들이 많이 계시고, 본인들의 경험을 아낌없이 나누는 많은 회원들이 있으므로 독자들이 공부하거나 실전에 임할 때 책에서 얻지 못한 부분을 많이 충족할 수 있을 것이다.

첫 번째 책을 출간 후 독자들에게 책에서 많은 도움을 받아 낙찰을 받고 수익을 올렸다는 기분 좋은 메일들을 받았다. 이번 책을 읽은 독자 분들의 멋진 승전보를 기대하며 글을 마친다.

도서출판 지혜로

'도서출판 지혜로'는 경제·경영 및 법률 서적 전문 출판사이며, 지혜로는 독자들을 '지혜의 길로 안내한다'는 의미입니다. 지혜로는 특히 부동산 분야에서 독보적인 위상을 자랑하고 있으며, 지금까지 출간되었던 모든 책들이 베스트셀러 그리고 스테디셀러가 되었습니다.

지혜로는 '소장가치 있는 책만 만든다'는 출판에 관한 신념으로, 사업적인 이윤이 아닌 오로지 '독자를 위한 책'에 초점이 맞춰져 있고, 앞으로도 계속해서 아래의 원칙을 지켜나갈 것입니다.

첫째, 객관적으로 '실전에서 실력이 충분히 검증된 저자'의 책만 선별하여 제작합니다. 실력 없이 책만 내는 사람들도 많은 실정인데, 그런 책은 읽더라도 절대 유용한 정보를 얻을 수 없습니다. 독서란 시간을 투자하여 지식을 채우는 과정이기에, 책은 독자들의 소중한 시간과 맞바꿀 수 있는 정보를 제공해야 한다고 생각합니다. 그러므로 지혜로는 원고뿐 아니라 저자의 실력 또한 엄격하게 검증을 하고 출간합니다.

둘째, 불필요한 지식이나 어려운 내용은 편집하여 최대한 '독자들의 눈높이'에 맞춥니다. 책의 최우선적인 목표는 저자가 알고 있는 지식을 자랑하는 것이 아닌 독자에게 필요한 지식을 채우는 것입니다. 독자층의 눈높이에 맞지 않는 정보는 지식이 될 수 없다는 생각으로 독자들에게 최대한의 정보를 제공할 수 있도록 편집할 것입니다.

마지막으로 독자들이 '지혜로의 책은 믿고 본다'는 생각을 가지고 구매할 수 있도록 초심을 잃지 않고, 철저한 검증과 편집 과정을 거쳐 좋은 책만 만드는 도서출판 지혜로가 되겠습니다.

지혜로가 강력 추천하는 베스트&스테디 셀러

송희창 지음 | 352쪽 | 17,000원

엑시트 EXIT

당신의 인생을 바꿔 줄 부자의 문이 열린다!
수많은 부자를 만들어낸 송사무장의 화제작!

• 무일푼 나이트클럽 알바생에서 수백억 부자가 된 '진짜 부자'의 자본주의 사용설명서
• 부자가 되는 방법을 알면 누구나 평범한 인생을 벗어나 부자의 삶을 살 수 있다!
• '된다'고 마음먹고 꾸준히 정진하라! 분명 바뀐 삶을 살고 있는 자신을 발견하게 될 것이다.

이선미 지음 | 308쪽 | 16,000원

싱글맘 부동산 경매로 홀로서기 (개정판)

채널A 〈서민갑부〉 출연!
경매고수 이선미가 들려주는 실전 경매 노하우

• 부동산 경매 용어 풀이부터 현장조사, 명도 빨리 하는 법까지, 경매 초보들을 위한 가이드북!
• 〈서민갑부〉에서 많은 시청자들을 감탄하게 한 그녀의 투자 노하우를 모두 공개한다!
• 경매는 돈 많은 사람만 할 수 있다는 편견을 버려라! 마이너스 통장으로 경매를 시작한 그녀는, 지금 80채 부동산의 주인이 되었다.

박희철 지음 | 328쪽 | 18,000원

경매 권리분석 이렇게 쉬웠어?

대한민국에서 가장 쉽고, 체계적인 권리분석 책!
권리분석만 제대로 해도 충분한 수익을 얻을 수 있다.

• 초보도 쉽게 정복할 수 있는 권리분석 책이 탄생했다!
• 경매 권리분석은 절대 어려운 것이 아니다. 이제 쉽게 분석하고, 쉽게 수익내자!
• 이 책을 읽고 따라하기만 하면 경매로 수익내기가 가능하다.

아파트 청약 이렇게 쉬웠어?

**가점이 낮아도, 이미 집이 있어도, 운이 없어도
당첨되는 비법은 따로 있다!**

- 1년 만에 1,000명이 넘는 부린이를 청약 당첨으로 이끈 청약
  최고수의 실전 노하우 공개!
- 청약 당첨이 어렵다는 것은 모두 편견이다. 본인의 상황에
  맞는 전략으로 도전한다면 누구나 당첨될 수 있다!
- 사회초년생, 신혼부부, 무주택자, 유주택자 및 부동산 초보
  부터 고수까지 이 책 한 권이면 내 집 마련뿐 아니라 분양권
  투자까지 모두 잡을 수 있다.

김태훈 지음 | 352쪽 | 18,000원

송사무장의 부동산 경매의 기술

수많은 경매 투자자들이 선정한 최고의 책!

- 출간 직후부터 10년 동안 연속 베스트셀러를 기록한 경매의
  바이블!
- 경매 초보도 따라할 수 있는 송사무장만의 명쾌한 처리 해법
  공개!
- 지금의 수많은 부자들을 탄생시킨 실전 투자자의 노하우를
  한 권의 책에 모두 풀어냈다.
- 큰 수익을 내고 싶다면 고수의 생각과 행동을 따라하라!

송희창 지음 | 308쪽 | 16,000원

송사무장의 부동산 공매의 기술

드디어 부동산 공매의 바이블이 나왔다!

- 이론가가 아닌 실전 투자자의 값진 경험과 노하우를 담은 유
  일무이한 공매 책!
- 공매 투자에 필요한 모든 서식과 실전 사례가 담긴 이 책 한
  권이면 당신도 공매의 모든 것을 이해할 수 있다!
- 저자가 공매에 입문하던 시절 간절하게 원했던 전문가의 조
  언을 되짚어 그대로 풀어냈다!
- 경쟁이 덜한 곳에 기회가 있다! 그 기회를 놓치지 마라!

송희창 지음 | 456쪽 | 18,000원

수도권 알짜 부동산 답사기

알짜 부동산을 찾아내는 특급 노하우는 따로 있다!

- 초보 투자자가 부동산 경기에 흔들리지 않고 각 지역 부동산의 옥석을 가려내는 비법 공개!
- 객관적인 사실에 근거한 학군, 상권, 기업, 인구 변화를 통해 각 지역을 합리적으로 분석하여 미래까지 가늠할 수 있도록 해준다!
- 풍수지리와 부동산 역사에 관한 전문지식을 쉽고 흥미진진하게 풀어낸 책!

김학렬 지음 | 420쪽 | 18,000원

부동산 절세의 기술
(전면개정판)

양도세, 종부세, 종합소득세, 임대사업자까지 한 권으로 끝내는 세금 필독서

- 6년 연속 세금분야 독보적 베스트셀러가 완벽하게 업그레이드되어 돌아왔다!
- 세금 설계만 제대로 해도 최종 수익률이 달라진다. 부동산 투자자들의 강력 추천도서!
- 실전 투자자의 경험에 현직 세무사의 지식을 더한 소중한 노하우를 그대로 전수받을 수 있는 최고의 부동산 절세 책!

김동우 · 최왕규 지음
420쪽 | 19,000원

대한민국 땅따먹기

진짜 부자가 되고 싶다면 토지 투자가 정답이다!

- 토지투자는 어렵다는 편견을 버려라! 실전에 꼭 필요한 몇 가지 지식만 알면 누구나 쉽게 도전할 수 있다.
- 소액으로도 큰 수익을 낼 수 있는 분야가 바로 '토지'경매다. 몇 가지 기본 지식으로 쉽게 배우는 토지 투자의 모든 것!
- 안정적인 고수익을 내게 해주는 토지 투자를 나만의 주특기로 만들어 줄 실전 지식 배우기!

서상하 지음 | 356쪽 | 18,000원

1년 안에 되파는 토지투자의 기술

초보자도 쉽게 적용할 수 있는
토지투자에 관한 기막힌 해법 공개!

• 토지투자는 돈과 시간이 여유로운 부자들만 할 수 있다는 편견을 시원하게 날려주는 책!
• 적은 비용과 1년이라는 짧은 기간으로도 충분히 토지투자를 통해 수익을 올릴 수 있다!
• 토지의 가치를 올려 높은 수익을 얻을 수 있게 하는 '토지 개발' 비법을 배운다!

김용남 지음 | 272쪽 | 16,000원

평생 연봉, 나는 토지투자로 받는다

농지, 임야, 공장 부지는 물론 택지까지!
토지 재테크를 위한 완벽 실전 매뉴얼

• 토지투자는 한 번 배워두면 평생 유용한 재테크 툴(tool)이다!
• 좋은 토지를 고르는 안목을 배울 수 있는 절호의 기회!
• 토지투자 분야의 내로라하는 전문가가 비도시 지역의 땅과 도시 지역의 땅에서 수익을 올리는 비법을 전격 공개한다!

김용남 지음 | 240쪽 | 16,000원

한 권으로 끝내는 셀프 소송의 기술
(개정판)

부동산을 가지려면 반드시 이 책을 소장하라!
경매 특수물건 해결법 모두 공개!

• 내용증명부터 점유이전금지가처분, 명도소장 등 경·공매 투자에 필요한 모든 서식 수록!
• 송사무장이 특수물건을 해결하며 실전에서 사용하여 승소했던 서식을 엄선하여 담고, 변호사의 법적 지식을 더한 완벽한 책!
• 누구나 쉽게 도전할 수 있는 셀프 소송의 시대를 연 바로 그 책! 이 책 한 권은 진정 수백만 원 그 이상의 가치가 있다!

송희창·이시훈 지음
740쪽 | 55,000원

Memo

Memo

Memo

송사무장의
실전경매

초판 발행 2012년 11월 23일 **(2014년 개정증보판발행** 2013년 11월 22일)
37쇄 발행 2024년 02월 15일

지은이 송희창
편 집 배희원, 최상진
펴낸곳 도서출판 지혜로

출판등록 2012년 3월 21일 제 387-2012-000023호
주소 경기도 부천시 원미구 길주로 137, 6층 602호(상동, 상동그린힐빌딩)
전화 032)327-5032
팩스 032)327-5035

ISBN 978-89-968855-1-1(03320)
값 18,000원

* 잘못된 책은 구입하신 서점에서 바꾸어 드립니다.

도서출판 지혜로는 경제 · 경영 서적 전문 출판사이며, '독자들을 위한 책'을 만들기 위해 객관적으로 실력이 검증된 저자들의 책만 엄선하여 제작합니다.